나는
생각이
너무
많아

Je pense trop: Comment canaliser ce mental envahissant
By Christel Petitcollin

Copyright © Guy Trédaniel Éditeur, 2010
Korean Translation Copyright © Bookie Publishing House, Inc. in 2014

This Korean edition published by arrangement
with Guy Trédaniel Éditeur through Shinwon Agency, Seoul.

나는
생각이
너무
많아

크리스텔 프티콜랭 지음 | 이세진 옮김

부·키

지은이 **크리스텔 프티콜랭**Christel Petitcollin

프랑스의 심리 치료 전문가이자 강연가. 교류분석, 신경 언어 프로그래밍, 에릭슨 최면 요법, 프랭크 패럴리의 도발 치료 등을 공부하고 특히 정신적 과잉 활동과 심리 조종 메커니즘에 관한 탁월한 식견을 바탕으로 활발한 강연 및 집필 활동을 펼치고 있다. 30년간 심리 치료 전문가로 활동하며 인간관계, 자기 계발을 주제로 사람들과 소통해 왔으며, 심리적 균형 감각이 필요한 많은 사람에게 도움을 주고 있다. 지은 책으로는 베스트셀러 《나는 생각이 너무 많아》를 비롯해 《당신은 사람 보는 눈이 필요하군요》《나는 왜 네가 힘들까》《나는 왜 그에게 휘둘리는가》《나는 왜 사랑받지 못할까》 등이 있다.

옮긴이 **이세진**

서강대학교 철학과를 졸업하고 같은 학교 대학원에서 불문학 석사 학위를 받았다. 이후 전문 번역가로 활동 중이다. 옮긴 책으로는 《나는 생각이 너무 많아》《당신은 사람 보는 눈이 필요하군요》《나는 왜 네가 힘들까》《나는 왜 그에게 휘둘리는가》《모두가 세상을 똑같이 살지는 않아》《아직 오지 않은 날들을 위하여》《음악의 시학》《아노말리》 등이 있다.

나는 생각이 너무 많아

2014년 5월 20일 초판 1쇄 발행 | 2024년 1월 17일 개정2판 7쇄 발행

지은이 크리스텔 프티콜랭
옮긴이 이세진
발행처 부키(주) | 발행인 박윤우
출판신고 2012년 9월 27일
주소 서울시 마포구 양화로 125 경남관광빌딩 7층
전화 02-325-0846 | 팩스 02-325-0841
홈페이지 www.bookie.co.kr
이메일 webmaster@bookie.co.kr
ISBN 978-89-6051-997-8 03180

차례

왜 그런 걸까
당신이 유난히 생각이 많은 이유

Part
2

세상 사람은 둘로 나뉜다
생각이 많은 사람 vs. 보통 사람

생각이 많은 사람들의 생존 전략

Part 3

'유별난' 사람에서 '특별한' 사람으로

친애하는
한국 독자 여러분께

2014년에 여러분은 나의 책《나는 생각이 너무 많아》의 출간에 큰 성원을 보내 주었습니다. 올해는 프랑스에서《나는 생각이 너무 많아》가 나온 지 10년이 되는 해입니다. 그러니 지난 세월을 돌아보고 그 소회를 여러분과 공유하는 기쁨을 누리기에 이보다 좋은 때는 없겠지요. 이 책의 흥미진진한 모험이 진정으로 시작된 곳은 한국이니까요.

이제《나는 생각이 너무 많아》는 국제적인 베스트셀러가 되었습니다. 12개 언어, 즉 독일어, 중국어(간체, 번체), 한국어, 크로아티아어. 스페인어, 이탈리아어, 폴란드어, 퀘벡 프랑스어, 루마니아어, 러시아어, 영어로 번역되었지요. 이 책의 성공은 여전히 나를 계속 놀라게 합니다. 최근에는 폴란드 서점가에서 놀라운 기록을 세웠습니다. 모든 분야, 모든 출판물을 통틀어 판매량, 판매 속도, 판매 순위 지속 기간에서 높은 순위에 오른 것이죠. 크로아티아에서도 출간 직후 베스트셀러 1위에 올랐고 몇 달간 순위권 내에 머물렀습니다. 나는 이 책 덕분에, 무엇보다 독자 여러분 덕분에 동화 속에 들어온 것 같은 행복을 느낀답니다. 그리고 그 마법은 여러분의 나라 한국에서 힘을 발휘하기 시작했지요.

나의 한국 여행

하루는 내 책을 내는 프랑스 출판사에서 연락이 왔습니다. "한국 출판사에서 선생님을 서울에 초청하고 싶다고 하네요. 한국에서 선생님 책이 아주 '잘 나간다'고 합니다." 당시 나도 한국에서 내 책이 좋은 반응을 얻고 있다는 것은 알고 있었습니다. 한국 독자들의 이메일이나 페이스북 친구 요청이 점점 늘어나고 있었거든요. 나는 독자들의 성원에 무척 감동했지만 책이 얼마나 팔리는지는 잘 몰랐습니다. 나는 약간 거리를 두고서 내 책이 성공했다고 짐작해도 되겠구나 생각했습니다. 책이 여간 팔리는 정도로는 출판사에서 그런 여행을 제안하지 않을 테니까요. 하지만 이 초청을 벅찬 기쁨으로 수

락했을 때만 해도 '한국에서 책이 잘 나간다'는 게 구체적으로 무슨 의미인지 상상도 못했습니다.

일단 한국에 도착해서 두 번째 날 서울에서 기자회견을 하는 동안 그 현상의 규모를 차츰 알아차렸습니다. 우선 내 얼굴 사진이 크게 박힌 포스터가 벽 전체를 도배하고 있어서 깜짝 놀랐지요. 나는 비로소 《나는 생각이 너무 많아》가 한국에서 정말로 잘 팔리는 책, 출판계의 한 현상이라는 것을 확인했습니다. 얼마나 놀라운 발견이 었는지요! 그 마법 같은 순간이 아직도 기억납니다. 카메라 플래시가 연달아 터지는 소리, 기자들이 타자 치는 소리를 들으면서 마음속에 벅찬 기쁨이 솟아올랐습니다. 꿈 같은 순간이었습니다. 다음날 내 얼굴이 여러 신문에 실렸습니다. 기사들도 우호적이었고요. 이런 환대를 받다니, 영광이지요! 내 마음에 감사가 넘쳤습니다.

서울에 머무는 동안은 경이로움의 연속이었습니다. 여행자로서도 더할 나위 없이 좋았지요. 황홀한 궁궐, 꽃과 어우러진 근사한 사찰, 크고 웅장한 서울 미술관…. 서울의 구시가와 신시가 여러 곳을 돌아보았고 영광스럽게도 한복을 입어 볼 수 있었습니다. 그날은 참 유쾌하고도 깊이 새겨진 기억으로 남았습니다. 한국의 역사와 문화에 입문하는 기분도 들었고 아름다운 전통 의상을 입은 공주가 된 것 같아서 참 재미있었습니다. 지나가던 한국 사람이 나에게 한복 입은 모습이 예쁘다고 말해 주었지요! 그 말이 내 마음에 남았습니다. 내가 한국에서 발견할 수 있는 것의 극히 일부만 발견했다는 것을 압니다. 한국에 더 있었다면 황홀한 경험의 기회가 훨씬 더 많았겠지요.

한국 독자들과의 만남

관광도 즐거웠지만 특히 한국 독자들과의 만남에서 아주 강력하고 엄청난 일들이 일어났습니다. 독자에게 미친 내 작업의 영향을 확인하는 것은 정말 중요하지요. 독자의 인정은 작가가 받을 수 있는 가장 값진 보수입니다. 그게 진정한 선물, 글쓰기에 바친 시간에 대한 귀중한 보상이지요. 바로 한국에서 나는 그 선물의 가치를 가장 크게 느낄 수 있었습니다.

강연마다, 독자들의 말을 들을 수 있는 기회마다 특별하고 감동적인 시간을 누렸습니다. 나는 정말로 한국 독자들에게 사랑받는다고 느꼈습니다. 짧지만 마음과 마음이 오가는 진실한 만남들이었지요. 독자들은 자기 모습 그대로 이해받고 수용받는 기분이 든다고 했습니다. 나는 그들이 마침내 자기 자신을 이해하고 사랑할 방법을 찾은 것 같아서 행복했습니다.

그다음으로는 서울에서 페이스북 친구들과 만났던 자리가 무척 기억에 남습니다. 원래는 예정에 없었는데 내 부탁으로 출판사가 즉

석에서 자리를 마련해 주었지요. 나는 한국에 오기 전부터 한국인 페친들이 좀 있었습니다. 기껏 1만 킬로미터나 떨어진 곳에서 왔는데 그들을 직접 만나지 않고 간다면 후회될 것 같았지요. 그래서 간단하게, 어느 날 저녁 어느 카페의 긴 테이블 주위에 모였습니다. 스무 명 남짓한 페친들이 달려와 주었습니다. 그중에는 아주 멀리서 온 사람도 있었습니다. 그 만남에서 우리는 저마다 자신의 사연, 자신의 독서 경험을 이야기할 수 있었습니다. 참석자들끼리 통성명을 나누고 전화번호를 교환하기도 했고요. 자신이 쓴 책을 독자들이 어떻게 받아들이는지 알게 된 작가는 얼마나 행복한지요.

나는 또한 젊은 독자들이 내 책에서 도움을 받아 자신의 뜨겁게 끓어오르는 뇌를 더 잘 사용할 수 있을 거라는 생각에 정말로 기뻤습니다. 그날 모임에 참석한 한 젊은 여성 독자는 언젠가 자신이 안고 있는 문제를 이해할 수 있을 것 같지 않아서 절망하던 차에 내 책이 말 그대로 자기 '인생을 구했다'고 고백했습니다. 강연이나 이런 유의 모임을 마치면 어떤 독자가 다가와 눈물을 글썽이며 "선생님 책이 제 인생을 구했습니다"라고 말하는 경우는 전에도 더러 있었습니다. 그런 말에 무척 감동을 받긴 했지만 '그렇게 생각할 수도 있구나'라고 상대적으로만 받아들였지요. 내 책의 독자들이 감정이 유난히 풍부하다는 것을 알고 있었기 때문에 조금은 과장된 표현이라고 생각했습니다.

하지만 그날 저녁, 한국의 페친들을 만나는 자리에서, 나는 그 여성 독자가 진실을 있는 그대로 말한다고 느꼈습니다. 그녀가 내 책을 읽지 않았더라면 절망이 너무 깊어진 나머지 극단적인 선택을 했을지도 모른다고요. 그러자 "선생님 책이 제 인생을 구했습니다"라는 말이 온전히 진실로 다가왔고 어떤 구체적인 얼굴을 갖게 되었습니다. 지금까지 그 얼굴이 잊히지 않습니다. 그 여성 독자는 참 예쁜 사람이었어요! 그 친구가 잘 지내고 있기를, 내 책을 읽고 나서 시작했다는 공부를 잘해 왔기를 바랍니다. 페친들과의 모임을 끝내면서 나는 생각했습니다. 한국인 버전의 정신적 과잉 활동은 감정이 정말 풍부하구나! 나의 한국 방문은 심오한 배움에 입문하는 여행으로 변했습니다. 프랑스로 돌아가면서 이미 여행 이전의 나와는 다른 사람이 되었음을 알았습니다.

독자의 사랑을 받는 이유

그렇다면 왜 《나는 생각이 너무 많아》가 독자의 사랑을 받을 수 있었을까요? 첫 번째 이유는 이 책이 출판계의 공백을 채워 주었기 때문입니다. 이 책이 처음 나올 때만 해도 영재성을 다루는 책이 별로 없었고 감각 과민에 대한 담론은 더욱더 부족했습니다. 정신적 과잉 활동인의 특성들 중 상당수는 일반적 사고를 하는 사람들의 기준에서 수정해야 할 결함이나 악조건으로 치부되었지요.《나는 생각이 너무 많아》를 쓸 때 나는 정신적 과잉 활동인들이 그들 자신의 이미지를 일반적 사고를 하는 사람들이 비춰 주는 대로 파편적이거나 왜곡된 모습으로만 구축하고 있다고 느꼈습니다. 실제보다 확대되거나 축소된 모습으로만 비추는 손거울을 가지고 자기 모습을 확인하는 것 같았다고 할까요. '너는 너무 …해' '너는 …를 해선 안 돼' 등등. 많은 정신적 과잉 활동인이 나에게 그동안 자기 자신의 이미지가 만화경에 비친 것처럼 조각나고 혼란스러웠다고 말해 주었습니다. 그래서 나는 독자들이 자기 모습을 온전히 볼 수 있는 전신 거울 역할을 하게끔 내 책을 구성했습니다. 그로써 그들이 자신의 일관성과 조화로움을 발견하기 바랐습니다. 있는 그대로의 자기 존재에 너무 심한 것, 잘못된 것이 전혀 없음을 알기 바랐습니다. 나는 이 발견이 토대가 되어야 그들이 안도할 수 있다고 생각합니다.

두 번째 이유는 나의 독자들이 자신을 이해하기 위해 구체적 도구를 절실히 필요로 했기 때문이라고 생각합니다. 나는 이 책이 현상의 이해에 그치지 않고 쉬우면서도 실용적인 사용설명서도 되게끔 구상했습니다. 게다가 나의 모토는 '문제는 없다, 해결책이 있을 뿐!'이거든요.

세 번째 이유는 내가 영재성에 대한 기존의 개념들과 확연히 다른 접근을 취했기 때문이라고 생각합니다. 정신적 과잉 활동인들은 일반적으로 자기가 남들보다 매우 똑똑하다고 생각하려 하지 않습니다. 그래서 내가 그들을 '영재'라고 칭하면 내 책에 거부감을 느낄 것이라 보았습니다. 지난 10년 사이에 이 주제에 대한 책들이 아주 많아지긴 했습니다만 그 책들은 대부분 영재성 개념으로 접근을 합니다. 그래서 나는 더욱더 그 방향을 따라서는 안 되겠다고 생각했습니다. 영재들에 대한 클리셰가 지나치게 난무하는데 이 문제는 단순히 지능으로 따져서 해결되지 않거든요.

그리고 나는 정신적 과잉 활동을 절대로 장애나 비극으로 그리지는 않겠다고 작정했습니다. 이 주제를 다룬 출판물은 대개 우울하고 당혹스러운 내용을 담고 있지요. 영재들이 불행하다, 고통스러워한다, 풍부한 감수성이 되레 불리하게 작용한다…. 그런데 감성적이고 창의적이고 치열한 뇌를 가졌다는 것은 그 뇌를 잘 쓰는 법만 안다면, 주위 사람들이 허구한 날 그 점을 두고 비난하지만 않는다면, 오히려 기뻐해야 할 일입니다. 사실 정신적 과잉 활동인들을 우울하게 하는 것은 주위 사람들의 이해 부족, 그리고 뇌가 심심해하는 상황입니다. 지성과 창의성에는 참 안타까운 손실이지요. 나의 독자들이 매일 그 사실을 확인시켜 줍니다. 뇌가 반짝반짝 돌아가게 해 주면 삶이 즐거워집니다.

마지막으로, 나는 가볍고 유머러스하게 글을 쓰되 정신적 과잉 활동인들이 침체에서 벗어나는 데 꼭 필요한 책을 내놓으려고 했습니다. 정신적 과잉 활동인들은 자기 자신을, 자기 뇌가 어떻게 기능하는지를 이해하지 못하는 경우가 많습니다. 나 역시 누구보다 놀라워하고는 있지만 이 책이 여러 명의 '인생을 구한' 게 현실입니다.

정신적 과잉 활동인의 임파워먼트

지금 시점에서 지난 10년을 돌아보면 두 가지 후회와 한 가지 (커다란) 실망이 남습니다. 첫 번째 후회되는 점은 한국어를 좀 배워두지 않았다는 것입니다. 나는 러시아어를 웬만큼 유창하게 구사하기 위해 굉장히 열심히 공부한 터였습니다. 게다가 한국 여행 바로 몇 주 전에도 러시아에 있었지요. 새로운 언어와 문자 체계를 연달아 집중적으로 학습한다는 것이 너무 버거워 보였습니다. 다행히도 한국인들은 영어를 매우 잘하더군요. 그렇지만 내가 또 한국에 가게 된다면 그때는 반드시 한국어 강습을 미리 받고 갈 겁니다. 약속할 수 있어요! 나의 뇌에 도전 과제를 줄 수 있는 좋은 기회가 될 테지요.

두 번째로는, 나 역시 정신적 과잉 활동인이라는 사실을 《나는 생각이 너무 많아》에서 명확히 밝히지 않은 게 후회됩니다. 그랬더라면 여러 가지 오해를 피할 수 있었을 테고 나의 독자들이 일반적 사고를 하는 사람도 우리를 이해할 수 있고 이해하고 싶어 한다는 환상을 자칫 품지 않았을 겁니다. 내가 가장 크게 실망한 부분도 일반적 사고를 하는 사람들이 보여 준 이 책에 대한 반응, 즉 그들의 차가운 무관심이었으니까요. 정신적 과잉 활동인 독자들은 이 책에 대해서 말하고 싶어 했고 가까운 사람들에게 이 책을 읽어 보라고 권하거나 내용을 설명하곤 했지만, 대부분의 경우는 허사였습니다. 슬프고 힘 빠지는 일이지만 그래서 더 확실히 알게 된 사실이 있습니다. 《나는 생각이 너무 많아》는 오로지 정신적 과잉 활동인 독자들에게서만 열렬한 공감과 성원을 끌어냈습니다.

다행히, 일반적 대중의 무관심과 몰이해에도 불구하고 전 지구적 현상은 일어나기 시작했습니다. '생각이 너무 많은 사람들'의 임파워먼트가 그 현상입니다. 게다가 이건 이중의 임파워먼트입니다! 나는 전 세계 독자들에게 감사와 격려의 이메일을 받고 있는데요, 독자 이메일의 요지는 항상 이 두 가지입니다. 첫째, 선생님이 쓴 책 덕분에 내가 정신적 문제가 있는 사람이 아니라는 것을 알았습니다. 둘째, 그 책 덕분에 나만 이런 게 아니라는 것을 알았습니다.

1. '선생님이 쓴 책 덕분에 내가 정신적 문제가 있는 사람이 아니라는 것을 알았습니다.' 이것은 개인 차원의 임파워먼트입니다. 정신적 과잉 활동인들이 차츰 자신의 존엄을 되찾고, 자기 모습 그대로를 미안해하거나 부끄러워하지 않고 긍정하고, 자기 모습 그대로 받아

들여질 권리를 요구하고 있습니다. 일반적 사고를 하는 사람들이 정신적 과잉 활동인들의 삶도 고려해야 한다고 말입니다. 학교와 기업들도 이들의 특수성을 이해하고 수용하려는 노력을 보이기 시작했습니다. 썩 괜찮은 출발이지요.

2. **'그 책 덕분에 나만 이런 게 아니라는 것을 알았습니다.'** 이것은 집단 차원의 임파워먼트입니다. 나하고 비슷한 사람들이 있구나, 나하고 생각과 가치관을 공유하는 사람들이 있구나, 라고 알게 되면 서로 힘을 합쳐 좀 더 인간적이고 박애적인 세상을 만들고 싶은 힘과 용기가 생깁니다.

한국 독자들이 서로 연을 맺는 모습을 보면서 나는 한국에서 그러한 집단 차원의 임파워먼트의 싹을 발견했습니다. 나 또한 그 부분에 더욱 신경을 쓰게 됐습니다. 지금도 내가 진행하는 강연, 북토크, 세미나에서 독자들이 서로 친구가 되거나 어떤 모임을 만들어나가는 모습을 더없이 기쁘게 지켜봅니다.

세계 곳곳에서 사람의 차이를 인정하고 존중할 것을 부르짖는 근본적인 운동이 일어나고 있습니다. LGBT 운동, 블랙 라이프 매터스 Black life matters 운동, (전 세계 여성들에 대한 모든 종류의 압제를 깨닫게 했던) 미투 운동, (다른 종류의 지능을 결핍이 아니라 차이로 받아들여야 한다) 신경다양성 운동 등을 보세요. 마찬가지 맥락에서, 나는 모든 종류의 도착 증세(소아성애, 부패, 동물 학대, 지구 환경 파괴 등)와 모든 종류의 권력 남용을 분연히 거부하는 새로운 움직임도 일어나는 중이라고 생각합니다.

정신적 과잉 활동인들의 임파워먼트는 장차 큰 강에서 만나게 될 작은 지류들입니다. 온전한 본연의 존재에 대한 추구, 나아가 요구가 그 큰 강에 해당할 것입니다. 내가 심리 조종과 심리 지배를 해독하는 책을 쓴 덕분에 이 근본적인 움직임에 동참하게 된 것도 참 기쁜 일입니다. 인간관계에서 음험하게 이루어지는 물밑 작업을 이해하게 되면 상대의 삐뚤어진 의도를 쉽게 좌절시킬 수 있습니다. 개인과 집단 수준의 임파워먼트가 전 세계에서 일어나는 모습을 나는 낙관적으로 바라봅니다. 그리 오래지 않아 친절, 인간다움, 박애, 마음에서 우러나는 지성이 세계 곳곳에서 더 힘을 얻을 거라고 생각합니다.

내가 어떻게 이 미래적인 흐름에 동참하게 됐을까요? 독자 여러분의 성원과 내 작업의 구체적인 결과가 원동력이 되어 준 덕분에 나는 정신적 과잉 활동인이 임파워먼트를 추구하고 공고히 하는 작업에 계속 협력할 수 있었습니다. 그로써 정신적 과잉 활동인이 자신을 이해하고 세상을 바꾸어 나가는 작업에 대하여 언제나 더 많은 실마리를 찾고 글쓰기를 통하여 알릴 수 있었지요.

내가 새로운 책으로 인사하기 전까지 일단 한국의 모든 독자 여러분에게 사랑과 감사의 메시지를 전하고 싶습니다. 여러분에게서 많은 것을 배웠습니다. 정말로 고맙습니다!

2021년
크리스텔 프티콜랭

Christel Petitcollin

너무 특별해서
조금 유별난 사람들

카미유는 이십 대 초반의 대학생이다. 그녀는 '자신감 결여'를 이유로 상담을 받으러 왔다. 자신의 문제를 설명하기 시작하면서부터 카미유는 감정이 격앙되었다. 자주 입술을 깨물거나 주먹으로 자기 입을 누르며 겨우 마음을 추슬렀다. 수시로 눈물을 글썽이기도 했고, 자기가 좀 예민해서 그렇다고 양해를 구하며 간신히 말을 이어 나갔다.

그녀의 이야기를 듣는 동안 내 머릿속에서 머리가 비상하고 창의적인 여학생, 지금까지 실패라고는 한 번도 겪어 보지 못한 여학생의 모습이 그려졌다. 대학에 입학해서도 카미유는 두각을 나타냈다. 객관적으로는 모든 면에서 문제가 없었다. 하지만 그녀는 시간이 흐를수록 자신이 정말 잘하고 있는 건지 알 수가 없었다. 다른 학생들은 공부를 하면 할수록 자신감을 얻는 것 같은데, 자신은 그 반대라고 했다. 다른 친구들은 진로를 정하고 그 방향으로 꾸준히 나아가고 있었다. 하지만 카미유는 점점 더 사회에 나가기가 두려웠을 뿐 아니라 자기가 정말로 전공과 진로를 잘 선택했는지 회의가 들었다. 사기꾼이 된 것 같은 기분이 점점 커져만 갔다.

카미유는 사회생활을 시작한 후에도 남들과 좀 달랐다. 그녀가 진심으로 흥미를 갖거나 중요하다고 생각하는 것은 언제나 또래들의 관심사나 대화 밖에 있었다. 어쩌다 파티에 참석하면 문득 묘한 괴리감을 느끼면서 '이렇게 허무하고 겉치레에 불과한 모임을 왜 재미있다고 하는 걸까?'라는 생각에 빠지곤 했다. 그럴 때마다 카미유는 빨리 집에 돌아가고 싶은 마음이 굴뚝같았다.

카미유가 자신에게 문제가 있다고 깨닫기까지는 아주 오랜 시간이 걸렸다. 의심, 의문, 기괴한 생각이 머릿속을 떠나지 않았고 불안감과 좌절감이 커져 갔다. 우울증 증세도 보였다.

이런 사람이 카미유만은 아니다. 다양한 연령대의 수많은 사람들이 카미유처럼 상담실을 찾아와 주변 환경과 따로 노는 느낌을 받으며, 그로 인해 머리가 복잡하고 괴롭다고 호소한다.

내가 집필한 다른 책들도 그렇지만 이 책 역시 나의 임상 경험에서 나왔다. 그들의 고백을 귀담아 들어온 시간이 쌓이고 쌓여 이제 만만찮은 세월이 되었다. 나는 오랜 시간 그들의 이야기를 듣고, 그들을 관찰하고, 그들 한 사람 한 사람을 이해하려고 노력해 왔다. 그리고 교류분석의 창시자 에릭 번Eric Berne이 '화성인의 듣기l'ecoute martienne'라고 부르는 방법을 실제로 적용했다. 우리의 귀는 마치 고장 난 녹음기처럼 특정한 단어나 문장을 다른 것들보다 아주 잘 포착하고 오래 기억한다. 이러한 듣기 방식은 우리가 중요한 용어, 핵심 문장, 담론의 중심 생각을 파악하는 데 도움이 된다. 나는 차츰 특정한 사람들의 입에서 자꾸만 반복적으로 나오는 말에 주의를 기울이게 되었다. 그 말들은 다음과 같다.

- 난 생각이 너무 많아요.
- 성격이 까다롭고 쓸데없는 일로 끙끙 앓는다는 말을 자주 들어요.
- 머릿속이 늘 복잡해요. 가끔은 생각을 멈추고 싶어요.

이 밖에도 이들을 잘 설명해 주는 핵심 문장이 몇 가지 더 있다.

- 나만 다른 별에서 온 사람 같아요.
- 내가 낄 자리는 없는 것 같아요.
- 사람들에게 이해받지 못하고 있다는 느낌이 들어요.

여는 글

이런 사소한 말들을 모아 보니 생각이 너무 많은 사람들의 전형적인 모습이 그려졌다. 나아가 그들에게 고통스럽게 다가오는 문제들을 집어내고, 다행히 이런저런 해결책도 제시해 줄 수 있었다.

이 책을 쓰기로 마음먹고부터 나는 그들에게 책에 담으면 좋을 만한 정보를 부탁했다. 내가 그들의 심리 작용을 파악하기 위해서, 그들의 가치관과 동기를 파악하기 위해서 질문을 던지면 그들은 항상 진심을 다하여 대답해 주었다. 그들은 다른 사람과 정보를 공유하는 것을 중요하게 여기기 때문이다. 이 책은 그들 한 사람 한 사람의 공헌으로 나올 수 있었다. 그들에게 무한한 감사의 마음을 전한다.

남들보다 똑똑하기 때문에 고통스럽거나 불행하다고 생각하는 사람이 있을까? 실제로는 이런 사람들이 제법 많다. 그들은 처음에 자기가 똑똑하다는 사실을 인정하지 않는다. 다만 자기들의 마음이 숨 돌릴 틈도 허락하지 않는다고, 밤에도 그 많은 생각들을 내려놓지 못한다고 말한다. 그들은 의심, 의문, 매사에 날카롭게 반응하는 의식, 사소한 것 하나 가벼이 넘기지 못하는 감각이 지긋지긋하다. 그들은 생각을 멈추고 싶다. 하지만 무엇보다 괴로운 것은 자신이 남들과 다르고, 세상이 자신을 이해해 주지 않고 상처만 입힌다는 느낌이다. 그래서 그들의 결론은 종종 이런 식이다.

"난 외계인인가 봐요!"

생각은 꼬리에 꼬리를 물고 이어지고, 하나의 새로운 생각은 오만 가지 새로운 생각을 몰고 온다. 그들은 두뇌 회전이 아주 빠르다. 그렇다 보니 생각의 속도를 따라가지 못해 말을 더듬거나 아예 입을 다물어 버리곤 한다. 언어는 한계가 있기 때문에 그들의 복잡하고 정묘한 생각을 제대로 드러내지 못한다. 그들에게는 기댈 수 있는 확실성이 무엇보다 간절하다. 머릿속에서 의문이 끝없이 이어지는 탓에 그들의 신념 체계는 흘러내리는 모래만큼이나 불안하기 짝이 없다. 그래서 그들은 유독 비판적인 사람으로 통한다.

"내가 보기에는 자명한 일인데 왜 남들은 그렇게 생각하지 않을까요? 내가 매사를 너무 삐딱하게 보는 거예요? 내가 틀린 건가요?"

풍부한 감수성, 감정, 현실감각은 분명히 지능에 비례한다. 이 사람들은 다이너마이트라고 해도 과언이 아니다. 가벼운 충돌에도 그들의 분노 혹은 좌절, 특히 고뇌는 폭발하고 말 것이다. 이 세상에는 얼마나 사랑이 부족한가! 절대적 이상주의와 예리한 통찰력 사이에서 번민하는 그들은 자폐증과 반항 중에서 하나를 택한다. 그렇기 때문에 황홀한 몽상과 가슴 아픈 현실 사이에서, 순진무구함과 절망 사이에서 좌절하기도 한다. 그들은 도움을 기대하지 않는다. 사람들의 호의가 문제에서 빗겨나 있다는 것을 잘 알기

여는 글

때문이다. 주변 사람들의 조언은 도움을 외면하고 싶을 만큼 그들을 후벼 판다. 쓸데없는 의문을 품지 말라고? 사람들은 항상 그런 소리나 한다! 하지만 그러려면 어떻게 해야 하는데? 세상의 불완전함을 무턱대고 받아들이란 말인가? 그게 안 되는 걸 어쩌라고!

심리 전문가와의 상담도 골치 아프기는 마찬가지다. 그들은 정신이 이상한 사람으로 취급받을까 봐 두려워하는데, 안타깝게도 이러한 두려움에도 일리는 있다. 보통 사람의 정신으로 어떻게 이렇듯 왕성한 사고 활동을 이해하겠는가? 현재 통용되는 심리 분석의 잣대는 이 힘차고도 섬세한 사고를 비정상적이고 병적인 것으로 치부한다. 학교에서부터 그들의 존재는 심심찮게 문제가 된다. 정신 활동이 왕성하다 보니 한 번에 한 가지 일만 하는 걸로는 성이 안 차고, 그 때문에 주의력결핍과잉행동장애ADHD라는 딱지가 붙기도 한다. 동시에 여러 가지를 빠르게 해내는 능력이 있을 뿐인데 하나를 진득하게 붙들고 있지 못한다는 둥, 뭐든 날림으로 한다는 둥 부정적인 평가가 떨어진다. 독서장애, 철자습득장애, 계산능력장애, 난필장애…, 오만 가지 '장애' 딱지가 붙다 보니 그들은 자기 정신이 온전치 못하다고 믿어 버리기 십상이다.˙

˙ 더 자세한 내용을 알고 싶은 독자에게는 다음 책을 추천한다. Marie Françoise Neveu, *Enfants autistes, hyperactifs, dyslexiques, dys … Et s'il s'agissait d'une autre chose?*, Éditions Exergues, 2010.

성년에 이르러서도 까딱하면 경계성인격장애, 정신분열증, 양극성기분장애(조울증)라는 진단을 받는다. 지나치게 왕성한 두뇌의 소유자들은 도움과 해결책을 구하기 위해 찾아간 곳에서조차 이해받지 못하고 '장애' 딱지만 붙이고 나온다.

그들이 스스로를 이해하고 자기 본연의 모습을 받아들이기 위해서는 정반대의 진단이 필요하다. 아무 문제도 없으며 그저 남들과 다를 뿐이라는 진단이.

게다가 왕성한 두뇌 활동에 대한 이해가 척박한 탓에 이러한 실태를 정확히 지칭하는 용어조차 아직 존재하지 않는다. '영재' 혹은 '지능이 높은 사람'이라는 표현을 생각할 수도 있겠지만, 이런 말은 이미 함부로 남용되어 그 의미가 변질되었고 다분히 잘난 체하는 어감을 띠게 되었다. 그런 것은 왕성한 두뇌 활동의 가치와 정반대된다. 이런 말에서 유도되는 '남들보다 낫다'는 측면을 정작 그들은 마땅찮게 여기기 때문이다. 그래서 '정신적 과잉 활동 surefficience mentale'이라는 말이 차라리 낫다. 그들에게 거추장스러운 왕성한 지적 활동, 정신적 흥분을 그런대로 잘 나타내는 용어이기 때문이다. 그들은 자신들이 딱히 머리가 더 좋다고 생각하지는 않지만 자신의 지능이 독특하다는 점은 인정받고 싶어 하기 때문에 '우뇌형 인간'이라는 표현도 좋아한다.

"그래요, 그건 확실해요! 제가 생각하는 방식은 다른 사람들과 다르다니까요!"

이 짧지만 중요한 문장이 얼마나 수시로 내 귀에 꽂히는지 모른다. 하지만 그들이 자신을 가장 잘 정의할 수 있는 용어를 찾기 힘들고 받아들이기는 더 힘든 이유는, 정확성에 대한 요구가 남달리 높기 때문이다. 일단 어떤 단어가 다른 단어를 완전히 대체하기란 거의 항상 불가능하다. 단어 하나하나에는 그 단어만의 미묘한 어감이 있기 때문이다. 그리고 그들을 어느 한 단어로 이해하기란 불가능하다.

자, 그럼 어떻게 해야 할까?

잔 시오 파생Jeanne Siaud Facchin은 《영재의 심리학 L'enfant surdoué》이라는 책에서 이런 사람들을 영재가 아니라 '얼룩말zébre'이라는 용어로 지칭했다. 이 단어는 꽤 의미심장하다. 얼룩말은 생김새도 특이하거니와 좀체 길들일 수 없는 동물이다. 얼룩말도 주위 환경에 융화되어 살아갈 줄 안다. 하지만 이런저런 동물들과 비교를 하기 시작하면, 얼룩말은 개처럼 충직하고 성실하고 헌신적이지도 않지만, 그렇다고 해서 고양이처럼 섬세하고 감각이 예민하게 발달한 것도 아니다. 낙타랑 좀 비슷하게 생겼다고 낙타처럼 끈기가 있겠거니 생각하면 오산이고, 햄스터처럼 쳇바퀴 속에서 열심히 달리지도 않는다!

GAPPESMGroupement Associatif de Protection des Personnes Encombrées de Sureffience Mentale(정신적 과잉 활동으로 힘들어하는 사람들을 위한 보호 단체)가 설립되면서 이들은 PESM으로 명명되었다. 이들의 상황을 비교적 잘 요약하고 있고 사실에 근접한 명칭이기는 하나 모두가 그 상황을 힘들어하지는 않는다. 나 개인적으로는 이 용어가 잘 들어맞는 경우에도 발음이 그리 매끄럽게 들리지 않아서 잘 사용하지 않는다.

나는 차라리 이들을 영재라고 부르자는 입장이다. 이들의 상황에 꽤 객관적으로 들어맞기 때문이다. 하지만 내가 '영재성'을 운운하면 대부분의 독자가 서둘러 이 책을 덮어 버릴 것이다. 아니, 그럼 다른 사람들은 똑똑하지 못해서 사회에 적응하고 사는 줄 아나! 게다가 그들은 자신이 '영재'라는 단어가 오늘날 전달하는 판에 박힌 이미지, 즉 두뇌가 명석하고 잘난 아이, 반에서 일등을 독차지하고 남들을 가르치려 드는 아이와 동떨어져 있다고 생각한다. 그들의 실제 모습은 이와 정반대다!

내가 정신적 과잉 활동 현상에 처음 주목했던 시기에는 고양이를 고양이라고 부르지 뭐라고 부르냐는 생각에서 아무 거리낌 없이 그들을 영재라고 불렀다. 내 생각에만 취해서 그들이 얼마나 감수성이 예민한지 잊고 있었던 것이다. 그 결과, 어떤 이들은 진저리를 쳤고 다른 어떤 이들은 질겁했으며 몇몇은 도망가 버렸다.

여는 글

이 지면을 통하여 그들에게 사과의 말씀을 올린다. 요즘은 신경 회로가 보통 사람들과 다르다거나 우뇌가 발달한 사람이라든가 하는 설명으로 좀 더 신중하게 진단을 내리는 편이다. 그렇게 한다고 그들이 충격을 받지 않는 것은 아니다. 자신이 남들과 좀 다르다는 사실을 직감으로 알고 있었으면서도 그러한 현실을 있는 그대로 받아들이기는 힘든가 보다.

나는 오랫동안 이러한 사람들을 종합적으로 규정할 만한 용어를 찾고자 고심했다. 몇몇 사람들과 머리를 짜내어 보기도 했다. 'ADSL'이니, '초고속'이니 하는 용어들도 재미있는 것 같아서 잠시 염두에 두었다. 두뇌 활동의 신속함이나 거미줄처럼 뻗어 나가는 생각의 갈래들을 잘 나타낸다는 이유로 '스파이더 마인드'라는 용어도 생각해 봤다. 하지만 결국 '과잉 활동'이 가장 적절하고 간결한 표현인 것 같았다. 불만족스러운 부분이 있긴 하지만 그럭저럭 상태에 대한 이해를 담고 있고, 사람들에게 거부감을 불러일으키지 않기 때문이다.

어쨌거나 이 책의 목적은 여러분을 규정하는 것이 아니라 여러분을 돕는 것이다. 나는 여러분이 스스로를 이해하고, 자기 모습 그대로를 받아들이고, 들끓는 생각들을 품고도 평온하게 살아갈 수 있도록 돕고 싶다.

여러분이 생각이 너무 많은 사람이라면 아마 자신에게서 정신적 과잉 활동의 징후들을 알아볼 수 있을 것이다. 생각을 너무 많이 하는 그 두뇌는 실로 보석 같은 가치를 지녔다. 그 섬세함, 복잡다단함, 신속함이 얼마나 매혹적인가. 그러한 두뇌는 포뮬러 원에 참가하는 레이싱 카처럼 힘이 좋다! 하지만 그런 레이싱 카가 일반 자동차와 같을 수는 없다. 운전에 서툰 사람이 국도로 몰고 나간 레이싱 카는 어울리지도 않을뿐더러 위험하다는 인상을 줄 것이다. 그 차가 잠재력을 최대한 발휘하려면 솜씨 좋은 운전자와 제격에 맞는 서킷이 필요하다. 지금까지는 여러분의 뇌가 여러분을 몰고 다니며 진창에 처박았다. 이제부터는 여러분이 두뇌를 몰고 나아가야 한다.

나는 정신적 과잉 활동의 가장 분명한 측면들을 강조하고자 이 책을 3부로 나누었다.

1부에서는 과도한 감수성과 왕성한 정신 활동을 다룬다.

2부에서는 이상주의와 보통 사람들과의 실제 괴리에 대해 이야기한다.

3부에서는 정신적 과잉 활동을 득이 되게 활용하는 모든 종류의 해법들을 망라해 보았다.

정신적 과잉 활동의 소유자들이 책을 건성으로 빨리 읽어 버리기 좋아한다는 것은 나도 익히 안다. 이들 대부분은 책에서 말하고자 하는 바를 금세 포착하기 때문에 책을 끝까지 꼼꼼하게 읽어야 할 필요성을 느끼지 못한다. 그래서 작은 열매들은 그냥 남겨 두고 다른 책으로 넘어가 버리곤 한다. 따라서 나는 경고를 해 두고 싶다. 이 책을 읽다가 다 알았다 싶어 곧장 3부로 뛰어넘으면 책에서 제안한 해결책들의 타당성을 객관적으로 가늠할 근거가 심히 달릴 것이다. 그래서 중간에 뛰어넘지 말고 이 책의 여정을 그대로 따라올 것을 권유한다.

여러분의 과민성은 순전히 신경 회로의 문제라는 것을 충분한 시간을 들여 배워라. 생각이 어떻게 뻗어 나가고 부풀어 오르는지 살펴보면서 여러분의 지성이 과연 어떤 면에서 다른지 발견하라. 여러분의 이상주의는 눈에 띄는 인격의 한 면모다. 거짓 자아는 결코 간과할 수 없는 또 다른 면모이지만 그러한 면이 인간관계에는 약점으로 작용할 수도 있다. 여러분이 주위 사람들에게서 느끼는 괴리는 객관적인 것이다. 그 괴리가 구체적으로 어떤 차이들로 구성되어 있는지 한 번 제대로 알고 갈 필요가 있다. 이렇게 문제를 모든 각도에서 검토해 보아야 이 책에서 제시하는 해결책들이 참다운 의미를 지닐 것이다.

여러분이 이 책을 다 읽고 '있는 그대로의 자기' 그리고 '자신의 멋진 두뇌'와 화해한다면 나는 목적을 다 이루는 셈이다. 여러분의 뇌에서 최선을 구하려면 뇌를 조종하는 법을 배워야 한다. 결국 여러분은 이 책에서 일종의 (신경학적) 정비 기술, (인간관계와 감정의) 도로 교통 규약, (심리적) 운전술을 배우는 셈이다.

생각이 너무 많은 사람이라면 이 책에서 자신이 어떻게 생각하고 행동하는가에 대한 설명을 찾을 수 있다. 물론 풍부한 해결책들도 찾게 될 것이다!

나는 이 책을 쓰는 동안 나에게 영감을 주거나 내 주장에 근거를 마련해 주는 저작들을 다수 참조했다. 이러한 저작들을 인용할 때마다 매번 페이지 하단에 주를 달자니 책이 너무 무거워질 것 같아서 맨 뒤 참고 문헌 편에 정리해 두었다. 그중에서도 질 볼트 테일러, 대니얼 태멋, 토니 애트우드, 베아트리스 미예트르는 소중한 가르침을 주었다는 점에서 내가 각별하게 생각하는 저자들이다. 아리엘 아다와 잔 시오 파생의 책들도 나에게 매우 유용했다. 그들에게 한없는 감사를 표한다.

Part 1

왜 그런 걸까

당신이 유난히 생각이 많은 이유

1장

남들보다 예민한
감각 때문에

"그이는 정말 지나쳐, 그이는 너무해… 너무, 너무, 너무!"

1980년대 텔레비전 쇼 댄서로 날렸던 '코코 걸'의 노래다. 이 귀에 익은 후렴구만으로 정신적 과잉 활동의 문제를 요약할 수 있다. 그야말로 매사에 지나친 것이다. 생각이 지나치고, 질문이 지나치고, 감정이 지나치다. 매사에 'super-', 나아가 'hyper-'라는 접사가 붙을 만하다. 과잉 행동, 과민, 과잉 감정…, 정신적 과잉 활동인은 살면서 겪는 자질구레한 사건들을 매우 민감하고 강렬하게 경험한다. 긍정적으로든 부정적으로든 마음에 와 닿은 것이 있으면 크리스털처럼 울리고 동요한다. 별것 아닌 일조차도 그들에겐 보통 사람이 짐작할 수 없을 정도로 크게 다가올 수 있는데, 특히 그들의 가치 체계에 관련된 일이 그렇다. 지각, 감정, 감수성… 모든 것이 부풀려진다. 사실, 그들은 감각 체계 및 감정 체계 자체가 과민하다. 예민한 지각은 신경학적인 이유에서 비롯되어, 현실을 지각하는 단계부터 시작된다.

우리는 오감을 통해 정보를 수신한다. 알다시피, 우리 중에는 가는귀가 먹은 사람도 있고 시력이 떨어지는 사람도 있다. 그런데도 우리는 모두 현실을 똑같이 지각하는 것처럼 생각하곤 한다. 실은 전혀 그렇지 않다. 나라는 한 개인이 세상을 아는 방식은 유일무이하고 주관적이다.

10명을 한 조로 묶어 똑같은 집을 보러 가게 한 뒤, 그 집을 어떻게 보고 느꼈는지 상세하게 묘사하도록 했다. 그 결과 10명이 제각기 다른 집을 보고 온 것처럼 그 집을 묘사했다. 개인에 따라 유난히 발달하거나 본인이 선호하는 감각기관이 있을 수 있다. 시각이 뛰어난 사람은 자신이 볼 수 있었던 것, 이를테면 색채, 조명, 전망, 심미적인 측면 등에 관심을 기울일 것이다. 반면에 청각이 예민한 사람은 그곳이 조용한지 시끄러운지를 먼저 느낄 것이다. 운동감각이 발달한 사람들은 그곳의 온도, 활동 공간, 안락함이나 편안함부터 감지하고 본다. 어떤 사람은 후각부터 발동해서 담배 냄새가 남아 있다는 둥, 케케묵은 냄새가 난다는 둥 한마디 할 것이다.

이렇듯 저마다 현실에서 어느 한 부분은 관심을 기울일 만큼 중요한 것으로 선별하고 그 나머지는 다소 소홀히 여긴다. 그럼으로써 수집된 감각들에 저마다 다르게 강세를 부여하는 셈이다. A가 조금 시끄럽다고 생각하는 장소를 B는 너무 시끄럽다고 생각할 수 있고 C는 전혀 소리에 신경 쓰지 않을 수도 있다. 결국, 각 사람은 그 장소에 대한 생각을 정립하기에 충분하다고 여기는 몇 가지 정보를 각기 다르게 선택한다.

정신 활동이 활발한 사람은 보통 사람들보다 더 많은 정보를 수신할 뿐 아니라 강세도 더 크게 부여한다. 이게 바로 감각 과민증hyperesthésie이다. 정신 활동이 지나치게 활발한 사람이 어느 방에 들어간다고 치자. 그는 유독 세세한 부분까지 기억하고, 보통 사람은 신경 쓰지 않는 사소하고 일화적인 특징들까지 포착할 것이다.

민감하게 타고난 오감

다음은 프랑수아가 우리 상담실을 처음 방문하고 나서 보낸 메일이다.

저의 일상을 선생님께 설명하고 싶습니다. 이를테면 선생님 상담실을 처음 방문한 날을 예로 들어서 말이죠. (기분이 상하진 않으시겠죠?)

차를 세웁니다. 선생님은 차를 안에 세우는지, 밖에 세우는지 문득 궁금해집니다. 게이트를 통과하면서 어느 차가 선생님 것일까 생각해 봅니다. 선생님도 자동차를 좋아할까요? 그럴 거라 생각합니다. 하지만 딱히 눈길을 끄는 차는 없어 보이네요. 선생님은 여기에 주차를 하지 않는 것 같아요.

현관 비밀번호를 누를 차례입니다. 우편함도 그렇고, 이 현관 인터폰도 그렇고 선생님 이름은 물리치료사들의 것과는 다른 서체로 찍혀 있네요. 선생님이 이 진료소에 좀 나중에 들어오셨나 봅니다. 왜 그럴까요? 그럼 그 전에는 어디서 개원을 하셨을까? 자택에서 멀지 않은 곳에서? 아니면 아예 자택에서 진료를 보셨을 수도? 주소지가 바뀌어서 단골들이 떨어져 나가지는 않았을까?

안으로 들어갑니다. 건물 안의 인터폰은 고장이네요. 수리를 해야 겠어요. 왜 이걸 수리하지 않았담? 대기실에 들어왔습니다. 아무도 없습니다. 물리치료사들은 일을 하는 중인가? 선생님은 내원객이 오래 기다리지 않도록 예약을 잘 잡아 두는 것 같군요. 대기실에 비치된 잡지들은 좀 오래됐네요. ○○지가 특히 많은데 내 취향에는 안 맞는 잡지죠. 이 잡지를 정기 구독하시나? 설마 정치 성향도 이쪽이신가? 아, 싫은데! 창밖을 바라봅니다. 별것 없군요. 왠지 마음이 답답합니다. 담벼락이 창문하고 너무 가까이 있어서 전망이 확 죽네요.

이때 선생님 목소리가 들립니다. 선생님의 외모를 상상해 봅니다. 키가 크고 체격이 좋은 여자 분일 것 같아요. 멜라민 바닥 위를 걸어오는 또각또각 구두 굽 소리가 들리네요(난 이 소리가 싫어요. 온기라곤 없는 차가운 느낌이잖아요). 키가 크다면 굳이 굽 있는 구두를 신지 않아도 될 텐데, 라고 생각하며 뒤를 돌아봅니다. 빙고, 제가 생각한 모습 그대로예요. 선생님이 손을 내밉니다. 포옹을 하면 선생님을 좀 더 잘 알 수 있을 것 같은데 그렇게는 못하겠네요. 그래서 악수만 하고 맙니다. 기분 좋은 악수였어요. 손아귀에 힘이 있지만 위압적인 느낌은 들지 않네요. 향수는 쓰지 않거나 가벼운 향을 살짝 쓰는 분 같아요. 잘됐습니다. 향수를 많이 뿌리거나 독한 향을 쓰는 여자는 질색이니까요.

선생님을 따라 상담실로 갑니다. 물리치료사들의 진료실은 어디인지, 그들은 어떻게 치료를 하는지 궁금해집니다. 선생님 상담실은 복도로 들어가서 첫 번째 방이군요. 지나치다 싶을 정도로 잘 정리되어 있네요. 좀 차가운 느낌이라서 커다란 화분이라도 하나 들여놓으면 좋을 것 같습니다. 전망도 너무 답답하고요. 책상 위에는 별것 없지만 볼펜만은 색깔별로 여러 자루가 갖춰져 있어요. 왜 그럴까 또 궁금해집니다.

두 번째 방은 좀 낫네요. 빨간 안락의자가 마음에 듭니다. 이 의자만 다른 집기보다 오래된 것 같아요. 예전 진료소에서부터 쓰던 물건일까요? 아마 그런 것 같네요. 자리에 앉습니다.

선생님께 관심이 갑니다. (아까 복도에서부터 그랬지만) 선생님 옷차림을 분석합니다. 여러 색깔에, 광택이 있고, 전반적으로 몸에 붙는 스타

일이네요. 본인의 몸매에 웬만큼 만족하시는 편인가 봅니다. 제가 가지고 있는 선생님 책에 실린 사진들을 떠올리며 머리 모양도 살펴봅니다. 마음에 들어요. 살갗이 좀 탄 것을 보니 해수욕을 좋아하시나 봐요. 액세서리는 많이 하지 않으시네요. 그 편이 선생님에겐 어울립니다. 금팔찌나 요란한 팔찌보다는 약간 귀여운 디자인의 팔찌를 좋아하시는 것 같습니다. 선생님의 손을 눈여겨봅니다. 저는 사람을 만날 때마다 항상 상대의 손을 유심히 봅니다. 마음에 드는 손이에요. 이건 저한테 굉장히 중요합니다. 마음이 좀 편해졌습니다. 그래도 긴장을 다 풀지는 않았죠. 선생님에게 조종당하기 쉽겠다는 생각도 들거든요.

제가 선생님한테만 이러는 건 아닙니다. 전 항상 이런 식이어요. 오늘 이 진료소를 오기 전에 저 구석에 있는 신문가판대에 들렀었습니다. 거기서 한 3분이나 있었나, 그 3분 사이에도 족히 스무 가지는 되는 의문들이 뇌리를 스치더군요….

이들은 이렇게 일상을 살아간다. 정보의 포화 상태로, 별의별 것을 다 기억하면서, 그 정보를 통해 나머지 부분까지 예측하고 내다보려고 애쓰면서, 오만 가지 의문을 떠올리고 잔뜩 긴장하고 경계하면서. 특히 누군가를 처음 만나는 자리라면 더 말할 것도 없다.

이렇듯 생각이 너무 많은 사람의 뇌에서 가장 먼저 주목할 특징은 감각 과민증이다. 감각 과민증은 유난히 예민한 오감을 지닌 경우를 지칭하는 학술 용어다. 또한 각성과 경계 상태, 나아가 언제나 위험을 염두에 두는 상태를 가리키기도 한다. 이런 사람은 프랑수아처럼 짧은 순간에 남들은 알아차리지 못하는 세세한 것들까지 포착하는 능력이 뛰어나다.

감각이 과민한 사람들은 소음, 조명, 냄새로 인한 불편을 자주 느끼면서도 자신이 그렇게까지 유별나다는 것을 깨닫지 못하는 경우가 많다. 그래서 내가 그 점을 지적하면 처음에는 깜짝 놀라는 표정으로 얘기를 듣는다. 하지만 이야기를 나누다 보면 그들도 차츰 깨닫는다. 자기가 실제로 사소한 부분까지 잘 알아차리는 편이라든가, 한 소절만 듣고도 무슨 노래인지 얼른 기억해 낸다든가, 한 입만 먹고도 요리의 재료를 금세 알아맞힌다든가….

이들은 하루에 열두 번씩 그런 경험을 하면서도 남들은 자신 같지 않다는 생각을 못한다. 게다가 자신의 감각 과민을 이미 알아차린 사람은 그러한 예민함을 부정적으로만 보는 경향이 있다. 그는 과도한 감각 자극으로 참을 수 없는 지경에 이를 때마다 자기 탓을 하기 일쑤다. 넬리는 "어떤 가게는 고막이 찢어져라 음악을 틀어 놓잖아요. 그런 가게에선 쫓기듯 뛰쳐나올 수밖에 없어요!"라고 했다. 피에르는 시각적인 불편을 호소했다. "사무실에 네

1장 남들보다 예민한 감각 때문에

온 형광등이 달려 있는데 눈이 아파 죽겠습니다. 하지만 조명에 불만 있는 사람은 저 하나뿐이죠. 저만 별것 아닌 일로 불평하는 사람이 되어 버리는 겁니다."

그 외의 신체감각들에 있어서도 과민성은 실제적인 문제가 될 수 있다.

시각 과민

시각 과민은 이따금 전체적인 상보다 세부 요소를 먼저 알아차릴 만큼 정확성에 연연하는 시각적 능력이다.

다른 내원객들이 진료소를 처음 방문했을 때의 경험과 프랑수아의 경험을 비교해 보면 꽤 재미있을 것이다. 프랑수아는 온갖 자질구레한 것들을 잔뜩 포착했다. 볼펜, 안락의자의 상태, 전망, 대기실에 비치된 잡지…. 그의 시각은 마치 정보가 주어지는 족족 스캔해 올리는 레이저스캐너 같다. 그는 나를 머리부터 발끝까지, 액세서리와 복장, 머리 모양, 손까지 철저히 분석했다.

일상생활에서 이런 시선은 불편하게 느껴질 때가 많다. 사람을 뜯어보고 뭔가 캐내려 하는 것처럼 느껴지기 때문이다. 하지만 이들의 목표는 상대를 판단하는 것이 아니라 이해하는 것, 프랑수아가 그랬듯이 본인이 안심하려는 것이다. 이들의 기억은 종종 이처럼 별 의미 없는 정보들에 근거하여 형성된다. 시각 과민의 또 한 가지 측면은 빛에 대한 민감도가 아주 높다는 것이다.

청각 과민

여러 소리를 동시에 들을 수 있는 감각 과민증도 있다. 라디오 방송을 들으면서 사람들과 대화를 나눌 수 있는 사람, 옆방에서 나는 그릇 소리가 너무 시끄러워서 아무것도 못하겠다고 툴툴대는 사람이 더러 있다. 이러한 능력이 있으면 음악을 섬세하게 즐길 수 있다. 여러 악기의 합주 속에서 특히 마음에 와 닿는 색소폰 악구를 감지해 낼 수 있는 능력 아닌가.

그러나 밖에서 잔디 깎는 기계가 털털거리는 소리가 귀에 거슬리는 사람이 자기 혼자뿐이니 달갑지 않은 능력이기도 하다. 청각이 과민한 사람들은 고음보다 저음을 더 잘 듣기도 한다. 심지어 가까이에서 나는 소리보다 멀리서 나는 소리를 더 잘 듣는 경우도 있다. 그래서 잔잔하게 깔린 배경음악 때문에 대화에 집중을 못하는 사람도 있다. 예를 들어 라디오나 텔레비전 뉴스 헤드라인에는 그 프로그램만의 배경음악이 깔리는데, 청각이 과민한 사람들은 "그 요란한 음악 때문에 아나운서가 말하는 그날의 주요 뉴스가 잘 들리지 않는다"고 호소하기도 한다.

프랑수아도 내 목소리와 발소리를 예민하게 알아차렸다. 그는 진료소 바닥을 걸을 때 나는 소리가 차갑다고 느꼈고, 건물 내 진료소 전용 인터폰이 고장 났다는 사실에도 주목했다.

운동감각 과민

이들은 어떤 장소의 분위기, 공기의 습도, 온도, 보드랍거나 우툴두툴한 옷감의 촉감, 이러한 정보들을 연속적으로 포착한다. 프랑수아는 나와 포옹을 하면 더 좋을 것 같다고 하면서도 그러지 못했다. 물론 처음 상담을 받으러 온 날이었기는 하다.

감각 과민증이 있는 사람들은 포옹 방식의 인사를 굉장히 선호하는 편이다. 감정적으로 격앙되는 상황에서는 심리 상담사에게 자신을 꼭 안아 달라고 하거나 반대로 잠시 껴안고 있어도 되겠냐고 묻는 경우도 많다. 무슨 꿍꿍이 따위는 없다. 그들은 그냥 따뜻한 포옹, 진짜 미국식 허그가 필요한 것이다. 포옹은 벅찬 감정을 추스르는 데에 도움이 되기도 하고 프랑수아의 말마따나 상대를 '좀 더 잘 알 수 있게' 한다.

전통적인 정신 요법의 원칙에 따르면 심리 치료사는 환자와의 신체 접촉을 삼가야 하지만 이들에게는 그 원칙이 통하지 않는다. 이들은 촉각이 아주 발달한 사람들이니까.

후각 과민

대다수가 적극적으로 사용하지 않아서 그렇지, 후각만큼 동물적이고 풍부한 정보를 제공하는 감각도 없다. 나는 종종 그들의 코는 "그냥 코가 아니라 송로 버섯을 찾아내는 돼지 코"라고 농담삼아 얘기한다. 프랑수아가 그랬듯 그들은 진료소에 오자마자 후각이 발동해서 내가 쓰는 향수 냄새, 미처 빠지지 않은 담배 냄새, 자기 앞 내방객이 남기고 간 땀 냄새까지 포착하곤 한다.

플로랑스는 진료실에 들어올 때마다 "누가 이미 마셨던 공기"라면서 환기를 해 달라고 부탁했다! 좋은 포도주를 즐기거나 꽃 향기를 맡을 때에는 예민한 후각이 축복이다. 그러나 구역질 나는 냄새와 합성 향에 진저리 치는 사람이라면 예민한 후각은 끔찍한 악몽이다. 프랑수아도 독한 향수는 질색이라고 했다.

미각 과민

미각은 후각과 짝을 이룬다. 감각 과민증이 있는 사람들 중에는 식도락가가 유난히 많다. 이들은 선천적인 감각에 의존하여 혀끝에 남는 뒷맛만으로 요리에 소량 들어간 계피나 파프리카를 알아맞히거나 커피나 초콜릿의 원산지를 맛만 보고 알아낸다. 이들은 조금만 먹어 봐도 맛이 이상한 걸 금세 알아차리기 때문에 식중독

1장 남들보다 예민한 감각 때문에

에 걸릴 일은 거의 없다.

보통 사람들은 이들에 비해 아주 적은 정보를 지각한다. 따라서 정신적 과잉 활동인은 시시때때로 그 점을 떠올려야 한다. 불현듯 주위 사람들이 아무것도 못 느끼는 마비 상태에 빠진 것처럼 보일 때가 있지만 이들은 이러한 생각 자체가 불편하기 때문에 얼른 머릿속에서 몰아내려 애쓴다. 물론 타인을 함부로 판단해서는 안 되고 자신과 남들의 차이를 절대적인 것으로 인정할 필요도 없다. 하지만 이 차이는 신경학적이고 객관적인 것이다. 학자들은 이 차이를 연구하고 측정했다.

용기를 내어 현실을 직시하자. 여러분이 대다수에게서 거의 항상 느끼는 괴리감은 바로 거기서부터 설명할 수 있다. 관찰자 입장에서 다른 사람들이 주변 환경에 얼마만큼의 주의력을 기울이는지 살펴보라. 놀라운 결과를 보게 될 것이다. 프랑수아도 퍼뜩 깨달았다는 듯이 이렇게 외쳤다. "희한하지만, 다른 사람들은 다 졸고 있는 것처럼 느껴질 때가 있었습니다. 바로 이래서였군요!"

바짝 곤두서 있는
감각 더듬이

감각 과민증에는 양적인 측면이 있다. 어떤 것들을 평균 이상으로 많이 지각하기도 하거니와 세부 사항도 한층 더 조밀하게 파악한다. 하지만 질적인 측면도 있다. 아주 비슷한 두 색깔 사이의 미묘한 차이를 알아차린다든가, 어떤 노래를 듣다가 살짝 이탈한 음을 잡아낸다든가 할 때가 그렇다. 우리에게 잘 알려지지는 않았지만, 이처럼 남다른 주의력과 기억력이 빚어내는 현상 가운데 하나가 감각 지각의 '직관상적인*éidéiste*' 측면이다.

무당벌레를 관찰하는 아이를 본 적 있는가? 그 아이의 눈은 현미경도 부럽지 않다. 아이는 모든 것을 꼼꼼하게 뜯어보고 모든 것에 경탄한다. 반들반들한 등딱지, 섬세한 선, 다면체 구조의 눈, 미세하게 떨리는 더듬이 그리고 등딱지가 양쪽으로 갈라지면서 반투명 날개가 펼쳐지는 모습은 얼마나 볼만한가.

이처럼 질적으로 생생하고 정교한 지각을 가리키는 단어가 바로 '직관상*éidéisme*'이다. 혀에 녹아드는 것 같은 과일 잼의 감촉을 느끼고, 매끈한 나뭇잎에 감탄하고, 진주처럼 영롱한 이슬방울과 부드러운 장미 꽃잎을 발견하고, 여리고 섬세한 피아노 소리를 들

1장 남들보다 예민한 감각 때문에

으며 황홀해한다면 그 얼마나 좋은 일인가.

감각 과민은 모든 것을 시와 예술과 경이로움으로 이끄는 예민한 주의력이자 재주다. 아주 어린 아이들을 제외하면 우리 주위에 몇 명이나 이처럼 섬세하게, 희열을 맛보는 경지에서 세상을 지각하고 있을까?

이 감각으로
저 감각을 느낀다

정신적 과잉 활동인 상당수에게서 감각 과민증은 공감각 증상과 함께 나타난다. 공감각synesthésie은 뇌에서 여러 감각들이 교차하면서 활성화되는 현상이다. 예를 들어 공감각 능력자는 단어의 색깔이 보인다든가 숫자들이 튀어나온 것처럼 보인다고 말한다. 카트린은 나에게 이렇게 말했다.

"저는요, 피부로 소리를 듣는 것 같아요. 어떤 단어를 들으면 그게 무슨 뜻인지 알아차리기도 전에 닭살이 돋아요."

프랑수아는 진료소 바닥에 울리는 내 구두 굽 소리가 "차갑다"고 했고 내 목소리를 듣자마자 키가 크고 체격이 좋을 것 같다고 상상했다.

공감각은 기억을 크게 돕는다. 그래서 정신적 과잉 활동인은 보통 사람들이 사소하게 여기는 자질구레한 것들을 유독 잘 기억한다.

공감각은 대개 무의식적으로 발휘되는 능력이다. 정신적 과잉 활동 문제로 나를 찾아온 이에게 공감각 능력이 있는지 물어보면 그는 어김없이 펄쩍 뛴다.

"아뇨! 전혀 그렇지 않아요."

물론 나는 이 말을 액면 그대로 믿지 않는다. 나는 임상 경험을 통해 감각 과민증과 공감각 증상이 함께 나타나는 경우를 아주 많이 보았다.

그래서 상담을 계속 진행하다가 뜬금없이 한번 물어본다.

"화요일이라는 단어는 무슨 색깔일까요?"

그러면 바로 "노란색!"이라는 대답이 돌아온다(물론 무슨 색깔이라고 대답하느냐는 중요치 않다). 내담자는 자신의 대답에 자기가 놀란다. 생각해 보지도 않은 대답이 자기 입에서 나왔으니까. 사실 자신에게 그런 면이 있는 줄 몰랐던 거다. 이제 확인 사살을 할 일만 남았다. 다시 상담을 하다가 불시에 허를 찌른다.

"책상이라는 단어의 색깔은?"

이번에도 대답은 단박에 튀어나온다.

"초록색."

그는 혼란에 빠진다. 그렇다. 그는 단어의 색깔을 보는 것이다. 말이 안 되는 것 같지만 사실이다! 이때부터 어린 시절의 기억이 살아난다. B는 커다란 통 같았고, 숫자 2는 금빛 백조 같았고, 숫자 1은 검정색 갈고리 같았다. 힘차게 쏟아지는 폭포 소리를 들으면 뱃속이 바르르 떨려 왔고, 너무 바보 같아서 깊이 생각해 보지도 않았지만 닭고기 냄새는 왠지 노란색이었다….

자, 이제 자기 검열은 그만두자! 천천히 시간을 들여 어린 시절의 희한한 경험들을 되살려 보라. 아마도 그 경험들은 공감각에 기반을 두고 있을 것이다.

유난히 좋아하거나
극도로 혐오하거나

감각 과민증은 영재성이 드러나는 방식에 따라 특이한 형태를 띠기도 한다. 청각을 예로 들어 보자. 특정한 소리에만 민감하고 그 외 다른 소리에는 아무렇지 않을 수 있다. 촉각도 마찬가지다. 어떤 질감이나 촉감이 황홀하고 매혹적일 수도 있고 극도의 혐오감을 불러일으킬 수도 있다. 이러한 감각 과민증은 각종 식이장애의 원인이 될 수 있다. 예를 들어 물컹하게 삶은 음식은 입에 넣기만 해도 구역질이 난다든가, 오렌지는 죽어도 못 먹겠다든가 하는 식이다.

윌리엄은 아스퍼거 증후군 환자였다. 그는 매미 소리만 들으면 머리가 깨질 것처럼 아프다고 했다. 다른 소리들이 크게 들리는 와중에 매미 소리가 그보다 작게 섞여 있어도 매미 소리만 들려서 미칠 것 같다고 했다. 윌리엄은 통증이나 고약한 냄새에는 무감각한 편인데 몇 가지 합성 섬유들의 촉감은 극도로 싫어했다. 반면에 모피나 부드러운 플러시 천에는 환장을 해서 일단 눈에 띄면 살갗에 문질러 보지 않고는 넘어가는 법이 없었다.

알고 보면 특별한 능력, 감각 과민

감각 과민증은 어느 선까지는 대단한 행운이다. 일단 주변 환경에 대한 정보를 많이 취합할 수 있다는 장점이 있다. 감각 과민증은 각성 상태를 이끌고 외부 세계에 대한 호기심을 활성화한다. 다각도로 예민한 감각은 아주 특별한 감각적 향유로 이어질 수 있기 때문이다.

하지만 감각기관이 지나치게 예민하고 지각이 증폭되어 있다면 감각 과민증은 여러모로 약점이 된다. 눈부신 조명을 견딜 수 없다든가, 알록달록한 장식들에 눈이 쉬이 피로해진다든가. 너무 큰 소리, 떠들썩한 북새통도 참기 어렵다. 너무 덥든가, 너무 습하든가, 너무 건조해서 정전기가 일어날 것 같다든가. 셔츠 목 부분에 붙어 있는 상표 때문에 목덜미가 가려워 수시로 벅벅 긁는다든가. 향수를 잔뜩 뿌린 사람이나 잘 씻지 않은 사람을 만나면 구역질이 난다. 게다가 자신이 지각하는 것에서 벗어날 수도, 자신의 감각 체계와의 접속을 끊어 버릴 수도 없다. 물론 그 원인 또한 신경학적인 것이다. 잠재적 억제 장애déficit de l'inhibition latente라고나 할까.

대다수의 사람은 사용 가능한 감각 정보의 취사선택이 자동으로 이루어진다. 이 과정에서 불필요한 정보는 자연스럽게 밀려난다. 이렇게 뇌는 중요한 것에 초점을 맞춘다. 그 덕에 별다른 노력을 기울이지 않고도 자신과 직접적인 관련이 있는 것에만 정신을 집중할 수 있다.

그런데 정신적 과잉 활동인에게서는 이 과정이 자동화되지 못하고 일종의 '수작업'처럼 이루어진다. 무엇에 집중하고 무엇을 뒷전으로 밀어낼 것인지 하나하나 결정한다는 말이다. 이 같은 수작업 등급 판별은 쉽지 않다. 이들은 대개 일상생활에서 무엇이 중요하고 무엇이 덜 중요한지 선택하기를 어려워한다. 그 점은 감각들의 선별 단계에서도 마찬가지다. 결국, 정말로 힘든 것은 직접적인 관련이 없는 자극들을 경험하는 것이 아니라 그 자극들을 지워 버리는 것이다. 그래서 감각이 과민한 사람들은 허구한 날 밤낮도 없이 감각 정보의 홍수에 파묻힌 채 피곤해한다. 이들이 차라리 생각을 멈출 수 있으면 좋겠다고 생각하는 이유가 바로 여기에 있다.

보통 사람은 자신이 이해할 수 없는 정보의 홍수 앞에서 어깨를 으쓱해 보이며 이렇게 말할 뿐이다.

"어휴, 신경 좀 쓰지 마!"

자기는 신경을 쓰지 않으면 그걸로 괜찮으니까 자신에게 자명한 것이 남들에게도 자명한 줄 안다. 보통 사람들은 정신적 과잉 활동이 어떤 것인지 잘 모른다. 예를 들어 산책을 하는 동안에도 정신적 과잉 활동인은 자동차 소음, 줄지어 지나가는 행인, 쇼윈도의 상품에 신경이 분산된다. 이렇게 주의가 천 갈래 만 갈래로 흐트러지기 때문에 정신을 한 곳에 집중하려면 부단한 노력이 필요하다.

넬리는 저녁 모임에 도착하자마자 식당에 흐르는 음악 소리가 너무 크다고 생각했다. 식당 내 떠들썩한 소음, 옆자리 손님들의 대화도 들렸고, 종업원들이 오갈 때마다 나는 식기 부딪치는 소리에 현기증이 날 것 같았다. 음식 냄새, 들어오고 나가는 손님들의 움직임, 강렬한 조명을 지각했다. 그런 상황에서 대화에 집중하고 모임 사람들에게 관심을 보이기란 어마어마하게 힘든 일이다. 이러고도 모임을 즐겁게 마칠 수 있다면 그게 더 대단하다고 하겠다.

오감은 우리가 삶을 접하는 통로다. 감각이 과민하다는 것은 그만큼 더 넘치게 살아간다는 얘기다. 아름다운 이미지, 감미로운 소리, 황홀한 쾌감, 좋은 향과 맛과 같은 기분 좋은 정보들로 감각을 가득 채우면서 지금 이 순간을 살아가는 기쁨을 누릴 수 있다. 정신적 과잉 활동인은 언제라도 생을 만끽할 준비, 지저귀는 새소리와 석양에 감동할 준비가 되어 있다. 바로 이런 순간에 그들의 차이는 더 이로운 것이 된다.

하지만 그들이 이 경이로운 느낌을 주변 사람들과 공유하려고 하면 벽에 부딪힌다.

"응, 좋네. 노을이 졌구나. 그런데 해 넘어가는 거 한두 번 봐? 자, 그만 가자!"

상대는 기껏해야 이렇게 대답하든가, 아니면 아예 조롱을 할 것이다.

"짹짹! 작은 새들이 울어요! 야, 네가 몇 살인데 그런 걸 들여다보고 앉았냐?"

하지만 이러한 감각 과민증은 정신적 과잉 활동인이 우울증의 위기를 여러 차례 겪은 후에도 잠재적이지만 강력하게 삶의 기쁨을 간직할 수 있는 이유이기도 하다. 감각이 과민한 사람은 한 줄기 서광이 비치기만 하면 언제라도 되살아날 준비가 되어 있는 셈이다.

2장

넘쳐흐르는 감정
때문에

지나치게 풍부한
감수성

감각 과민증은 세계에 대한 지각의 폭을 크게 확장하고 감수성을 고양한다. 그런 까닭에 감각이 과민한 사람들은 감수성도 민감하게 발달해 있다. 이들은 빛, 소리, 온도, 특히 센 자극에 민감하다. 그래서 감각이 과민한 사람들은 이따금 보통 사람이 이해할 수 없는 방식으로 폭발한다. "아무도 보지 않는 텔레비전을 왜 켜 놓는 거야! 당장 끄지 못해!"라거나 "저 창문 좀 닫을 수 없어요?"라며.

예리한 감각 덕분에 정신적 과잉 활동인은 모든 상황에서 보통 사람에 비해 훨씬 많은 정보를 대개 무의식적으로 습득한다. 마음 아픈 일에 금세 눈물을 글썽이고 스트레스 상황에서는 움츠러들며 불의를 보면 발끈한다. 이들은 주위 사람들의 말투, 단어를 발음하는 방식, 표정, 몸짓의 변화에 매우 민감하다.

이 민감한 감수성 때문에 그들은 뭐든 정확하고 확실하게 알기를 원한다. 그들에게 비슷한 단어란 없다. 저마다 다른 뉘앙스를 가지고 있기 때문이다. 그래서 그들은 부정확한 것이나 추정에 대해 따지고 들 수 있다. 또한 이들은 상대의 비난과 힐책, 조롱이나 꿍꿍이를 본능적으로 감지하고 쉽게 상처받는다. 자신은 많은 정보들을 감지하는데 그렇지 않은 주변 사람들에게 비난과 부정을 당한다면 어찌 낙심하지 않겠는가. 그들이 자신의 느낌을 공유하려고 할 때마다 가장 자주 듣는 말, 동시에 가장 상처가 되는 말은 이런 것이다. "그렇지 않아. 또 망상을 하고 있구나!"

이들의 관심 수준, 주의력, 자신이 주변 세상과 연결되어 있다고 느끼는 능력은 확실히 감각 과민성에 비례한다.

유명 작가 아멜리 노통브Amélie Nothomb는 인터뷰에서 세상에 큰 재해가 일어날 때마다 죄책감을 느낀다고 말했다. 기자가 깜짝 놀라면서도 재미있다는 듯 반응하자 노통브는 강조하듯 말했다.

"지진, 전쟁 또는 기근이 일어날 때마다 내가 잘못해서 그런 것 같은 기분이 들어요. 나도 뭔가 책임이 있지 않을까 싶어요."

이렇게 그들은 자신이 받아들인 모든 정보에 마음 깊이 감응한다. 자신이 온 세상과 관련되어 있다고 느끼기 때문이다. 아멜리 노통브처럼 정신적 과잉 활동인은 세상이 잘못 돌아가고 있다는 것에 대해, 자기 자신의 수동적인 태도에 대해 종종 죄책감을 느낀다.

나중에 살펴보겠지만 정신적 과잉 활동인의 사고는 우뇌가 지배한다. 그런데 우뇌는 기본적으로 감정과 정서에 좌우된다. 정보가 뇌에 도착하기 전에 심장을 먼저 통과하는 셈이다. 이러한 형편이니 냉정하고 이성적인 태도를 견지하기란 불가능하다. 감수성이 풍부한 사람들은 통제 불가능한 폭풍에 휘말리듯 감정에 압도되곤 한다. 기분이 쉽게 변하기 때문에 불안, 분노 발작, 우울감 사이에서 롤러코스터를 탄다. 무언가에 열광할 수도 있고, 더없는 행복으로 구름 위를 둥둥 떠다니는 기분을 맛볼 수도 있고, 순수한 기쁨의 순간을 온전하게 누릴 수도 있다.

지나친 감수성은 여러 가지 문제를 제기한다. 감정을 통제하지 못하는 것도 불편하지만 왜 자기만 그러지 못하는지 자신도 이해를 못하기 때문에 그리고 주변 사람들의 곱지 않은 시선도 불편하다. 우리 사회에서 감수성이 풍부하고 감정적인 사람은 으레 미성숙하고 충동적이며 연약한 사람, 나아가 맹하고 어리석고 생각 없는 사람으로 취급받기 때문이다. 심리학은 발 빠르게 '경계성(인격장애)'이라는 딱지를 이들에게 붙였다.

여러분이 감수성이 풍부하고 감정적인 사람에 속한다면 아주 잘 알 것이다! 주위 사람들이 허구한 날 여러분을 무슨 아기 대하듯 잔소리하고 꾸지람을 하지 않는가. 대수롭지 않은 일에 바보처럼 눈물을 보이거나 울컥하지 마라. 세상일을 다 마음에 두지 마라. 마음을 독하게 먹어라. 요컨대 감수성이 예민한 사람들에게 사방팔방에서 쏟아지는 잔소리, 비난, 조언을 따르자면 어떤 상황에서든 냉정하고 완고하고 무감각한 사람이 되는 것이 최선이다. 그러면 정말 해결이 될까?

그리 오래지 않은 과거에는 그렇게 생각했었다. 합리적인 정신, 논리 그리고 감정을 배제한 결정만이 중요했다. 감정은 우리의 선택과 결론을 어지럽히는 적에 불과했다.

다행히도 얼마 전부터 사정이 바뀌었다. 사람들은 사고 과정과 의사결정에 감정이 중요한 역할을 한다는 것을 깨닫기 시작했다. 이제는 이러한 감정적인 지능을 가리키는 EQemotional quotient라는 용어까지 나왔다. EQ는 충동 조절 능력, 개인적인 의욕 고취 능력,

공감 능력, 타인과의 소통 능력으로 평가한다. 정신적 과잉 활동인은 감정적 잠재력을 많이 지니고 있지만 그것을 다루는 법을 배우지 못하면 날개를 달기는커녕 걸림돌에 넘어지고 만다.

감수성이 예민한 사람들은 남에게 비판과 평가를 당하고 수치심을 느낀 탓에 대개 자기 이미지에 불만이 많다.

그렇지만 넘치는 감성이 부재하는 세상을 상상해 보라. 그런 세상에는 창의성도, 공감도, 유머도 없을 것이다. 그런 세상을 살아가는 사람들은 이성적이기는 하겠지만 사람다운 온정이 없을 것이며 한시도 자기통제를 늦추지 못할 것이다. 인류가 분노하고 항거할 줄 모른다면 어떻게 될까? 무엇보다 미친 짓 같지만 널리 호응을 얻고 쉽게 전파되는 열광이 사라진다면 어떻게 될까? 예민한 감수성은 참다운 저항 세력이기도 한다.

과도한 감수성은 매사에 개입한다. 여러분이 그러한 감수성의 소유자라면 여러 가지 단점들도 있겠지만 다음과 같은 특징도 지니고 있을 것이다. 일단 여러분은 인간관계에 있어서 호의적이고 이타적이며 따뜻하다. 자기 자신에게는 까다로워서 언제든지 자기 생각을 전면적으로 재고하거나 자조에 빠질 수 있다. 여러분의 지적 능력과 개방적인 정신, 호기심, 유머감각, 순수함은 창의적이면서도 참신하다. 그리고 여러분은 정의를 중요시하며 보기 드물게 대쪽 같은 올곧음과 진정성을 지녔다.

자신의 본모습을 받아들일수록 이 경이로운 감수성을 효과적으로 관리할 수 있다. EQ 관리의 핵심은 결국 자기 자신을 잘 아는 것이기 때문이다. 자신에 대해 더 많이 알면 알수록 스스로를 이해하고 감정의 격랑을 규명할 수도, 기꺼이 맞아들일 수도 있다. 여러분의 감정은 그렇게 소중한 친구이자 길잡이가 되어 줄 것이다.*

정에 살고
정에 죽고

정신적 과잉 활동을 하는 뇌는 정서적인 것에 지배당한다. 어떤 상황에서도 예외가 아니다. 실제로 이러한 두뇌의 소유자들은 정, 격려, 인간적인 온기, 스킨십, 차분하면서도 긍정적인 인간관계에 대한 욕구가 매우 강하다. 이들은 자아가 약한 편이기 때문에 타인의 판단에 아주 민감하다. 그래서 상대적으로 생각할 줄 모르고

● 나의 책, *Émotions, mode d'emploi*, Éditions Jouvence.

　　　　　　　2장 넘쳐흐르는 감정 때문에

항상 자기 자신에 대해 안심하고 싶어 한다. 보통 사람들은 이러한 태도를 몰상식하게 여긴다.

하지만 질 볼트 테일러Jill Bolte Taylor는 《나는 내가 죽었다고 생각했습니다My Stroke of Insight》에서 뇌졸중으로 좌뇌가 제구실을 못하게 되어 우뇌로만 살게 되자 자의식은 사라지고 애정과 격려에 대한 욕구가 돌연 맹렬하게 솟구쳤으며, 난생처음으로 상대의 호의나 스트레스를 민감하게 느낄 수 있게 되었다고 말했다. 그녀에게 그것은 새로운 발견이었다. 정신적 과잉 활동인들에게는 이게 그냥 일상이다.

특히 이들은 교사와 학습 내용에 감정을 싣지 못하면 학습이 불가능하다. 따라서 선생님이나 부모님을 위해서 공부하지 말고 자기 자신을 위해 공부하라는 말은 정신적 과잉 활동 학생에게 아무 짝에도 소용이 없다. 내가 이러한 이야기를 하자 크리스틴은 빙그레 웃으며 이렇게 말했다.

"잠깐이었지만 물리 선생님을 좋아했어요. 1년 내내 물리 점수만큼은 20점 만점에 18점 이상을 받았죠. 그런데 다음 해에 물리 담당이 나이 많은 아줌마 교사로 바뀐 거예요. 좋아하는 선생님을 볼 수 없는 것도 서러운데, 새로운 물리 선생님은 냉담하고 무심하기까지 하더라고요. 게다가 입 냄새가 고약했어요. 전 그 선생님

가까이에서는 얘기도 안 하려 했죠. 2년 동안 그 선생님에게 물리를 배우면서 제 점수는 20점 만점에 4점까지 곤두박질쳤어요.

바칼로레아 시험 발표가 나는 날, 그 물리 선생님이 제자들 점수를 확인하러 일부러 오셨더라고요. 점수 발표를 보러 나온 선생님은 그분밖에 없었어요. 그렇게나 감정 표현이 없던 분이 자기 제자들이 좋은 점수를 받은 걸 확인하고는 표정이 환해지면서 눈물을 글썽이더라고요. 선생님이 그렇게 학생들을 사랑하는 줄 알았더라면, 냉정하고 무관심해 보였지만 속마음은 그렇지 않았다는 걸 알았더라면 나도 최선을 다해 공부하고 바칼로레아 시험을 치렀을 텐데 하는 생각이 들었어요. 그 후로도 오랫동안 그 선생님을 나쁘게 생각했던 일이 마음에 걸렸죠."

이 이야기를 마치고 크리스틴은 겨우 눈물을 참았다.

정신적 과잉 활동인은 특히 우울하고 부정적인 분위기의 직장생활을 힘들어하고 고압적이고 어리석은 상사의 명령에 괴로움을 느낀다. 누가 고함을 지르거나 꾸중하고 압박을 가하면 그대로 굳어 버린다. 이들에게는 비난과 힐책을 삼가고 칭찬을 많이 하는 것이 이상적이다. 신뢰를 보여 주고 이들을 안심시켜라. 타인의 기대에 부응하고 싶다는 마음, 타인에게 자신의 능력을 보여 주고 싶다는 마음이 이들에게는 가장 좋은 원동력이다. 하지만 훈계보다 격려를 우선하는 회사는 거의 없다.

스트레스 상황이 자주 생기는 이유

외상심리학자 뮈리엘 살모나Muriel Salmona의 연구에 힘입어 이제 우리는 스트레스가 뇌에 어떻게 작용하는지 더 잘 알게 되었다.

우리 뇌에서 편도체는 경보 체계 역할을 한다. 외부 세계에서 들어오는 정보들을 해독하여 공포심을 품어야 할 것이 있는지 없는지를 결정한다. 편도체는 신체적, 심리적 공격을 당하는 상황에서 활성화되고 부신에서 분비되는 스트레스 호르몬인 코르티솔과 아드레날린의 배출을 자극한다.

우리의 신체는 이러한 편도체의 기능에 힘입어 투쟁 혹은 도주에 적합한 긴장 상태로 들어간다. 스트레스 호르몬은 신체 능력을 즉각적으로 사용 가능하게 한다. 그래서 스트레스를 받으면 감각이 예민해지고 반응이 빨라질 뿐 아니라 근육에 힘이 들어간다. 혈류, 심장박동, 호흡도 빨라지고 근육은 언제라도 행동에 돌입하게끔 수축된다. 이제 맞서 싸우느냐 잽싸게 내빼느냐의 문제만 남았다.

하지만 상당수의 스트레스 상황은 맞서 싸우기도 뭣하고 도망치기도 뭣하다. 그 경우 편도체는 저 혼자 쓸데없이 쇼를 한 셈이다. 이게 바로 '편도체 과열' 현상이다. 반응을 분석하고 다스리는 역할을 하는 대뇌피질의 신경 중추가 경보 체계에 의해 압도당한 것이다. 우리의 뇌는 편도체 과열 현상으로 아드레날린이 과다 분비되어 심장박동이 정지하거나 신경계가 코르티솔에 중독되는 결과를 낳지 않도록 또 다른 화학물질을 분비하여 회로를 차단하려 한다. 모르핀과 케타민이 그러한 화학물질이다. 이제 편도체는 '정지' 상태에 들어간다. 편도체가 힘을 쓰지 못하게 되면 사람은 갑자기 세상에서 떨어져 나간 느낌, 자신의 감정과 분리되어 붕 떠 있는 느낌을 받는다. 하지만 스트레스 상황은 사라지지 않았다. 그냥 그 사람이 더 이상 아무것도 못 느끼는 거다. 그에게 지금 이 순간은 너무나 비현실적이다. 이러한 상태가 '해리dissociation'다. 그는 자기에게 일어나는 일을 그저 방관하게 된다.

해리라는 심리기제 덕분에 살아 있을 수는 있지만 심각한 문제가 생긴다. 여전히 스트레스 환경에 놓여 있지만 그것을 적극적으로 해결하려는 노력을 더 이상 하지 않기 때문이다. 게다가 이제는 치유 과정이 시작될 수가 없다. 모르핀과 케타민의 마취 효과로 고립된 편도체는 감정적 충격을 다른 구조, 즉 학습과 기억을 처리하고 저장하는 소프트웨어에 해당하는 해마로 보내지 못한다. 스트레스 상황은 편도체 안에 갇힌 채 남을 것이다. 어쩌면 아주 오랫동안, 그 상황을 회상할 때마다 머릿속에서 과거를 되살고 처음에 느꼈던 부정적인 감정을 그대로 경험할 것이다. 편도체가 고립되었을 정도로 그것은 분명히 매우 과격하고 폭력적인 감정의 순간이었고, 그런 순간은 갇혀 있다가 그대로 되살아날 수 있다. 이것이 '외상후 스트레스'의 메커니즘이다.

정신 활동이 유별나게 활발한 사람들의 편도체는 특히 민감하기 때문에 낮은 수준의 자극에도 반응한다는 연구 결과가 있다. 감각 과민증과 풍부한 감정이 항상 편도체를 끌어들이다 보니 편도체가 자연스럽게 각성 상태에 있기 때문인 듯하다. 그래서 한 번씩 감정의 파도가 칠 때마다 뇌에서는 일종의 차단 작용이 일어난다. 사고를 관장하는 전전두엽 피질이 불능 상태에 빠지는 것이다. 따라서 깊이 생각한다는 것은 불가능하다. 정신적 과잉 활동인은 바로 이런 순간에 말도 안 되는 소리를 지껄이거나 어이없는 행동을 저지른다. 그러다 전전두엽 기능이 정상화되면 자기가 한 말이나 행동에 자기가 더 놀란다.

이런 일 때문에 자기 지능을 의심하는 경우도 더러 있다. 자기들이 때때로 얼마나 바보 같은 짓을 저지를 수 있는지 잘 알고 있으니까!

이러한 사고 불능 상태는 아무 데서나, 아무 때나 일어날 수 있다. 정신 활동이 유별나게 활발한 사람들은 이런 상태를 집중력 저하, 현실도피, 몽상 등의 형태로 경험한다. 특히 떠들썩한 모임이나 파티에서는 십중팔구 이런 상태에 빠지고 만다. 이 책 맨 처음에 소개했던 카미유의 사례에서처럼, 그들은 파티에서 뚝 떨어져 나오기 일쑤다. 그들에게 대화는 지루하고 진부하게만 느껴지고 농담은 다 바보 같고 느끼하다. 이렇게 분위기를 타지 못하는데 내가 여기서 뭘 하고 있는 걸까, 빨리 집에 가고 싶다, 이런 생각밖에 더 들겠는가!

외상후 스트레스는 스트레스 상황이 편도체에 갇혀 버린 극단적 상태에서 비롯되며 그때의 감정을 고스란히 되살려 놓는다. 차단이 한 번 일어날 때마다 새로운 스트레스 상황이 편도체에 갇힌 채 남는다. 그것은 해마에서 처리되거나 조사되거나 진정되지 못할 것이다. 따라서 정신적 과잉 활동인은 오만 가지 상황에서 잠재적인 외상후 스트레스 상태에 놓인다.

스트레스가 되는 기억이 쌓이면 쌓일수록 스트레스 반응은 자주 일어난다. 어떤 이는 해리 상태에서 모든 감정적 상황들을 머리로만 파악하고 자기가 굉장히 감정적인 사람이라는 사실은 부정할 것이다. 또는 반대로 이제 아무래도 상관없다, 지금 이 일이 뭐 어떻다고 그러느냐는 식으로 자신의 삶을 방관할 것이다.

　　　　　　　　2장 넘쳐흐르는 감정 때문에

이들은 이렇게 자신의 감정과 거리를 두기 위해 방어기제를 동원하기 때문에 차갑고 무심한 사람이라는 오해도 받는다. 하지만 이러한 이미지는 표면적인 것에 불과하다. 그 속에 들끓는 감정이 여전히 살아 있다.

네 마음이 곧
내 마음

마지막으로, 정신적 과잉 활동인은 감정이입이 지나친 사람들이라고 할 수 있겠다. 그들은 주변 사람은 물론 자기가 잘 모르는 상대의 감정 상태까지도 쉽게 파악하고 예측하고 감지한다. 본능적으로 뭐가 잘되고 뭐가 잘 안 되는지를 느끼고, 그야말로 스펀지처럼 상대의 감정을 빨아들인다.

하지만 혼동하면 안 된다. 여기서 말하는 감정이입은 공감이나 연민이라기보다는 감정의 침범에 더 가깝다. 그들은 오히려 타인의 고통을 느끼고 싶어 하지 않는다. 의도치 않은 방식으로 너무나 급작스럽게 상대의 감정에 푹 빠져 버리기 때문이다. 그들은 그런 감정의 침범이 견디기 어렵다고 토로한다. 그래서 어떤 이들은 아예 사람 많은 곳을 피한다. 사람이 많은 곳은 소리나 움직임 같은 감각 자극이 많아서 힘들고 감정의 침범이 자기 마음을 어지럽혀 피곤하다.

베로니크는 내게 이런 말을 했다.

"저는 대형 마트만 가면 안절부절못해요. 그냥 사람들이 다 불안해 보여요. 그래서 대형 마트는 가급적 안 가고 동네 슈퍼마켓에서, 그것도 손님이 제일 없는 시간에 장을 봐요. 최대한 빨리, 수첩에 적어 간 것만 골라 담고 얼른 그 저주받은 곳에서 나오죠!"

그렇지만 지나친 감정이입이 호의를 낳기도 한다. 어떤 면에서 감정이입은 상대를 진심으로 이해하는 데 도움이 되고, 일단 이해하고 나면 판단하고 싶은 마음은 사라진다. 그리고 정말로 상대에게 감정이입이 되면 지독한 슬픔에 빠진 사람 옆에서 아무렇지도 않게 있거나 스트레스에 찌든 사람 옆에서 평정심을 유지하기 힘들다. 보통 사람도 그럴진대 감정이입이 지나친 사람이야 오죽하겠는가. 그가 결국 자기답게 잘 살려면 주위 사람을 보듬어 주고 화해를 도모해야 한다. 그리고 감정이입이 심한 사람은 남에게 잘못을 하면 자기가 더 괴롭기 때문에 착하고 친절하게 살 수밖에 없다. 고의로 못되게 군다는 것은 이들로서는 생각도 할 수 없는 일이다. 게다가 천성적으로 이익에 그리 연연하지 않는 편이라, 사람이 비열하고 계산적이며 기회주의적일 수 있다는 생각을 못

2장 넘쳐흐르는 감정 때문에

한다.

이들은 남들도 다 자기 같은 줄 안다. 그래서 친절을 자연스러운 태도로 여길 뿐 무슨 꿍꿍이가 있을 거라고 생각하지 않는다. 요컨대 이유 없는 악의는 상상조차 못한다. 그거야말로 이들에겐 넌센스다. 따라서 이들은 사람 심리를 슬슬 조종하려는 사람, 온갖 종류의 협잡꾼에게 아주 좋은 먹잇감이다. 악의라는 걸 모르던 사람이 이해할 수도 없는 배신을 거듭 당하고 나면 결국 의심 많고 성마른 성격, 나아가 피해망상에 빠지고 아무에게도 속을 보여 주지 않고 세상을 혼자 살게 된다. 그에게는 고립이 유일한 방어 수단이기 때문이다.

정신적 과잉 활동인은 남의 말을 잘 들어 주는 능력, 어려움에 빠진 사람을 위로하는 능력이 뛰어나다. 그래서 상당수는 이러한 능력을 요하는 직업군에 종사하기도 한다.

누구를 위한 텔레파시인가

정보를 포착하고 비언어적 표현을 읽어 내며 미묘한 표정과 억양의 변화를 파악하는 데 능한 사람, 타인의 감정을 쉽게 감지할 수 있는 사람은 상대의 생각을 잘 꿰뚫어 본다. 그래서 정신적 과잉 활동인은 자연스럽게, 자신도 알지 못하는 사이에 텔레파시에 성공한다. 그들에게 타인의 감정 상태를 내다보고 상대의 기대와 생각을 아는 것은 아무렇지도 않은 일이다. 하지만 그들이 자연스럽게 타인에게 쏟는 주의력은 꿍꿍이가 있는 사람에게는 불편하게 다가올 것이다.

크리스틴이 들려준 이야기다.

> 그저께 책을 놓아두러 친구 집에 들렀어요. 그런데 친구는 집에 없고 친구 남편이 문을 열어 주더라고요. 친구네 부부는 지금 완전히 갈라섰는데, 그 남편은 아내의 친구들, 특히 제가 옆에서 부추기는 바람에 그렇게 된 거라고 앙심을 품고 있죠. 문이 열리자마자 그 사람이 나에게 얼마나 분을 품고 있는지 확 느낄 수 있었어요. 내 앞에선 감히 말 못하지만 온갖 욕을 퍼붓고 있구나 싶더라고요. 내가 뚫어져라 바라보니까 그쪽도 속을 들킨 것 같았나 봐요. 내가 미움의 불에 기름을 끼얹었구나 싶었죠. 나는 얼른 그 집을 나왔어요. 그 사람이 나에게 떠넘긴 온갖 부정적인 감정을 몰아내느라 한참이 걸렸죠.

그들은 사람을 너무 잘 파악하기 때문에 다른 사람들도 그렇게 잘 파악하리라 생각한다. 그래서 사람들이 자신에게 무관심한 것 같으면 그들이 일부러 그러는 줄 알고 더 크게 상처 입는다. 사실은 그렇지 않다고, 보통 사람들은 비언어적 표현에 둔감하다고, 타

　　　　　　　　2장 넘쳐흐르는 감정 때문에

인의 감정을 잘 느끼지 못할 뿐 아니라 상대가 무슨 생각을 하는지 예측하지도 못한다고 설명해 주면 그들은 안심한다. 하지만 그와 동시에 자신이 남들에게 기울이는 관심과 이해를 언젠가 자기도 받게 될 거라는 기대는 무참히 박살 난다.

내 눈에만
보이는 것들

아니는 이렇게 말했다.

나한텐 다 보여요. 난 다 알아요. 내 시야에서 아무것도 빠져나갈 수 없죠. 사람들이 언제 몸을 씻었는지, 어제 입었던 옷을 그대로 입고 나왔는지 아닌지, 양치질을 했는지 안 했는지 다 알겠더라고요. 내 눈에는 끈 풀린 구두, 올이 풀린 옷단, 단추가 떨어져 나간 자리가 너무 잘 보여요. 별의별 자질구레한 것들도 눈에 들어오지만 사람의 전체적인 모습도 보여요. 어떤 식으로 옷을 입는지, 자세는 어떠한지, 말투는 어떤지가 누구를 만나든 그 자리에서 그냥 파악이 돼요.

사실, 난 별로 알고 싶지도 않아요. 그냥 보이는 거예요. 내가 작정해서 되는 게 아니어요. 나의 예리함이 상대를 불편하게 한다는 것도 알아요. 나는 아무 말 안 하지만 상대는 간파당하는 느낌이 드는지 나를 편하게 대해 주지 않아요. 사람들이 자기 자신에게 거짓말을 하거나 자가당착에 빠지면 난 대번에 알아차리죠. 이때 내가 무슨 지적을 하면 상대는 따귀라도 맞은 기분인가 봐요. 그들이 회피하고 싶어 하는 자명한 진실 혹은 스스로 제기하고 싶어 하지 않는 질문을 내가 들이민 셈이니까요. 난 이런 상황에서 항상 뭐가 잘못 됐는지, 이걸 바로잡으려면 어떻게 해야 하는지 직관적으로 알아요. 앞으로 어떻게 될 것 같다는 생각이 항상 자동으로 떠오르죠. 그런데 그게 얼마나 피곤하고 거추장스러운지 아세요? 난 정말 혼자라는 기분이 듭니다.

정신적 과잉 활동인에게 텔레파시에서 비범한 통찰력까지는 불과 한 걸음이다. 비범한 통찰력이란 그냥 '아주 빼어난 통찰력'을 가리킨다. 마술적인 부분은 조금도 없다. 사소한 정보들에 충분히 주의를 기울이고 그것들을 서로 연결하기만 하면 말로 설명되거나 눈에 보이지 않았던 부분이 직관적으로 예상되는 거다.

"그 집 부부가 금슬이 좋다는데, 난 둘이 정말로 서로 사랑하지는 않는구나 싶었죠. 왜냐고요? 음, 모르겠어요. 그냥 감이었어요. 그날 저녁 모임에서 보니까 서로 눈빛을 교환하거나 애정 어린 행동을 하거나 하는 게 전혀 없더라고요."

2장 넘쳐흐르는 감정 때문에

어쨌든 이런 얘기를 입 밖에 냈다가는 사방에서 들고일어난다!

"무슨 소리야, 너는 왜 매사를 나쁘게만 보니? 사람들 앞에서 애정을 과시하는 게 더 꼴불견이지!"

그런데 몇 주 후에 알고 보니 그 부부는 실제로 별거 중이었다. 모두들 깜짝 놀랐고 그 부부가 서로 사랑하지 않는 것 같다고 말했던 사람은 되레 낙심했다. 그는 옳은 말을 해 놓고도 불길한 징조를 알리는 새 역할을 한 셈이니까. 자기가 직감한 것을 차라리 말하지 않았더라면 좋았을 것이다. 정신적 과잉 활동인은, 예언자 카산드라가 그랬듯이 많은 것을 일찌감치 내다보지만 뭇사람들이 그 예언을 들으려 하지 않기 때문에 침묵할 수밖에 없다.

카산드라 신드롬

카산드라는 트로이의 아름다운 공주였다. 트로이의 왕 프리아모스와 왕비 헤쿠바를 보필하는 신하들 중에서도 카산드라와 혼인하기를 꿈꾸며 그녀의 마음에 들고 싶어 하는 사내가 많았다. 심지어 아폴론 신까지 그녀를 사랑하게 되었다. 카산드라는 아폴론에게 예언술을 가르쳐 달라고 청한다. 하지만 그녀는 예언술을 터득하고 나자 변심하여 아폴론과의 혼인을 거부한다. 아폴론은 이에 앙심을 품고 카산드라의 말에서 설득력을 앗아 갔다.

그 후로 카산드라가 아무리 정확한 예언을 해도 그녀의 말을 믿는 사람은 없었다. 카산드라는 파리스 왕자가 스파르타에 가면 큰 화가 있을 거라고, 또 트로이의 목마는 적들의 계략이고 결국 트로이는 멸망할 거라고 예언했지만 아무도 그 말을 귀담아 듣지 않았다.

이처럼 선견지명은 있으나 장차 일어날 불행을 막거나 대비할 수 없는 안타까운 입장을 '카산드라 신드롬'이라고 한다. 정신적 과잉 활동인에게 카산드라 신드롬은 익숙하다.

카산드라 신드롬을 다른 시각에서 해석할 수도 있다.

첫 번째 해석은 지식인의 고립과 고통이다. 무언가를 아는 사람은 쓸모 있는 존재가 되고 싶어 하고 불가피한 미래를 막으려 하지만 주변 사람들은 그를 '좋은 일에 초 치는 사람' 혹은 흉조 취급한다. 그러다 예언이 실현된 때에 진작 이렇게 될 거라 하지 않았느냐고 다른 사람들에게 말해 봤자 소용없다.

"내가 말했잖아요!" 감히 이런 말을 하려고 했다간 이미 참담한 상황에 빠진 사람들한테서 뼈도 못 추릴 것이다.

두 번째 해석은 이성적인 판단을 포기할 줄 모르는 태도다. "모난 돌이 정 맞는다"라는 속담이 있다. 이 속담은 관행에 맞서기보다는 둥글둥글하게 맞춰 나가는 편이 좋다는 의미로 통한다. 마찬가지 맥락에서, 다수에 맞서 옳은 사람이 되느니 잘못된 다수와

2장 넘쳐흐르는 감정 때문에

함께 서는 편이 나을 때도 있다. 프랑스에도 "늑대 울음을 울 줄 안다"라는 명언이 있는데, 이는 함께 사는 이들의 풍습과 대세를 따른다는 뜻이다.

그렇지만 어떤 이들은 고집스레 진실을 외친다. 만인의 웃음거리가 될지라도 사막에서 꿋꿋이 외치는 자가 있다. 그런데 웃음은 이야기를 널리 퍼뜨리기에 아주 좋은 매개체다. 영화배우이자 영화감독인 장 클로드 반 담은 그 점을 잘 이해하고 있었다. 그는 많은 사람을 웃겼지만 그가 농담 삼아 했던 말이 사람들에게 회자되면서 얼마나 널리 퍼졌던가! 어쩌면 이것도 설득력을 되찾는 하나의 방법일지 모른다. 그냥 웃기기만 했던 사람이 어느 순간 진지하게 생각을 하고 말을 한다.

"사실, 내가 한 말은 전부 진실이라고!"

카산드라 신드롬에 대한 또 다른 해석은 통찰력이 설득력을 겸비해야 한다는 것이다. 아폴론은 카산드라에게 마땅한 벌을 주었다. 카산드라는 사람들을 설득할 수 없는 예언이 얼마나 소용없는가를 뼈저리게 깨달았을 것이다. 따라서 미래에 대한 비전을 많은 사람과 공유하려면 카리스마를 갖추어야 한다. 거북하고 난처한 입장에 서야 할 때가 있음을 간과해서도 안 된다. 어떤 신념이 널리 퍼지고 호응을 얻었을 때는 그 집단의 힘이 아주 세기 때문에 그와 어긋나는 모든 의견은 부정당하게 마련이다.

모두가 상황이 점점 더 안 좋게 돌아가고 있다고 생각할 때에는 비록 구체적 반증이 있을지라도 객관적인 현실을 지적하기가 힘들다. 마찬가지로 모두가 행복에 겨워 붕 떠 있을 때에도 신중을 기하고 조심해야 한다는 경고가 통하지 않는다. 이러한 경우를 가리켜 '타이타닉 신드롬'이라고 한다.

여러분이 카산드라 신드롬에 걸려 있다면, 여러분은 단지 자신의 식견으로 뭇사람들에게 도움이 되려는 좋은 뜻밖에 없을 것이다. 하지만 깨달음은 스스로 얻어야 하고 잘못된 길이라 해도 자기가 가 봐야 한다. 사람은 실수에서 많은 것을 배운다. 그러니 여러분의 예감은 여러분만의 것으로 간직하고 저마다 자기에게 맞는 리듬으로 살아가게 내버려 둬라. 정말로 참담한 결과가 예상될 때 신중하게 한두 마디 건네면 그뿐이다. 하지만 이때도 그들이 여러분의 이야기를 듣고 싶어 하지 않는다는 것을 금방 알게 되리라.

여러분은 이따금 사람들이 잊고 있는 질문을 던질 수도 있다. 그런 질문은 형사 콜롬보처럼 순진하고 악의 없는 인상을 풍기면서, 어디까지나 상대가 미처 생각지 못한 부분을 슬쩍 건드리기만 하고 넘어가야 한다.

"공간을 넓게 쓰려고 세탁기를 발코니에 설치했구나! 그거 괜찮다! 그런데 배수는 어떻게 되는 거니?"

2장 넘쳐흐르는 감정 때문에

신비 체험

정신적 과잉 활동인은 이상한 사람으로 오해받기를 두려워하기 때문에 시간을 들여 상대에 대한 정보를 수집하고 신중하게 상대의 역량을 시험하며 경계 태세를 늦추지 않는다. 조금이라도 상대를 믿을 수 없다는 판단이 서면 뒤도 안 보고 돌아서려는 것이다. 그러다 마침내 이해받고 인정받고 신뢰받는다는 느낌이 들었을 때, 누군가가 자신이 기대하는 만큼 귀를 기울여 주고 신경을 써 준다고 느꼈을 때 범상치 않은 체험을 한다. 텔레파시, 순수한 사랑과 평화의 법열, 선견지명, 자연과의 일체감, 강렬한 예감…. 심지어는 사람들에게서 후광이 보인다든가, 심령 현상을 체험한다든가, 전생이 기억난다든가 하는 수준까지 간다.

피에르는 한참을 망설이다가 이렇게 털어놓았다. "어느 날 꽃밭에 앉아 아름다운 경치를 바라보며 몽상인지 명상인지 모를 상태에 빠졌어요. 불현듯 나를 둘러싼 꽃들과 내가 온전히 하나가 된 기분이 들었죠. 뭐라 말할 수 없는 평화와 만물에 대한 사랑을 느꼈어요. 그건 참으로 혼란스러운 경험이었죠. 설명하기도 어렵지만 누군가에게 고백하기는 더 어려웠어요."

질 볼트 테일러는 대단히 이성적인 여성 과학자였다. 그러나 뇌졸중으로 쓰러지면서 신비 체험과 유사한 의식의 확장을 경험했다. 그녀는 이 경험을 여러 방식으로 기술했는데, 특히 우주와의 일체감, 그저 생명의 일부로 존재하면서 만물에 두루 미치는 사랑의 바다에 깊이 잠기는 느낌이 든다고 했다.

다시 한 번 말하지만 마술 따위는 끼어들지 않는다. 과학적으로 말하면 피에르와 꽃은 실제로 한 형제다. 인간의 유전자 코드는 모든 생명체의 유전자 코드와 동일하게 4개의 뉴클레오타이드로 구성된다. 이 사실을 의식하기만 해도 자연과 하나가 되고 파리 한 마리, 들꽃 한 송이에 이르기까지 모든 생명체를 더욱 가깝게 느끼기에 충분하다. 정신적 과잉 활동인은 대개 총체적인 정신의 소유자이므로 우주에 대한 소속감을 느끼며 다른 모든 생명을 존중하는 경향이 두드러진다.

넓게 생각하면 만물은 에너지의 바다에 떠다니는 원자들로 구성되어 있고 인간도 예외가 아니다. 예컨대 '책상'과 '나'라는 존재는 원자 구성과 진동수에 조금 차이가 있을 뿐 크게 다르지 않다. 무한히 작은 것에서 무한히 큰 것까지 인간의 우뇌는 그 모든 상태를 경험할 수 있다. 질 볼트 테일러는 심지어 모든 것이 화소로만 보이는 현상까지 경험했다. 그녀에게 현실은 윤곽선이 없는 것으로 다가왔다. 주변 환경은 인상파 화가들의 그림처럼 변했고 그 색 점들의 바다에서 움직임만 겨우 감지할 수 있었다. 나는 이것이 정신적 과잉 활동인에게서 공통적으로 나타나는 겸손함, 특히 자신이 남보다 우월하다고 생각하기를 거부하는 태도를 설명해

2장 넘쳐흐르는 감정 때문에

준다고 본다. 그들은 자신이 생명의 망망대해에서 한 방울의 물에 지나지 않는다는 것을 잘 알고 있다.

정신적 과잉 활동인들에게 타인의 부정적인 내면 상태를 빨아들이는 듯한 느낌은 결코 유쾌하지 않다. 나아가 이들은 이따금 초자연적인 존재를 감지하기도 하고, 너무나 생생해서 단순한 악몽인지 다른 세상에 다녀온 건지 구분이 안 가는 꿈을 꾸곤 한다.

나도 그들로부터 심령 현상, 영성 및 비교秘敎 체험에 대한 얘기를 많이 들었다. 나는 그들의 고백이 진실하다고 믿는다. 그런 만큼 정신적 과잉 활동의 그러한 측면을 이 책에서는 자세히 다루지 않겠다. 이 주제에 대해서 더 알고 싶은 독자들에게는 마리 프랑수아즈 느뵈Marie-Françoise Neveu*의 저작들을 추천한다. 내가 여기서 언급만 하고 넘어가는 이 주제를 그 책들은 심도 있게 다루고 있다.

일부 현상은 양자물리학으로 어느 정도 설명이 된다. 어쨌거나 나는 심령 현상을 경험한 모든 이들에게 자신의 직관을 따르라고, 자기 리듬에 맞추어 그러한 영성 탐색을 계속하라고 권한다. 우리는 지나치게 합리적인 세계에서 객관성을 견지하며 살아간다. 하지만 '은행 카드'라는 신神은 관계에 대한 우리의 갈증을 해소해

● 이 책 뒤에 나오는 참고 문헌을 보라.

줄 수 없다. 물론 이러한 의미의 추구 속에서 길을 잃고 헤매지 않는 것도 중요하다. 명심하라, 거짓 영성의 길에다 상식을 흘리고 가선 안 된다.

우리는 이 책 1장과 2장에서 고도로 발달한 오감에서 비롯되는 민감한 감수성을 살펴보았다. 이제 넉넉히 시간을 들여 그 민감한 수신 기관들이 어떻게 작용하는지 살펴보자. 약간의 자극에도 울림이 큰 자기 자신의 모습을 관찰해 보자. 여러분은 그렇게 타고났을 뿐인데, 자기 의지로 바꿀 수 없는 부분을 지금까지 자책해 오지는 않았는가? 이제는 자신의 과도한 감수성을 인정하고 당당하게 그 모습을 내세우며 살아갈 때다.

여러분의 감각 과민증을 한껏 누려 보라. 자기 자신을 조금씩 더 믿어 주자. 잠재적 능력을 한결 폭넓게 발휘할 수 있을 것이다. 향수 냄새나 발소리로만 사람을 알아맞히고, 한 입 먹어 본 요리의 재료를 알아맞히고, 오케스트라의 다채로운 소리에서 가녀린 플루트 선율을 잡아낼 것이다. 자신의 기억력을 믿고 그 능력이 진가를 발휘하게 한다면 엄청난 양의 감각 정보들을 떠올릴 수 있을 것이다. 과감하게 자신의 직관과 지각을 믿어 보라.

이제 여러분을 뇌의 오른쪽 연안으로 데려가 볼까 한다.

3장

쉬지 않고 돌아가는
두뇌 때문에

좌뇌와 우뇌는
어떻게 다를까?

앞에서 민감한 감수성과 그 결과를 여러 측면에서 살펴보았다. 이제 여러분의 사고가 지닌 힘과 독창성을 살펴볼 것을 제안하는 바이다.

일반적으로 모두가 같은 방식으로 뇌를 사용한다고, 따라서 사고와 성찰에는 오직 한 가지 방식만 있다고 생각한다. 그런데 꼭 그렇지는 않다. 생물학적으로 우리의 뇌는 두 개의 반구로 이루어져 있고 좌뇌와 우뇌는 뇌량으로만 연결되어 있다.

나는 좌뇌와 우뇌의 개념에 대한 세미나를 진행할 때마다 다음과 같은 그림을 참가자들에게 보여 준다.

참가자들에게 이 그림이 어떻게 보이느냐고 물어보면 모두들 "웃는 얼굴처럼 보여요"라고 대답한다. 그러고 나서 나는 이 그림 옆에 다른 그림을 그린다. 보통은 그림을 다 그리기도 전에 "이번에는 기분이 별로 안 좋아 보이는데요!"라는 말이 나온다.

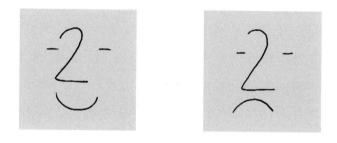

나는 이 그림들이 왜 사람 얼굴처럼 보이는지, '웃다/언짢아하다'를 구별하는 요소가 무엇인지 참가자들에게 물어본다. 여기서부터는 대답하기가 슬슬 까다로워진다.

"음, 그야 눈, 코, 입이 있으니까 사람 얼굴처럼 보이죠!"

아니, 그렇지 않다. 눈, 코, 입이 어디 있는가? 세 개의 선분과 두 개의 곡선이 있을 뿐이다.

"그렇지만 입이 웃고 있잖아요?"

입? 무슨 입? 이건 그냥 곡선의 일부일 뿐이다! 이성적으로 따

3장 쉬지 않고 돌아가는 두뇌 때문에

지자면 얼굴 따위는 없다. 하지만 우린 모두 이 그림에서 사람 얼굴을 본다. 우리는 여기서 좌뇌와 우뇌의 존재를 발견할 수 있다. 좌뇌가 보기에 이건 선분과 곡선에 불과하다. 좌뇌는 기껏해야 숫자 2를 알아볼 뿐이다. 좌뇌는 문자, 부호, 기호를 인식하기 때문이다. 하지만 우뇌는 즉각적으로 얼굴과 그 표정까지 알아본다. 그러나 우뇌는 언어를 관장하지 않으므로 그 이유는 설명하지 못한다.

좌뇌는 직선적이고 체계적이며 언어와 수를 다룬다. 좌뇌는 명명하고 기술하고 규정할 줄 안다. 또 숫자를 사용해 계산을 할 수 있다. 좌뇌는 분석적이기 때문에 전체를 분할해서 그 구성 요소를 하나씩 단계적으로 처리한다. 좌뇌는 상징, 추상, 이성, 논리의 뇌로도 통한다. 좌뇌의 작업은 연속적이고 시간 순서를 따른다. 그뿐 아니라 인과 관계를 수립하여 뭔가 문제가 있다면 어떤 결론, 즉 어떤 해결책으로 나아가야 하는가를 판단한다. 좌뇌는 자신을 유일무이한 존재로 의식하는 뇌이기 때문에 자율성과 개인주의를 자극한다.

우뇌는 현재의 순간을 산다. 우뇌는 감각 정보, 직관, 본능을 중시한다. 상황을 종합적으로 파악하고 아주 사소한 하나의 요소에서 출발하더라도 전체를 재구성한다. 우뇌는 뭔가를 알면서도 그것을 어떻게 아는지 설명할 수 없을 때가 많다. 우뇌의 생각은 나뭇가지처럼 여러 갈래로 풍성하게 뻗어 나가기 때문에 다수의 해결책을 발견한다. 감정적이고 정서적이기에 비이성적인 우뇌는 스스로를 인류, 나아가 생명계 전체에 소속된 존재로 파악한다. 그래서 우뇌는 비교적 이타적이고 관대한 시각을 제시한다.

좌뇌와 우뇌는 저마다 나름의 논리, 나름의 언어가 있다. 좌뇌의 언어는 소위 디지털 언어다. 객관적이고 논리적이며 사변적이다. 좌뇌는 설명하고 해석하고 분석한다. 과학, 교육, 기업에서 널리 쓰이는 언어가 좌뇌의 언어라는 점은 분명하다. 반면에 이 언어는 문제를 전체적으로 파악하는 데는 적합하지 않으며 감정과 기분을 다루어야 할 때에도 별 효력이 없다.

우뇌의 언어는 아날로그 언어라고 할 수 있다. 도형, 표상, 은유로 구성된 이 언어는 종합의 언어, 전체성의 언어이기도 한다. 이는 또한 유머, 소리의 연상, 애매성(중의성), 다양한 종류의 말장난, 문자 그대로의 의미와 비유적인 의미의 혼동에 관여하는 언어다. 좌뇌의 입장에서는 상당히 당혹스러울 수 있는 언어다.

여기서 우리는 다음과 같은 사실을 확인할 수 있다. 사람들은 어느 쪽 뇌가 더 우세한가에 따라 정보를 처리하는 방식이 다르고 관심사, 사고방식, 심지어 성격까지 달라진다. 좌뇌와 우뇌가 작용하는 방식은 너무나 판이하기 때문에 각기 독자적인 하나의 인격이 있는 것처럼 생각될 정도다. 어느 한 사람의 논리 체계, 나아가 의식 구조 전체가 그의 추론 중추가 어디에 위치하느냐에 따라 달라진다. 대부분의 경우(70~85퍼센트)에는 좌뇌가 우세하다. 하지만 정신적 과잉 활동인(전체 인구의 15~30퍼센트)들은 우뇌 지배형이 훨씬 더 많다. 좌뇌와 우뇌의 차이는 워낙 크기 때문에 신경회로가 비슷하게 이루어지지 않은 사람들끼리는 서로를 외계인처럼 낯설게 느끼는 것도 당연하다.

남도 나 같을 거라고 생각하면 내가 말을 꺼내기 무섭게 저쪽에서 다 눈치챌 거라고, 또 그 사람도 비슷한 상황에서 나 같은 반응을 보일 거라고 기대하기 쉽다. 모든 사회는 이런 식으로 암묵적인 규약들과 전체가 돌아가는 방식들을 만들어 왔다. 이러한 규약과 방식은 모두가 자연스럽게 알아차리는 것이기 때문에 설명할 필요조차 없다. 오늘날 서구 사회에 통용되는 규약이 좌뇌형 인간들에게는 완벽하게 통한다. 그 이유는 좌뇌형 인간이 다수를 차지하고 있기 때문이다.

하지만 정신적 과잉 활동인은 이러한 규약을 당최 이해할 수가 없다. 좌뇌의 논리가 그들에겐 통하지 않는다. 그들은 어려서부터 당혹스럽고 이해되지 않는 상황에 자주 처한다. 그리고 그때마다 어리석다, 무례하다, 반항적이다 등등의 비난을 받는다. 학교에 들어가면 또 다른 비난이 가세한다. 주제에서 벗어난 얘기를 한다, 지시를 따르지 않는다 등등. 오해를 풀어 보려는 시도는 상황을 악화시키기 일쑤다. 어른들은 아무것도 설명해 주지 않으면서 일부러 못 들은 체한다느니, 이해하려고 노력도 안 한다느니 꾸지람만 한다!

암묵적인 규약을 이해하지 못하면 불안정할 수밖에 없다. 정신적 과잉 활동인은 언제라도 실수를 저지를 수 있는 잠재적 상태에 있고 사회적 관계 속에서 자주 곤혹을 겪는다. 편안하게 대화를 나누는 것 같다가도 어느 한순간 얼음 같은 침묵이 떨어진다. 뭐지? 뭔가가 일어났는데?

자기가 느끼는 불편함에만 매몰되면 이 상황에서 그들은 아무것도 얻지 못할 것이다. 타인과의 상호 작용에서 실제로 무엇이 이루어졌는가를 우뇌는 설명할 수 없을 테니까. 우뇌형 인간은 이 같은 괴리감 때문에 사회관계를 피곤하고 어렵게 생각한다. 아, 남들은 인간관계가 어쩌면 저렇게 쉬울까?

우뇌형 인간의 괴리감은 아마 유머감각 측면에서 가장 와 닿을 것이다. 제롬은 나에게 이렇게 말했다.

"제가 제일 싫어하는 상황이 뭔지 아세요? 누가 슬슬 농담을 꺼내는 상황이에요. '웃기지도 않는 이야기에 웃어야겠구나' 하는 생각에 제 표정은 일찌감치 구겨지죠. 대부분은 재미있지도 않고 한심하기까지 한 이야기들이고, 저는 실망을 감추기 위해 안간힘을 써야만 해요."

정신적 과잉 활동인은 유머감각이 풍부한 편이다. 하지만 이들은 순전히 자기만의 유머를 구사하기 때문에 다른 사람들과 함께 웃기는 힘들다. 정신적 과잉 활동의 특성을 보이는 사람들끼리도 서로의 유머를 이해하기가 어려울 정도다! 제롬이 재미있다고 생각하는 농담들이 좌뇌형 인간에게는 통하지 않을 것이다.

좌뇌는 꿈을 실현하고 계획을 구체화하는 능력의 뇌다. 좌뇌를 계발하고 싶다면 읽기와 쓰기, 집중력과 정확성을 요하는 공부나 일(목공, 재봉 등)이 안성맞춤이다. 무술에 해당하는 운동들도 균형감각을 개선하고 인내와 끈기를 길러 준다는 점에서 도움이 된다.

우뇌는 창의성의 근거지다. 우뇌를 계발하기 원한다면 그림 그리기, 콜라주, 점토 공예, 음악 등의 예술 활동을 취미로 삼아 보자. 또 명상, 이완요법, 기공요법, 태극권, 요가 등은 우뇌형 인간 특유의 풍부한 감정을 적당히 배출하고 뇌의 흥분을 가라앉히는 데 도움을 준다. 이러한 활동을 규칙적으로 하면 크게 효과를 볼 것이다.

그렇기는 해도 이러한 신경 회로는 구조적인 것이다. 각 뇌의 능력을 계발하는 것이 불가능하진 않지만 자신을 있는 그대로 받아들이고 그 훌륭한 뇌의 어마어마한 능력을 한껏 발휘하고 누리는 것이 더 중요하다.

그 머릿속에서
일어나는 일들

가지가 만 갈래로 자라나는 생각 나무

마농은 이탈리아 르네상스 시대에 대한 발표를 맡았다. 그녀는 조사에 착수했지만 주제를 파고들면 파고들수록 점점 더 헤매는 기분이 들었다. 뭔가 하나를 찾아내면 그게 몇 갈래로 뻗어 나가고 그 한 갈래 한 갈래는 다시 사방팔방으로 가지를 쳤다. 말해 둘 사항이 많아도 너무 많았다. 이 넘쳐 나는 정보들을 두고 어떻게 선택을 해야 할까? 부차적인 것과 짚고 넘어갈 것을 어떻게 나누어야 하지?

마농은 호기심이 이끄는 대로 자기가 찾아낸 정보에 계속 파고들었다. 어떤 화가를 상세하게 조사하고 그의 작품들을 감상하며 황홀해하기도 했다. 그 화가는 다른 이탈리아 르네상스 시대 화가들에 비해 유명하지 않았기 때문에 마농은 그를 발표의 전면에 내세우고 싶었다. 그녀는 그 화가가 지금보다 더 큰 찬사와 존경을 받을 자격이 있다고 보았다. 하지만 회화는 르네상스의 일면에 지나지 않는다. 위대한 철학자들이 콰트로첸토를 빚어냈다. 특히 피코 델라 미란돌라Pico della Mirandola 얘기를 하지 않고 넘어갈 수는 없다. 하지만 이 철학자의 글을 하나도 읽지 않은 상태에서는 얘기를 할 수 없다. 그래서 마농은 철학 책들을 파고들었고, 그러다 네덜란드의 철학자 에라스뮈스Erasmus의 사상에 이르렀다. 주제에서 좀 벗어나긴 해도 그 사상은 참으로 흥미로웠다.

마농은 문득 너무 멀리 왔다는 생각이 들어서 다시 주제로 돌아갔다. 예술의 후원자이자 인문주의자였고 전위적인 정치가였던 코시모 데 메디치Cosimo de Medici도 빼놓을 수 없었다. 마농은 다시 조사에 파고들었다. 그녀는 빌라 카레기에서 어느 도련님 품에 안겨 있는 피렌체 공국의 세련된 귀부인이 된 자신을 상상해 보았다. 그러다 소스라치게 놀랐다. 발표가 코앞인데 아직 전체적인 구성조차 나오지 않았던 것이다. 그제야 마농은 피렌체 르네상스는 이탈리아 르네상스의 한 부분에 불과하다는 것을 깨달았다. 로마나 베네치아에서 르네상스가 어떻게 일어났는지도 짚고 넘어가야 하지 않는데! 마농은 힘이 쭉 빠졌다. 이제 다 글렀다!

마농의 발표는 아마도 중심을 잃고 들쭉날쭉 단편적으로 진행될 것이다. 마땅한 영예를 누리지 못했던 화가를 부각시키고 싶은 마음, 에라스뮈스를 조사하면서 느낀 감동을 전하고 싶은 마음에 휘둘린다면 그 발표는 주제에서 크게 벗어날 것이다. 선생님은 마농이 얼마나 열심히 발표 준비를 했는지, 얼마나 비범한 문화적 식견을 발휘했는지 영영 모를 것이다. 그녀의 집념 어린 조사와 탐구는 발표에 드러나지 않기 때문이다.

여러분도 마농처럼 생각이 여러 갈래로 마구 뻗어 나가는 편인가? 다시 말해 하나를 생각하면 열 가지가 떠오르고 그 열 가지 생각이 각기 또 다른 열 가지 생각을 낳으면서 생각이 금세 울창한 나무를 이루는가? 바로 그렇기 때문에 여러분의 생각은 결코 멈추지 않는다. 하나의 생각이 언제나 새로운 문을 연다. 마농처럼 새롭게 떠오르는 생각을 다 깊이 탐색해 보고 나중에 본론으로 돌아오자고 마음먹었다가는 큰 코 다칠 수 있다. 정확성을 기하고 싶은 욕구가 얼마나 강한가가 문제다.

하지만 마농의 일화에서 확인할 수 있듯 이러한 사고방식은 매우 창의적이다. 만약 마농에게 이탈리아 르네상스 시대 사람의 하루를 재구성해 보라고 한다면 굉장히 멋진 성과물을 내놓을 것이다. 마농은 당시의 식생활, 의복과 주거, 여가 활동, 공공장소를 더욱더 면밀하게 조사하겠지만 이때는 한 인물을 중심으로 이 모든 정보가 자연스럽게 전체를 이룰 것이기 때문이다. 어느 한 요소라도 선택만 잘하면 정신적 과잉 활동인은 그 요소에서 출발하여 온갖 잡다한 정보를 망라할 수 있다.

마농처럼 자기가 헤매고 있다는 생각이 든다면 하나의 가닥을 잡기 위해 가장 기본적인 조건으로 돌아가야 한다. 내가 왜 이 일을 하는가? 내게 가장 중요한 목표는 무엇인가?

다각도로 뻗어 나가는 사고는 해결책을 찾으려 할 때 특히 효과적이다. 순차적 사고는 아이디어를 하나하나 직선적으로 늘어놓지만 다각적 사고는 동시에 여러 방향을 탐색해 나간다. 이러한 사고는 무의식적으로 자연스럽게 이루어진다. 게다가 그 과정이 매우 빠르기 때문에 별생각 없이 바로 답이 나온 것처럼 보일 정도다. 번득이는 천재적 직관이나 유난히 신속한 의사 결정도 사실이런 식으로 설명된다. 정신적 과잉 활동인은 금세 결론을 얻지만 대개 그 이유는 설명하지 못한다.

크리스틴은 새로 집을 구할 때마다 그냥 딱 보고 마음에 드는 집을 골랐다. 그녀는 그렇게 고른 집이 자신이 원하는 기준에 얼마나 잘 들어맞는지 나중에서야 알고 놀라곤 했다. 아쉬운 점은 하나도 없었다. 그녀가 필요로 하는 방의 개수, 충분한 수납공간, 완벽한 채광, 편의 시설이 다 갖추어져 있었다. 상가와 아이들이 다닐 학교가 가깝고 대중교통 이용도 편했다.

그녀는 자기 뇌가 어떻게 작용하는지 이해하고 나서 속으로 '그런 측면들을 내가 재빨리 고려했었구나' 하고 깨달았다. 그러한 고려가 자동적으로 신속하게 이루어졌기 때문에 자신은 그냥 '확 꽂히는' 집을 고른 줄 알았지만 사실은 모든 면을 잘 생각했던 것이다!

이처럼 우뇌형 인간들의 의사 결정에는 놀라운 데가 있다. 눈 깜짝할 사이에 결정이 떨어지든가, 아니면 아예 결정을 못 내리든가.

통합적인 사고를 하는 사람들은 신경 회로의 흐름이 그렇지 않은 사람들에 비해 훨씬 빠르다. 이들의 신경망은 많은 정보를 동시에 처리할 수 있게끔 조직되어 있다. 따라서 다각적 사고의 효율성은 인정받아야 한다. 그렇지만 서구 사회에서 문제없이 학교를 졸업하고 사회에서 제 몫을 하기에는 좌뇌형 인간들이 좀 더 유리하다고 하겠다.

"쉽고 단순한 것은 지루해"

정신적 과잉 활동인의 사고는 일부러 어떤 주제에 집중력을 쏟지 않으면 자동으로 작동한다. 저 혼자 여러 갈래로 마구 뻗어 나가고 직접적 관련이 없는 문제까지 건드리며 끝없이 몽상을 부풀리는 것이다. 정신적 과잉 활동인은 자기가 몽상가이고 산만하며 조직적이지 못하다는 것을 잘 안다. 이런 이유 때문에도 그들은 자신의 영재성을 믿지 않는다. 이를테면 숟가락을 들고 주방에 들어오긴 했는데 뭘 하려고 했는지 잠시 잊어버릴 때가 있다. 그가 정신을 차리고 행동의 일관성을 찾기까지는 시간이 좀 걸린다.

'아, 그렇지! 내가 잼을 가지러 왔지!'

로랑은 바에서 일한다. 그는 이런 고백을 했다.

"참 희한해요. 테라스에 손님이 거의 없을 때는 주문을 꼭 적어놓아야 잊어버리지 않아요. 그렇지 않으면 손님이 있다는 것도 까맣게 잊고, 심지어 계산을 안 하고 나가도 모른다니까요. 가게가 한산할 때는 볼펜을 들고 계산을 해야 해요. 오히려 손님들로 미어터지는 시간에는 볼펜과 수첩을 내려놓죠. 주문을 빼먹는 법도 없고 계산도 머릿속으로 금방 끝내요. 계산하고 거스름돈을 내어주는 과정을 몇 초 만에 뚝딱 해치우지만 실수는 전혀 없죠. 나도 이해가 안 간다니까요!"

나는 다각적 사고를 호버크래프트[*]에 비유한다. 호버크래프트가 작동하려면 임계점에 이를 때까지 자극이 있어야만 한다. 하지만 일단 작동을 하면 그때부터 걷잡을 수 없는 속도로 위력을 발휘한다. 그렇다. 그 시점부터는 걷잡을 수가 없는 것이다! 여러분의 뇌는 어떤 상황이나 문제가 복잡하고 까다로워야만 그때부터 능률적으로 돌아간다. 중대한 정보들을 한꺼번에 처리하고 복잡하게 꼬인 문제를 풀면서 전력 가동할 때에 정신적 오르가슴이라고 할 만한 짜릿한 희열을 느낀다. 바로 이런 순간, 정신적 과잉 활

---

[*] 선체와 수면 사이에 대기압보다 높은 압력을 유지시킴으로써 선체가 수면보다 약간 위에 떠 있는 상태에서 달리는 고속정高速艇을 말한다. −옮긴이 주

동이 얼마나 행복한 것인지 알 수 있고 두뇌의 역량을 가늠할 수 있다. "보통 머리가 아니구나!" 소리가 절로 나올 것이다. 물론 로 랑처럼 자기가 산만하게 축 늘어져 있을 때만 생각하고 스스로 머 리가 나쁘다고 생각할 수도 있다. 나한테 영재성이 있다고? 말도 안 되는 소리!

뻗어 나가는 생각 가지의 단점

이렇게 사방팔방으로 자유 항해를 하다 보면 불편이 발생하곤 한다. 한없는 행복도, 극심한 우울감도 예고 없이 급작스럽게 찾 아온다. 여러분은 '만약 …라면 정말 좋겠지'라고 생각만 해도 벌 써 마음이 붕 뜨고 그다음 일이 머릿속에 떠오를 것이다. 그렇게 긍정적인 상상이 천 갈래 만 갈래로 뻗어 나가다가 영문도 모르게 방향을 홱 틀어 버리기도 한다. '하지만 …하게 되면 안 될 텐데.' 구름 위에서 뚝 떨어지듯 이제 여러분은 우울한 생각으로 곤두 박질칠 것이다. 정신적 과잉 활동인이 "기분이 널뛴다"는 말을 자 주 듣고 조울증 환자 취급을 받는 이유가 바로 여기에 있다. 이들 은 기분이 너무 빨리, 그것도 완전 딴판으로 바뀐다! 게다가 이러 한 선회가 얼마나 전격적인지 대개의 경우 자기 자신도 왜 그렇게 기분이 착 가라앉았는지, 왜 웃다가 갑자기 눈물이 났는지 설명을 못한다.

자기 생각의 흐름을 통제할 수 있어야만 한다. 그러자면 '생각하는 나를 바라볼 수 있어야' 한다. 생각의 흐름을 조금 늦추고 수많은 갈림길 중에서 자기가 갈 길을 선택해야 한다는 뜻이다. 자신이 어떻게 생각을 하는지 주시해 보라. 이 생각에서 저 생각으로 어떻게 훌쩍 넘어가는지 살펴보라. 자신의 사고 과정을 역방향으로 추적해 보라. 나는 어디에서 출발해 지금 이 생각에 이르렀나? 여러분은 차츰 자기 사고의 흐름을 이끌 수 있게 될 것이다. 이제 우울한 생각을 차단할 수만 있다면 걱정할 게 없다.

예를 들어 보자. 횡단보도를 막 건너려던 참이다. 갑자기 택시한 대가 쌩 하고 지나가는 바람에 교통사고가 날 뻔했다. 심장이 철렁하면서 저 차에 치일 수도 있었다는 생각에 혼이 쏙 빠진다. 여기까지는 비정상적인 구석이 없다. 누구라도 이렇게 반응할 테니까. 보통은 여기서 숨을 고르고 자신의 생활 리듬을 되찾는다. 그런데 그걸로 마무리가 안 되고 별의별 생각을 다 하는 사람이 있다.

'내가 죽었다면? 신분증은 제대로 가지고 있나?'

벌써 그의 생각은 자신의 오만 가지 문서들을 뒤지고 있다. 은행 예금과 보험을 짚어 보는 걸로 모자라, 머리로는 자기 장례식 준비까지 다 끝났다. 가족과 친구가 슬퍼할 거라는 생각에 몸이 떨리고 정신이 번쩍 난다.

'아냐, 아냐! 극단적인 경우만 생각하지 말자. 부상만 당할 수도 있잖아.'

생각은 다시 원정을 떠난다. 소방 구급 대원들, 병원, 병가…. 만약 택시 운전수가 요란하게 경적을 울렸다면 이 사람은 그걸 꼬투리 잡아 더 많은 생각을 할지도 모른다. 어떤 사람은 이 모든 불길한 가능성을 생각하느라 몇 시간을 허비한다. 이렇게 사소한 일화로 수많은 시나리오를 만들어 내는 능력은 진짜 시나리오 작가도 부러워할 만하다. 하지만 그 시간은 쓸데없는 불안과 스트레스 속에서 허우적대느라 낭비된다.

'그만. 사실은 아무 일도 일어나지 않았어. 택시는 벌써 떠났잖아. 난 멀쩡하게 잘 살아 있다고. 더는 일어나지도 않은 사고 때문에 스스로 사기를 떨어뜨리지 말자. 머릿속으로 영화 그만 찍고, 이런 재주는 오늘 저녁에 있을 즐거운 파티를 상상하는 데나 쓰자고.'

이렇게 말할 수 있는 사람은 자기 자신밖에 없다. 정신을 길들이자면 단호한 자세와 에너지가 필요하다. 부정적이고 소득 없는 생각을 차단하기로 굳게 결심하라. 요컨대 뇌의 자동 조종 장치를 끄고 수동 조종으로 넘어가란 얘기다.

　　　　3장 쉬지 않고 돌아가는 두뇌 때문에

여러분의 상상은 힘이 아주 세기 때문에 가상현실도 진짜처럼 생생하고 강렬하게 다가올 수 있다. 그 상상력은 긍정적으로 작용하기도 하고 부정적으로 작용하기도 한다. 따라서 문득 우울이나 불안에 빠질 것 같으면 기분을 새롭게 북돋우기 위해서 의도적으로 특정한 생각들을 마중물처럼 활용할 수 있다.

하산은 이런 설명을 듣고 미소를 지었다.

"맞아요. 저는 우리 아이 생각을 하면 어떤 상황에서도 세상이 환하게 빛나는 것 같아요. 이제 백일 좀 지났죠. 아기가 방긋방긋 웃으면 모든 시름이 사라집니다. 아무리 힘든 일도 그 애가 태어나던 순간의 행복 앞에선 아무렇지도 않은 게 돼요."

자, 여러분은 어떤가? 여러분을 어김없이 행복하게 하는 생각은 무엇인가?

여러분의 뇌가 지닌 고유한 장점이 되레 거추장스러울 때도 있을 것이다. 다각적 사고를 하는 사람은 어떤 즐거움을 누리기도 전에 김이 새곤 한다. 어떤 계획에 신 나게 열정적으로 매달리다가 어느 순간 흥미가 차갑게 식어 버리는 식이다. '음, 이런 게 무슨 소용이 있지?'

코린은 오랜만의 가족 여행을 꼼꼼하게 준비했다. 호텔, 여행사 웹페이지를 들락날락하며 가 볼 만한 곳을 체크했고 역사와 유적에 대한 정보도 충분히 모았다. 치밀하게 계획을 세웠으니 가족 여행은 원만하게 진행될 터였다. 생각지 못한 착오나 변경 사항으로 여행 중에 당황할 일은 없을 듯했다. 하지만 코린은 정작 여행지에서 아무런 새로움을 느끼지 못했다. 그녀는 이미 그곳을 구석구석 잘 아는 기분이 들었다. 오죽하면 남편이 그녀가 여기에 한두 번 와 본 사람 같지 않다며 놀라워했을까.

정신적 과잉 활동인의 상당수는 자기 생각의 미로에서 헤매지 않기 위해 큰소리로 혼잣말을 하는 버릇이 있다. 실제로 이렇게 자기 생각을 소리 내어 말하다 보면 사고의 흐름이 느려지고 구조화된다. 만약 여러분에게 혼잣말하는 버릇이 있다면 안심하라. 여러분은 미친 게 아니다! 혼잣말은 오히려 여러분의 사고를 진정시키고 정리해 주는 역할을 한다. 그렇지만 다른 사람은 여러분의 혼잣말을 듣고 정신 건강을 의심할 수도 있으니 주의하라! 주변 사람들의 반응을 예상해서 미리 선수를 치는 것도 좋다.

"제가 혼잣말하는 버릇이 있거든요. 너무 신경 쓰지 않으셔도 됩니다."

넘쳐 나는 의심과 의문

진료소 건물에 있는 신문 가판대 앞에서 3분을 보내는 사이 스무 가지가 넘는 의문들이 떠올랐다던 프랑수아의 일화를 기억하

3장 쉬지 않고 돌아가는 두뇌 때문에

는가? 다각적 사고는 실제로 의심과 의문을 대량 생산한다.

정신적 과잉 활동 문제로 찾아온 이가 질문, 의심, 자세한 설명에 대한 요구를 퍼붓는 바람에 나 역시 진이 빠질 때가 한두 번이 아니다. 사실 그들은 나를 괴롭힐 의도도 없고 자기가 그러는 것도 의식을 못한다. 그들의 예리한 질문에 나는 설명을 더 심도 깊게 밀고 나갈 수밖에 없다. 스스로 안심하고픈 그들의 욕구는 끝이 없고 그들의 반박은 상당히 타당하다. 나는 변명하고, 부연하고, 되풀이하고, 설명해야만 한다. 어떤 생각이 믿을 만하다 싶으면 그들은 잠시 멈추고 그 생각을 다른 각도에서 어떻게 공략할까 궁리한다. "네, 맞아요. 하지만⋯."

실수할지도 모른다는 두려움은 자신이 속을지도 모른다는 두려움과 맞닿아 있다. 다른 상담에서도 똑같은 질문이 튀어나왔다. "선생님은 어떻게 제가 그 정신적 과잉 활동인에 속한다고 확신하시죠?" 이제 다시 그를 설득해야 한다.

그들의 굳건한 불신을 대하다 보면 이따금 모든 심리적 구성 개념들이 모래로 지은 집처럼 부질없게 느껴진다. 그래도 어느 시점까지는 이 과정이 긍정적이다. 따지고 보면 모든 것은 신념의 문제다. 운동하는 원자들의 세계에서는 의자의 밀도조차 상대적이다. 과학의 위대한 확신들이 새로운 발견 앞에 얼마나 여러 번 무너졌던가. 자기가 참이라 믿었던 것을 뒤집어 보는 태도야말로 개방적인 정신의 증거다. 일반적인 확신을 완전히 재고할 만큼 독특한 정신의 소유자들이 있어서 얼마나 다행스러운가! 게다가 자기비판은 유연성과 겸손의 표시이기도 하다. 타인이 다른 생각을 하도록 용납하는 태도는 그 사람의 관용을 보여 준다. 정보를 자기 것으로 삼기 전에 검증한다는 것은 신중하고 성숙한 자세다.

하지만 지나침은 모자람만 못하다. 너무 많은 의심, 너무 많은 질문에 힘겨워하는 사람은 자기 입장을 정립할 수 없다. 모든 것이 뒤집어 볼 만한 대상이고 사실로 받아들일 것이 없다면 그의 세계는 유동적이고 불안정할 것이다. 그의 뇌는 골치 아픈 실존적인 질문들을 선호한다. 사람은 왜 사는가? 사람은 왜 죽는가? 세상에는 고통과 부조리가 왜 이리 많은가?

의심하고 질문하고 싶어 하는 욕구는 이들 뇌 특유의 욕구다. 방아가 빻아야 할 곡식을 필요로 하듯 이들의 뇌는 복잡하고 까다로운 문제 혹은 상황을 필요로 한다. 하지만 어떤 의문들은 고통스럽고, 불안하고, 어차피 답이 없다. 여러분도 실존적인 물음에 자주 괴로워한다면 수산나 마크 마옹Susanna Mac Mahon의 《포켓 심리 상담Le psy de poche》에서 단순하지만 구체적이고 위로가 되는 답변들을 찾아볼 수 있을 것이다. 찬물을 끼얹듯 과열된 정신을 식혀 주는 훌륭한 책이다.

이렇게 자신의 모든 사고 체계와 신념에 대해 수시로 생각하는 사람은 유동적이고 가변적인 세계, 다시 말해 몹시 불안한 세계를 살아간다. 게다가 자기 자신도 비판과 재고의 대상이기 때문에 자존감이 손상되기 쉽고 줏대 없이 타인의 의견에 휘둘리기도 쉽다. 이러한 태도가 한층 더 위험한 이유는, 자신의 신념을 쉽게 철회할수록 남에게 조종당하기도 쉽기 때문이다.

과거와 현재, 미래에 걸친 생각

마르탱은 극장에 자주 간다. 그는 야외 원형극장에 자리를 잡고 앉으면서 고대 최초의 원형극장들만큼 훌륭한 것이 또 있을까 생각한다. 마르탱은 까마득한 옛날부터 사람들이 연극을 사랑했고 인류에 대해 애정을 느껴 왔다고 믿는다. 그는 자신을 고대 그리스인이나 로마인과 비슷한 모습으로 상상한다. 토가를 입은 옛 사람들이 이 계단식 좌석에 앉아서 연극이 시작되기를 초조하게 기다리고 있다고 상상해 보기도 한다.

그날 저녁 공연은 현대식으로 각색한 몰리에르Molière 희극이었다. 연극의 주제는 결코 낡지 않는다! 마르탱은 공연 중에 웃음을 터뜨리면서 이 대사들이 300년 전에 쓰였다는 사실을 떠올렸다. 300년 전에 관객을 웃겼던 이 대사들이 앞으로 300년 후에도 미래의 관객을 웃길 수 있을 거라는 생각에 감동이 밀려왔다.

마르탱의 사고방식에서 볼 수 있듯이 정신적 과잉 활동을 하는 뇌는 현재에 머물지 않고 과거와 미래를 분주히 오간다.

일곱 살짜리 아이가 여름 캠프에서 부모님께 편지를 썼다.

"여기가 너무너무 좋아요. 혹시 여기를 잊게 되더라도 하느님이 생각나게 해 주시면 좋겠어요!"

이 아이는 벌써 기억이 형성되는 과정을 의식하고 기억을 잊을 가능성까지 내다보고 있다. 바네사는 네 살밖에 안 됐지만, 벌써, 이웃집 할머니에게 이렇게 말할 수 있었다. "내가 어른이 되면 우리 엄마는 할머니랑 비슷해질 거예요. 그때쯤 할머니는 돌아가시고 없을 거예요!"

"귀여운 바네사, 네가 벌써 인생을 아는구나!" 할머니는 지혜롭게 대꾸했지만 속으로는 상처를 받았을지도 모른다.

이처럼 정신 활동이 유별나게 활발한 아이들은 아주 어려서부터 흐르는 시간을 의식하고 순간의 덧없음을 감지한다.

"엄마, 엄마가 죽으면 어떡해?" 아이는 불안해서 이렇게 묻는다. 엄마는 아이를 안심시키고 싶어서 "네가 어른이 되고 엄마가 많이 늙으면 그때 죽는 거야"라고 대답한다.

하지만 두뇌 발달이 남다른 아이들은 삶이란 덧없음을, 누구든 언제라도 죽을 수 있다는 것을 안다. 이 아이들은 항상 마음 깊이 불안해하며 어른들의 판에 박힌 위로를 좀체 믿지 못한다.

다각적 사고로 여러 선택지를 검토하고 과거, 현재, 미래를 끊임없이 오가는 정신적 과잉 활동은 매우 신중한 결론을 낳는다. 정신 활동이 유별나게 활발한 사람은 행동하기 전에 과거의 이력과 미래의 잠재 요소를 고려함으로써 모든 가능성을 검토한다. 그 역시 어떤 체계에 속해 있기에 완전히 독자적으로 생각할 수만은 없지만 모든 부차적 효과들까지 고려할 것이다. 그는 생태학적인 결정을 내릴 것이다. 여기서 '생태학적'이라는 말은 생활환경을 존중한다는 뜻이다. 다시 말해 그는 본인의 가치관, 가족, 인간관계, 단기적 측면과 장기적 측면을 모두 존중하는 결정을 내릴 것이다. 정신 활동이 유별나게 활발한 사람의 결정이 벽에 부딪히거나, 자가당착에 빠지거나, 장점보다 단점이 두드러질 확률은 매우 낮다.

우리는 여기서 다시 한 번 가엾은 카산드라를 떠올리게 된다. 그녀는 앞으로 어떤 불행이 닥쳐올지, 생각 없는 행동이 어떤 돌이킬 수 없는 화를 불러올지 너무나 잘 알았다. 사람들은 대부분 코앞에 닥친 일을 보기 바쁘다. 그래서 한 발짝 물러서거나 복안을 세우기도 전에 행동하고 본다. 영화 속 주인공이 위험이 닥치는 줄도 모르고 유유자적하면 관객은 애가 탄다. 마찬가지로 보통 사람들이 이렇게 행동할 때에 정신 활동이 남다른 사람들은 심한 스트레스를 받는다.

저녁 뉴스에서 요즘 청소년들이 이어폰을 꽂고 음악을 너무 크게 들어서 일찍부터 청력이 떨어진다는 보도가 나왔다. 기자는 마침 이어폰을 꽂은 채 걸어가던 소녀를 붙잡고 인터뷰를 시도했다. 소녀의 대답은 당돌했다.

"하지만 나중 일을 걱정하다 보면 아무것도 못하잖아요?"

하지만 정신 활동이 남다른 청소년이라면 이렇게 반문할 것이다.

"아니, 어떻게 나중 일을 생각하지 않을 수 있지?"

하지만 삶은 '지금 이 순간'을 사는 것이다. 정신의 탐색도 중요하지만 탐색이 일단락된 후에는 딴 생각 없이 현재에만 집중하는 법도 배워야 한다. 아름다움을 보는 눈이 남다를 뿐 아니라 멜로디를 잡아내고 상쾌한 공기와 좋은 향을 느낄 줄 아는 여러분, 예리한 오감이 지금 이 순간 전해 주는 선물을 만끽하라. 잠시 멈추고 심호흡을 하라. 여러분은 지금, 바로 여기에 살아 있다!

곡식이 있어야 잘 돌아가는 물레방아

여러분은 이 책을 읽기 전부터 이미 알고 있었을 것이다. 여러분의 뇌는 멈추지 않는 물레방아, 끝없이 달리는 자전거와 같다. 아니, 이 비유는 부적절한 데가 있다. 사이클 선수도 오르막길에서는 끙끙대며 힘들어하는 기색을 보인다. 그런데 여러분의 생각은 힘들어하는 기색 없이 원활하다. 그래서 나는 지칠 줄 모르고 쳇바퀴를 돌리는 햄스터의 이미지가 더 잘 맞는다고 본다. 하지만 물레방아라는 메타포는 빻아서 가루로 만들 곡식을 필요로 한다는 점에서 시사하는 바가 있다.

요컨대 여러분의 뇌에는 어떤 소재 혹은 원료가 필요하다. 훌륭한 두뇌는 일단 쓸모 있게 운용되어야 한다. 좋은 소재를 만난 뇌는 기분 좋고 행복하다. 따라서 여러분은 항상 배워야 할 것, 실천해야 할 계획, 새로운 도전을 뇌에 제공해야 할 것이다. 여러분은 매사에 호기심이 많고 배움을 좋아한다. 여러분의 뇌는 새로운 지식을 잔뜩 받아들이는 데 환장한다. 멀티태스킹을 근사하게 해낼 때만큼 여러분이 기분 좋은 때도 없지 않은가. 왜 그러한 즐거움을 삼가겠는가?

기슬렌은 문득 자신이 좌절 상태를 인위적으로 조장하고 있다고 느꼈다. "오래전부터 영어를 공부하고 싶은 마음이 간절했어요. 하지만 가족과 친구는 그 나이에 영어를 배워서 뭐하겠냐고, 쓸데없는 짓 하지 말라고 했지요! 그래서 나는 우리 집 바로 옆에 있는 문화센터에서 영어 강좌를 하는데도 감히 등록을 못했어요!"

기슬렌은 나와의 상담을 마치고 나서 영어를 배우기로 마음먹었다. 자기가 흥미 있는 것을 좇지 않으면 뇌의 물레방아는 헛도는 셈이 된다. 두뇌가 비상한데도 학교에 적응 못하는 아이들은 의외로 많다. "학교는 재미없어요. 배우는 게 없거든요."

흥밋거리가 없다는 것은 방앗간에 빻을 곡식이 없는 거나 마찬가지다. 나는 만성 우울증 환자들 중 상당수가 뇌를 헛도는 물레방아처럼 쓰는 데 익숙해져 버린 사람들이라고 확신한다. 그들은 생산적이지 못한 생각만을 곱씹기 때문에 병이 든 것이다. 이러한 증상은 '지성의 식욕부진' 혹은 '지성의 영양실조'라고 불러도 좋을 것이다. 그래서 나는 자신의 지적 역량을 발휘함으로써 스스로 쓸모 있는 존재라는 기분을 느낀다는 것은 헛돌던 방아에 좋은 곡식을 넣어 주는 것과 같다고, 정신적 과잉 활동인의 우울증은 이러한 방법으로 치료해야 한다고 본다.

마지막으로, 엄청나게 힘이 좋은 물레방아가 있다면 누군가 거기에 모래나 이물질을 집어넣지 않도록 주의해야 한다. 그런 일이 생기면 물레방아는 고장 나고 말 테니까. 정신 활동이 지나치게 비상한 사람이 나르시시즘에 빠진 변태를 만나는 경우가 불행히도 이에 해당한다. 정신적 과잉 활동인은 용감하고 능률적인 사람들이다. 건전하고 객관적인 정보들만 보장된다면 그들에게 해답을 영영 찾지 못할 만큼 심각한 난제는 없다. 하지만 사람 심리를 조종하려는 인간들이 있다. 이 인간들은 정보를 조작하고 가로

챈다. 이들은 사기를 치고 거짓말을 하고 앞뒤가 안 맞는 말을 하여 일부러 사람을 안절부절못하게 만든다. 게다가 어찌나 천연덕스럽게 호의를 가장하는지, 두뇌가 비상하지만 순진한 사람은 상대가 악의를 품고 거짓말을 한다고는 생각 못한다. 그러다 점점 더 이해할 수 없는 일을 당하는 것이다. 이러한 상황에 시달리다가 정말로 미쳐 버리는 영재들도 있다.

기억력은 모 아니면 도

정신적 과잉 활동인은 자신의 기억력이 아주 좋다고 생각하기도 하고 형편없다고 생각하기도 한다. 그들은 시시때때로 믿기지 않을 만큼 비상한 기억력을 발휘한다. 어떤 장면을 그대로 떠올리는가 하면 옷차림의 디테일, 몇 년 전의 사소한 대화까지 기억할 정도다. 그런데 중요하지만 다소 지루한 정보를 기억해야 할 때는 두뇌가 힘을 못 쓴다. 말을 지지리도 안 듣는 그들의 머리에 따분한 정보를 집어넣기란 불가능하다! 도대체 그들의 기억은 어떻게 작용하는 걸까?

자신이 체험한 상황이 그리 중요하지 않을 때에는 각성 상태의 정신이 자연스럽게 정보를 포착하고 걸러 내고 저장한다. 이 정보는 아무 저항 없이 접근 가능하고 다각적 사고를 하다 보면 굳이 애쓰지 않아도 자연스러운 연상 작용에 의해 환기된다.

"아, 그 이모님 말이지?" 이렇게 누가 화제에 오르면 그 사람과 관련된 온갖 정보들이 뒤죽박죽으로 들고일어난다. 이모가 딸의 결혼식에 입고 왔던 옷, 이모가 별 뜻 없이 했던 말, 다른 사람에게 전해 들은 이모의 근황…, 이 모든 기억이 애쓰지 않아도 자연스레 떠오른다. 하지만 무엇을 정확하게 기억해 내라고 요구받으면 이 능력이 막혀 버린다. 특히 정보를 알아내고 기억해야 한다는 압박을 받을수록 기억력은 힘을 못 쓴다.

늘 그렇지만 배움과 기억도 일단은 마음가짐의 문제다. 재미있고 흥미로운 주제, 평소 좋아하는 과목은 절로 습득되고 절로 기억된다! 선생님이 다정다감하고 인상이 좋고 열정적인 경우도 대개 그렇다. 뇌가 자연스럽게 흥미를 보이고 신나게 배우도록 내버려두면 된다. 힘을 들이지 않아도 지식이 머리에 쏙쏙 들어오니까. 그런데 평소 싫어하는 과목, 쓸데없이 지루하기만 하다고 생각되는 주제, 왠지 반감이 드는 냉랭한 선생님을 만났다면 아무리 노력해도 학습이 답보 상태에 빠진다. 이 상태에서 벗어나는 유일한 방법은 그 학습에 다시 한 번 다른 차원의 의미를 부여하는 것이다. 사실은 이 과목도 나에게 흥미롭고 유용할 수 있다고, 이 선생님도 어떻게 보면 참 괜찮은 교사라고 생각을 달리 먹어야만 한다.

정신 활동이 비상한 고교생들의 상당수가 입시에서 실패하는 이유는 그들이 학교에서 하는 공부가 부조리하고 현실과 괴리된 내용을 다루고 있다고 생각하기 때문이다. 그래서 때때로 학교 공부를 좀 더 넓은 시각에서 보게 하거나 학습 내용이 구체적으로 실생활에 어떻게 적용되는가를 알려 주면 그들의 학업은 의미를 되찾는다. 입시를 일종의 게임처럼 생각해 보게 할 수도 있다. 왜 여기서 양날 검 아이템을 획득해야 하는지, 왜 저기서 마법의 물약 아이템을 찾아야 하는지 일일이 의문을 제기하면서 게임을 하는 사람은 없다. 중요한 것은 착실하게 포인트를 쌓아서 다음 단계로 넘어가는 거다.

공부도 마찬가지다. 좋아하지 않는 과목이라 해도 다른 공부로 넘어가는 데 필요한 포인트를 쌓기 위해 해야만 할 때가 있다. 입시를 정말 하고 싶은 공부로 넘어가기 위해 거쳐야 하는 구름다리라고 생각해 보자. 시험 과목들은 그 구름다리를 이루는 널판 하나하나에 해당한다. 물론 낡아 빠진 널판은 갈아 치울 수 있다면 갈아 치워야 한다. 하지만 그렇게 되기 전까지는 현재 상태의 구름다리를 넘어가야만 하는 것이다. 게다가 정신적 과잉 활동인은 도전을 좋아한다. 그러므로 따분한 공부도 그 자체가 하나의 도전으로 제시되면 흥미를 북돋울 수 있다.

의도적으로 기억을 하려면 자기만의 연상, 이미지, 암호, 다른 정보들과의 관계 짓기가 필요하다. 이미지 활용하기, 기억해야 할 사항을 모두 넣어 이야기 만들기, 첫 글자만 따서 외우기, 유머 동원하기, 곡조 붙여 노래하기 등을 활용하라. 이것이 '기억술'이다. 여러분의 뇌는 잠시도 쉬지 않고 활동하며 항상 집중 상태에 있기 때문에 여러 작업들을 동시에 해야만 한다. 여러분의 뇌가 복잡한 것을 좋아하는 멀티태스킹 유형이라는 점을 기억하라. 이를테면 뭔가를 외우는 동안 움직여 보라. 왔다 갔다 걸어 다녀도 좋고 스스로 주의를 다잡기 쉽게 큰소리로 중얼중얼해도 좋다. 영재들은 본능적으로 이런 행동을 한다. 부모들은 당황하지만 이런 아이들은 과제를 하면서 텔레비전을 보거나 인터넷 채팅을 하거나 시끄러운 음악을 들어도 별문제가 없다. 이런 아이들이 더 어릴 때는 구구단을 외우면서 침대에서 산만하게 앞구르기를 하거나 춤을 췄다. 이 아이들에게는 그런 방법이 통한다.

머릿속에 저장된 정보를 꺼내는 과정은 어이없을 정도로 쉽기도 하고 몹시 어렵기도 하다. 정보가 저절로 떠오르게 하기는 어렵지 않지만 의심과 자기검열을 다스리기는 어렵다. 의심과 자기검열이 어떻게 작동하는지 예를 들어 보자.

여러분은 TV 퀴즈쇼를 시청하는 중이다. 사회자가 문제를 다 읽기도 전에 여러분은 답을 알아냈다. 출연자가 답을 생각하는 동안, 여러분은 벌써 자신의 답이 의심스러워서 입 밖에 내지 못하고 망설인다. 다른 답들을 생각해 보지만 다 아닌 것 같다. 결국 모르겠다고 결론을 낸다. 그런데 어럽쇼, 맨 처음에 떠오른 답이 정답이었다. 완벽하고 정확한 것을 추구하는 여러분은 정답조차 의심하고 그 답이 들어맞지 않는 경우들을 따져 본다. 물론 맨 처음에 떠오른 기억이나 정보가 100퍼센트 답이라는 뜻은 아니다. 하지만 신뢰도가 90퍼센트만 되어도 그 처음 느낌을 믿어도 좋을 이유는 충분하다.

단, 쉽고 빠르게 배우고 익힐 수 있는 두뇌일수록 진지하게 노력을 기울이기 어려워한다. 인내와 끈기는 정신 활동이 유별나게 활발한 뇌에서 흔히 찾을 수 있는 장점이 아니다. 하지만 모든 것을 다 가질 수는 없는 법이다.

잠은 제대로 잘까?

열심히 돌아가는 뇌는, 안타깝지만 밤에도 멈추지 않는다. 정신적 과잉 활동인의 상당수는 잠을 자주 설치고 정신 사나운 꿈이나 초현실적인 악몽을 빈번하게 꾼다. 이들의 뇌는 24시간 켜 놓는 텔레비전 같다. 밤에도 그 텔레비전은 소강상태에 있을 뿐 전원은 계속 연결되어 있다. 만성 불면증 환자만 아니라면 그래도 괜찮다.

정신적 과잉 활동인은 대부분 잠을 적게 자는 편이지만 원기왕성하다. 게다가 그중 상당수는 잠을 시간 낭비와 동일시하면서 가급적 잠을 줄이려 한다. 수면부족이 일상생활에 지장을 끼치지 않도록 많이 졸릴 때에는 잠깐씩 눈을 붙이는 법을 배우기 바란다.

장 마르크는 신문사 기자다. 그는 나에게 이렇게 말했다.

몇 년간 불면증으로 크게 고생을 했습니다. 결국은 체념하고 할 수 있는 한 밤에도 낮에 생활하듯 했지요. 책도 읽고, 글도 쓰고, 자료 수집도 하고…. 그러다가 잠이 오면 자고, 아니면 꼴딱 밤을 새우는 거죠. 소프롤로지sophrologie(정신집중효과론) 요법과 에릭슨 최면요법으로 양질의 수면을 취하는 데 많은 도움을 받았습니다. 잠을 깊이 잘 수 있게 되고서부터 한 가지 요령이 생겼죠. 뭔가 새로운 주제에 달려들어야 할 때인데 슬슬 잠이 오려고 하면 내 뇌를 '야간 자동 모드'로 맞춰 놓는 겁니다. 그러니까요, '자, 난 잔다. 다음 취재 기사 주제를 찾아내!'라고 생각하고 잠자리에 드는 겁니다. 스르르 잠이 드는 와중에도 저 멀리서 엔진이 탈탈탈 돌아가는 소리가 어렴풋이 들리는 듯하죠. 그래서 전 침대 머리맡에 꼭 노트와 볼펜을 준비해 둡니다. 아침에 일어나자마자 마구 떠오르는 아이디어들을 적어야 하니까요!

3장 쉬지 않고 돌아가는 두뇌 때문에

세로토닌이 부족해!

그럼에도 불구하고 수면 부족은 일상생활에 여러 가지 지장을 초래하고 신경성 우울증을 야기할 수 있다. 정신적 과잉 활동인은 기분장애, 식욕장애, 수면장애를 비교적 자주 경험하는 편이다. 그 이유는 수면의 질과 직결되어 있는 호르몬인 세로토닌 때문이다. 세로토닌은 아미노산에서 파생되는 신경전달물질이다. 세로토닌은 기분, 감정, 음식의 섭취 및 성생활에서의 조절 기능을 하며 수면의 질에도 중요하다. 따라서 세로토닌계의 교란은 우울증, 강박 충동장애, 과식증, 불면증 등의 문제를 낳는다.

세로토닌 분비를 정상화하고 평온한 기분, 원기를 회복해 주는 수면, 적당한 식욕을 유지하는 데 도움이 될 만한 팁을 몇 가지 소개한다.

▌ **단백질을 섭취하라.** 일단 세로토닌이 잘 합성되기 위해서는 신체가 단백질을 충분히 섭취해야 한다. 고기, 생선, 가금류, 유제품, 콩, 견과류를 충분히 먹고 있는지 확인하라. 또한 단백질은 포만감을 주기 때문에 과식을 방지하는 데에도 도움이 된다. 반면에 설탕 중독이 세로토닌 분비를 저하시킨다는 연구 결과가 있다. 혹시 여러분도 단맛에 중독되어 있지는 않은가 생각해 보라.

▌ **운동을 하라.** 신체 활동을 많이 할수록 중추신경계에서 분비되는 세로토닌의 양이 증가한다고 한다. 따라서 운동은 여러분을 기분 좋게 한다고 해

도 과언이 아니다. 게다가 정신적 과잉 활동인은 대부분 신체 활동에 대한 욕구도 큰 편이라서 적당히 움직이는 생활을 하지 못하면 보통 사람들보다 더 힘들어한다.

▎**새로운 일을 계획하라.** 흔히 도파민을 '새로운 것을 향한 흥분의 호르몬'이라고들 한다. 이 도파민이 바로 세로토닌 합성을 촉진한다. 새로운 계획을 세우고 의욕을 불태우는 동안은 우울증과 권태에 멋지게 맞서 싸우는 셈이다. 반면에 스트레스는 세로토닌 분비를 크게 저해한다.

▎**몸과 마음을 편안하게 하라.** 여러분은 과민한 편도체를 타고났기 때문에 스트레스 관리가 각별히 중요하다. 소프롤로지 요법, 최면요법, 요가, 명상은 수면의 질을 개선하는 효과가 있다.

그 외에 아프리카가 원산지인 콩과 식물 그리포니아Griffonia가 세로토닌 분비를 촉진한다는 연구 결과가 있다. 그리포니아를 섭취한 결과, 세로토닌 분비가 정상화되고 수면제나 항우울제를 복용하지 않고도 수면장애와 기분장애에 효과를 볼 수 있었다.

그렇지만 여기서 제시한 팁들이 과학적으로 전부 검증된 것은 아니다. 게다가 세로토닌 결핍은 유전적인 원인에서 비롯되기도 하는데, 이 경우에는 평생 항우울제를 복용하는 것이 오히려 바람직하다. 호르몬 결핍이나 질병 때문에 세로토닌 분비가 떨어지는 경우도 있다. 따라서 어떤 경우든 전문의와의 상담이 중요하다.

감각 과민증, 과도한 감정, 다각적이고 산발적인 사고, 시도 때도 없는 생각의 되새김질은 실제로 일상의 걸림돌이 될 수 있다. 동종 요법도 불안을 달래고 우울증을 예방하며 지적 흥분을 가라앉히는 데 효과를 나타낼 수 있다. 동종 요법에 이용되는 약재는 매우 광범위하기 때문에 자가 치료를 시도하기보다는 동종 요법 전문가에게 자신에 대해서 잘 설명하고 조언을 듣는 것이 바람직하다.

정신적 과잉 활동의
여러 형태

PESM(정신적 과잉 활동으로 힘들어하는 사람)

앞에서 언급한 단체 GAPPESM은 정신적 과잉 활동으로 힘들어하는 사람들을 도우려는 목적으로 2003년에 설립되었다. 이 단체는 1901년 법에 준하는 비영리 법인이다. GAPPESM은 정신적 과잉 활동이 당사자들에게 커다란 고통, 나아가 일종의 장애가 될 수도 있다는 현실에서 출발했다. 정신적 과잉 활동이라는 현상을 제대로 이해하지 못함으로써 이들은 너무 많은 실패, 자존감 실추, 우울증, 문제가 무엇인지 모르기 때문에 더욱더 괴로운 처지를 경험했다. 자살이라는 극단적 방법을 선택한 이들도 적지 않다. GAPPESM은 오랜 경험을 통하여 다음과 같은 결론을 얻었다. (그들의 주장을 그대로 인용하자면) "성년기에 이르러 자신의 정신적 과잉 활동을 깨닫고 서서히 그러한 현실을 받아들이면서 전반적인 정신 활동을 재조직하기만 해도 삶이 한결 수월해진다는 것이 입증되었다. 사회생활과 인간관계에서의 실패들은 어쩔 수 없을지 몰라도 우울증과 그에 관련된 문제들은 확실히 관리하고 극복할 수 있었다."

정신적 과잉 활동으로 힘들어하는 사람은 자기가 무엇 때문에 힘든지 알면 그때부터 세상을 이해하기가 한결 수월해진다. 한편으로 GAPPESM은 정신적 과잉 활동의 부정적 이미지를 타파하는 운동도 펼치고 있다. 이 단체는 '영재'나 '지적 조숙'이라는 표현을 자제하며 그러한 차이가 당사자들에게는 얼마나 괴로울 수 있는지 대중에게 알리고 있다. GAPPESM은 "머리통이 과열된 모든 이"에게 개방되어 있으며 반反과열 헌장과 따뜻한 상호 공조를 약속하는 재미있고 유쾌한 단체다.

PESM이라는 용어 자체가 우리가 흔히 생각하는 '영재'와는 거리가 있다. 두뇌가 어떤 식으로 돌아가느냐와 상관없이, 그냥 남달리 활발하게 돌아가는 두뇌는 모두 PESM으로 분류될 수 있다.

- 감각적으로 지나치게 자극을 받는 탓에 일상생활에서 어려움을 겪는 감각 과민증 환자들

- 한꺼번에 너무 많은 생각들이 터져 나오기 때문에 취사선택을 하지 못하는 사람들

- 너무 빨리 앞서 가는 생각을 따라잡느라 따발총처럼 말을 퍼붓거나 아예 생각의 흐름과 말의 흐름이 어긋나 버려 말을 심하게 더듬는 사람들

- 지나치게 감정적인 사람들이나 '아무것도 아닌 일'에 얼굴을 붉히거나 욕을 퍼붓거나 눈물을 흘리는 사람들

- 호기심을 주체할 수 없거나 매우 선택적으로 호기심을 쏟는 사람들

- 지나치게 활동적인 사람들, 즉 한꺼번에 여러 가지 일을 해야만 하거나 편집증이 있는 사람들 또는 자폐증이 있거나 반대로 타인의 정서를 고스란히 빨아들이듯 감정이입하는 사람들

- 아스퍼거 증후군 환자들

아스퍼거 증후군: 매우 특수한 정신적 과잉 활동

킴 픽Kim Peek은 2009년 12월 19일에 심장마비를 일으켜 58세를 일기로 사망했다. 그는 영화 〈레인맨Rain Man〉의 주인공 레이먼드 배빗 캐릭터에 영감을 준 실존 인물이었다. 이 영화는 고기능 자

폐증, 이른바 '아스퍼거 증후군'을 대중에게 알리는 데 크게 이바지했다. 하지만 아스피(아스퍼거 증후군 환자를 일컫는 명칭)들이 모두 킴 픽처럼 놀라운 능력을 발휘하는 것도 아니거니와, 영화 때문에 그들을 다소 희화적으로 보거나 그들에게 더욱더 거리감을 느끼게 됐는지도 모른다. 만약 그렇다면 참으로 안타까운 일이다. 아스피들은 대부분 지능이 뛰어나고 성품이 친절하기 때문이다.

전형적 특성

1944년에 오스트리아 빈의 소아과 의사 한스 아스페르거Hans Asperger는 일부 아이들이 나타내는 특수한 성격에 주목했다. 이 아이들은 급수탑, 건전지, 전차 등의 특정 사물에 집착 수준의 관심을 드러냈다. 실제로 이 아이들은 어린 나이가 무색하게 기술적인 측면까지 파고들어 그 분야의 전문가가 되곤 했다. 이들의 열광에는 가히 혀를 내두를 만하다. 다비드는 다섯 살에 불과했지만 나폴레옹에 대한 모든 것을 알고 싶어 했다. 인체에 엄청나게 관심이 많았던 레아는 네 살 때 이미 '두덩근' '오금' 같은 단어를 아무렇지도 않게 구사했다. 인체 골격을 구성하는 뼈 이름을 줄줄 외웠으며 맥박도 짚을 줄 알았다. 그런가 하면 자크라는 아이는 새에 관심이 많았다. 그 관심이 평생 수그러들지 않았기에 자크는 나중에 조류학자가 되었다. 아스퍼거 증후군 아동은 이처럼 관심

3장 쉬지 않고 돌아가는 두뇌 때문에

과 흥미도 독특하지만 언어 구사 형태도 독특하다. 어휘력이 남다르고 복잡한 구문을 선호할 뿐 아니라 간혹 현학적인 성향까지도 보인다. 그렇지만 대화에 잘 끼지 못하기 때문에 또래들과의 인간관계 형성에 큰 어려움을 겪는다.

아스페르거는 또한 이 아이들이 기억력과 학습능력이 비상한 반면에 주어진 과제에 잘 집중하지 못한다는 점, 전반적으로 불안도가 높고 어떤 행동을 반복하고 싶은 욕구가 곧잘 강박충동장애로 이어진다는 점에 주목했다. 이 아이들은 얼굴에 표정이 별로 없고 상대의 눈을 자꾸 피하거나 반대로 뚫어져라 바라보기만 하는 등 시선 처리에 서툴렀다. 또 걸음걸이나 행동이 어색한 경우도 많았다. 특정한 맛, 소리, 향, 촉감에 (긍정적으로든 부정적으로든) 과민 반응을 보였다. 감정을 드러내거나 다스리는 방식도 보통 아이들과는 확연히 달랐다.

아스피들은 막연한 불안을 평생 품고 살아간다. 보통 사람이 사소하게 생각한 일이 그들에게는 어마어마한 감정의 격랑을 몰고 올 수도 있다. 반면에 마땅히 펄쩍 뛰고 흥분해야 할 상황에서는 어울리지 않게 침착한 태도를 보인다.

아스퍼거 증후군은 주로 사내아이들에게서 나타난다. 발병 비율은 남자아이 8명에 여자아이 1명꼴인데, 그나마도 여자아이는 (바비 인형에 환장을 한다든가 하는 식으로) 이 병의 특징을 경미하게 나타내는 편이다. 또한 사회적으로도 여자아이의 불안은 좀 더 잘 용인되는 경향이 있다. 아스퍼거 증후군은 아동의 뇌가 지나치게 남성화된 경우, 모든 것을 '체계화하려는' 경우와 관련이 있을 거라는 가설도 있다. 그에 따르면 여자아이의 뇌는 '감정이입'에 유리하게 발달하기 때문에 아스퍼거 증후군이 좀체 나타나지 않는다고 한다.

힘겨운 적응

자폐증 환자는 보통 외부 세계와의 소통에 큰 어려움을 겪는다. 그는 사람들과 유대를 맺을 줄 모른다. 진짜 삶이라든가 타인들에 대해 그는 아무것도 이해 못한다. 이 병의 원인은 그의 유전자, 가족 병력, 뇌 기능에서 찾아야 한다. 우리가 일반적으로 자폐증 환자에 대해 생각하는 바는 이 정도이다.

그런데 정신적 과잉 활동으로 힘들어하는 사람들의 대인관계 문제를 상담하면서 나는 이 문제에 조금 다르게 접근하게 되었다. 자폐증이 지나치게 민감한 감각과 견디기 힘들 정도의 감정이입으로부터 자기를 방어하는 기제일 수도 있지 않을까.

질 볼트 테일러가 뇌졸중을 일으키고 경험한 현상들은 아스피들이 경험하는 일상과 꽹장히 비슷한 데가 있다. 테일러도 어떤 사람들 앞에서는 자신을 꽁꽁 닫아 두지 않을 수 없었노라 인정한다. 특히 스트레스에 시달리는 사람들은 그녀의 기를 빨아들이는 것만 같았다.

아스퍼거 증후군을 극단적 우뇌 지배형으로 이해할 수는 없을까? 더욱이 아스퍼거 증후군은 자폐증의 스펙트럼에 속하긴 하지만 이 아이들은 매우 정직하고 규칙을 잘 지킨다. 세세한 부분에까지 미치는 감수성, 비상한 기억력, 흠잡을 데 없는 논리력이 다른 사람들을 다소 불편하게 하는 객관성과 성실성에 결부되었을 뿐이다. 이들은 아주 어릴 때부터 바른 말을 많이 했지만 그런 말이 주위에 잘 받아들여지지 않았다.

"엄마, 왜 앞집 아줌마에게 상냥하게 굴라는 거예요? 어제 아빠가 그러는데 그 아줌마가 아주 못된 말을 하고 다닌대요."

이렇게 단순하게 생각하고 행동해서야 이웃과의 관계가 원만하게 굴러갈 리 없다. 그 때문에, 어른들은 "그래도 앞집 아줌마에게 인사 잘하고 묻는 말에 공손하게 대답해"라고 타이른다. 하지만 어른들은 아주 논리적인 아이가 자신의 정직한 생각대로 행동하는 것을 저지당했을 때 받는 스트레스를 짐작 못한다. 아이는 이해할 수 없는 스트레스에 시달리며 있지도 않은 의미를 부여하다가 지쳐 버린다. 혹은 어느 시점에 가서 체념하고 자기만의 풍요롭고 안심되는 세계 안으로 들어가 버린다. 이 같은 가벼운 자폐 증상은 실망의 결과가 아닐까?

아스퍼거 증후군 아동은 타인의 표정과 말투를 읽어 내는 눈치가 없다, 남 생각을 안 한다, 다른 사람의 기분을 헤아리지 않는다고 곧잘 꾸중을 듣는다. 또 감정이입이 서툴다는 얘기를 많이 듣는다. 단순한 친절과 애정 표현, 의도적인 일과 우발적인 일, 상대의 호의와 적의를 잘 구분하지 못하기 때문이다.

그런데 정신 활동이 유별나게 활발한 사람들도 타인의 악의 혹은 적의를 잘 이해하지 못한다. 그런 감정이 비생산적이라고 생각하기 때문이다.

아스퍼거 증후군 수준의 지적 능력과 정직성으로는 기만적인 인간관계, 모순적이거나 순리에 맞지 않는 관계를 맺는다는 것 자체가 불가능하다. 누군가가 빈정대면서 하는 말이 이들에게는 커다란 상처가 되고 분노를 불러일으킨다.

하지만 도대체 어느 쪽에 장애가 있는 걸까? 언뜻 인간을 혐오하는 것처럼 보이지만 거짓말을 할 줄 모르고 옳은 것을 그르다고 말할 줄도 모르는 아스피들이 문제인가? 앞뒤가 맞지 않는 생각을 하면서도 아무렇지 않은 보통 사람들이 문제 아닐까?

아스퍼거 증후군 아동은 자신이 남들과 다르다고 느끼면서부터 자기비판적 태도를 강화하고 성격이 침울해진다. 아이는 결국 상상 속으로 도피한다. 또래 친구들의 놀림이나 따돌림에 아이는 현실 부정과 오만한 태도로 맞선다. 아이가 가끔 다른 친구들을

3장 쉬지 않고 돌아가는 두뇌 때문에

흉내 내려고 할지도 모른다. 워낙 세세한 부분까지 감지하고 기억하는 아이이기 때문에 마음만 먹으면 뛰어난 모방 능력을 발휘할 수도 있고, 이 경우에는 또래 친구들의 호감을 얻기가 조금 쉬워진다. 하지만 근본적으로 아스피들은 인간관계를 불안해하고 피곤해한다. 아스퍼거 증후군 아동이 혼자 놀기를 좋아하는 이유가 바로 여기에 있다. 아스피들은 고독을 일생의 피난처로 삼는다. 가족과 친구도 이들에게 혼자만의 시간이 필요하다는 것을 금세 알아차리기는 한다.

여러분도 이상의 내용이 남의 이야기처럼 느껴지지 않는다면 아스퍼거 증후군 진단을 받아야 할까? 그렇다. 내 생각에 아스퍼거 증후군에 대한 세간의 이해는 아직까지도 부족한 편이기·때문에 아스피들의 고통에 관심을 갖게 하는 것이 중요하다. 그리고 자기가 아스퍼거 증후군인지 아닌지 알아야 스스로 적응하며 살아가기 위한 전략을 만들어 내고 조정할 수 있다. 자신이 미친 것 같다, 언젠가는 정신병자가 될 것 같다는 막연한 두려움은 오히려 이처럼 대책을 세울 때 사라진다.

또한 정확한 진단은 치료와 교육의 가능성을 열어 준다. 자신의 현실적인 어려움을 인정받고 주위 사람의 이해와 지원을 얻기 위해서도 진단이 필요하다. 특히 아스피를 자녀나 가족으로 둔 사람들은 아스피가 사회적인 상호 작용에서 얼마나 큰 혼란과 피로를 느끼는지 깨닫고 아스피에게 혼자만의 시간이 필요하다는 점을 이해해 주어야 한다. 일반적으로 아스퍼거 증후군이라는 진단이 떨어지면 그 가족들(특히 배우자)의 태도는 크게 변화한다. 사회성이 떨어진다고 허구한 날 책망을 듣던 아스피도 칭찬과 격려를 들을 수 있게 되는 것이다. 자신이 아스피라는 사실을 알고 나면 스스로를 이해하고 자신과 비슷한 사람들을 만남으로써 자기 정체성을 수립하기도 더욱 쉬워질 것이다.

일반적으로 자신이 아스피라는 것을 알고 자신의 특성을 파악하고 있는 사람들끼리는 원만한 인간관계를 맺기가 수월하다. 특히 동일한 관심사를 공유하는 아스피들끼리는 마음이 매우 잘 맞는다.

아스피가 스스로를 인정하고 더욱 발전할 수 있도록 리안 홀리데이 윌리Liane Holliday Willey가 작성한 선서문을 여기에 소개한다. 나는 이 선서문이 모든 정신적 과잉 활동인에게도 그대로 적용된다고 생각한다. 그래서 이 글을 여러분의 책상 앞에 붙여 놓고 수시로 읽으면서 마음속에 아로새기기를 권한다!

3장 쉬지 않고 돌아가는 두뇌 때문에

아스피 자기 긍정 선서문 (2001)

나는 결함이 있는 것이 아니라 다른 것이다.

또래들과 어울리기 위해 나의 존엄성을 희생하지는 않겠다.

나는 재미있고 좋은 사람이다.

나 자신이 자랑스럽다.

나는 혼자 힘으로 사회생활을 해 나갈 수 있다.

필요하다면 도움을 청할 수도 있다.

나는 남들에게 존중받고 인정받을 만한 사람이다.

나의 흥미와 적성에 잘 맞는 직업을 찾을 것이다.

나를 이해하는 데 시간이 좀 필요한 사람들을 기다려 줄 수 있다.

결코 나의 정체성을 부정하지 않겠다.

나 자신을 내 모습 이대로 받아들이겠다.

생각이 넘치는 뇌,
IQ와 상관있을까?

정신적 과잉 활동인은 시기의 차이는 있을지언정 결국 언젠가
이러한 의문에 맞닥뜨린다. 나에게 정말로 영재성이 있을까? IQ
검사를 받으면 의문이 풀릴까? 나 개인적으로는 그렇게 생각하지
않는다. 그래서 나는 IQ 검사를 추천하지 않는다. IQ 검사는 1912
년에 처음 시행되었지만 지금까지도 논란이 많다. 실제로 꽤 많은
연구자들이 IQ 검사는 타당성이 없다고 본다.

IQ 검사는 원래 학습 부진을 겪는 아이들을 돕기 위해 고안되
었다. 따라서 애초에 지능이 뛰어난 아이들보다는 지능이 떨어지
는 아이들을 가려내서 학습에 도움을 주려는 목적을 띤 검사다.
더욱이 아이들의 지능을 검사하고 측정함으로써 발생할 수 있는
맹목적인 믿음과 다양한 유형의 차별이 전혀 고려되지 않았다.

IQ 검사 결과의 활용은 곧바로 심각한 윤리적 문제들을 야기
했다. 인간적이고 박애적인 이유에서 인간의 지능을 측정하는 경
우는 드물다. IQ 검사는 인종주의적 편견에 힘을 실어 주는 데 동
원됐고, 부르주아의 프롤레타리아 지배를 정당화하는 데 한몫했
으며, 어리석음도 유전된다는 것을 증명했다. 그 외에도 오만 가지

3장 쉬지 않고 돌아가는 두뇌 때문에

천박한 발상들이 있었다. 머리 좋은 남성의 정자와 머리 좋은 여성의 난자를 인공수정해서 천재들을 대거 양산해야 한다든가, 사회에 해악을 끼치는 인간들은 자손을 갖지 못하게 해야 한다든가.

그런데 과학적 엄정성을 갖추었다는 이 검사는 사실 완전히 주관적이다. 원래 IQintelligence quotient라는 용어 자체는 정신연령을 생활연령(실제 나이)으로 나누어 얻어 낸 수치를 가리킨다. IQ 검사는 언어성 검사와 동작성 검사로 구분되며 각 검사는 다시 인지능력, 기억력, 일반 문화의 광범위한 스펙트럼을 망라하는 7개 소검사로 이루어진다. 그러나 검사 문항이 진부하고 대수롭지 않을 뿐 아니라 종종 상당히 애매하다. 모든 문항에는 정해진 답이 있어서 창의성이 끼어들 여지도 없다. 미셸 토르Michel Tort는 《지능지수Le quotient intellectuel》에서 IQ 검사는 "학교 교육 과정을 우스꽝스럽게 보여 주는 한 단면"이라고 했다.

게다가 IQ 검사는 개인의 사회적 수준이나 교양을 고려하지 않는다. 그런데도 피검자들의 IQ와 그들의 사회직업군 사이에는 부인할 수 없을 만큼 뚜렷한 연관 관계가 보인다. 그 이유는 이 검사가 서민층보다는 특권층에 더 익숙한 몇 가지 지적 활동을 얼마나 능숙하게 수행할 수 있느냐에 초점을 맞추기 때문이다. 어휘력을 측정할 때에도 마찬가지로, 서민층이 불리하게끔 만들어져 있다.

또한 IQ 검사는 학교 시험 문제와 흡사하고 경쟁적 성격을 띠기 때문에 이런 형태의 훈련이 잘 되어 있는 엘리트 계층 아동들에게 당연히 더 잘 맞는다. 결국 IQ 검사는 무엇을 측정할 수 있나? 특권적 사회직업군이 자기네 계층에 부합하는 일부 지적 활동들을 얼마나 능숙하게 해내는지 정도는 볼 수 있겠다.

이 모든 것은 참으로 작위적이다. 애초에 IQ 검사는 검사 결과로 얻어 낸 수치들이 평균점 100을 기준으로 종 모양의 대칭형 분포를 이루게끔 고안되었다. 다음과 같은 가우스 분포 곡선은 의도적으로 얻어 낸 결과다.

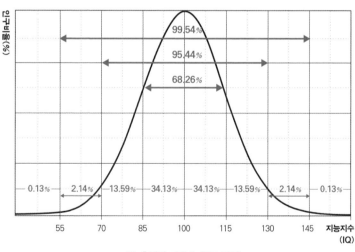

IQ 측정과 가우스 분포 곡선

3장 쉬지 않고 돌아가는 두뇌 때문에

전체 인구의 95.44퍼센트는 IQ가 70에서 130 사이다.

전체 인구의 2.14퍼센트는 IQ가 130에서 145 사이다.

전체 인구의 2.14퍼센트는 IQ가 55에서 70 사이다.

이 그래프에 따르면 어느 집단에서든 천재들의 수는 백치들의 수와 동일하다. 균형이 잘 맞아 좋기도 하겠다!

실제로 IQ 검사 결과들이 이처럼 조화로운 가우스 곡선을 이루는 이유는 이 곡선이 나오게끔 표준치를 정하고 결과들에 점수를 부여했기 때문이다. IQ 검사는 답을 맞히기 어려운 문항 몇 개, 너무 쉬워서 지적으로 문제가 있는 사람 아니면 누구나 맞힐 수 있는 문항 몇 개 그리고 평균 수준의 피검자를 측정하기 위한 대다수의 문항들로 이루어져 있다. 그런 다음에 결과가 종 모양 그래프로 나올 때까지 이 문항들의 내용과 구성 비율을 계속 조절한다. 예를 들어 대다수는 정답률이 75퍼센트쯤 되지만 정답률이 15퍼센트밖에 안 되는 문항이 몇 개 있으면 거의 모두가 맞히는 문항이 그와 같이 나오도록 문항들을 손보는 것이다.

이렇게 전체 인구의 95.44퍼센트는 IQ가 70에서 130 사이로 나오게끔 작정하고 짜 맞춘 검사가 정말로 우리의 지능을 측정할 수 있을까?

게다가 머리가 좋다는 게 도대체 뭔가? 특정한 일에 재주가 있다는 건가? 공부, 음악, 일? 그럼 마음의 지능인 감성지수EQ에는 어떤 자리를 부여해야 하나? 머리는 좋지만 냉정하고 이기적인 사람은 어떤가? 순박하지만 본능적인 감이 좋고 상식적인 아주머니는 머리가 나쁜 건가? 최근 들어 IQ 개념에서 벗어나 지능을 좀 더 잘 가늠해야 할 필요가 대두되었고, 그 결과 새로운 정의들이 나왔다. 1980년 로버트 스턴버그Robert Sternberg가 분석적 지능, 창조적 지능, 실용적 지능이라는 지능 3원론을 제안했다. 그는 자신의 장점과 단점을 이 세 영역으로 파악하고 관리하는 것이 지능을 성공적으로 사용하는 비결이라고 했다. 1983년에는 하워드 가드너Howard Gardner가 지능을 8개 측면으로 나누어 고찰했다. 언어지능, 수리지능, 음악지능, 신체운동지능, 공간지능, 대인지능, 개인내지능, 자연이해지능이 바로 그 8개 측면이다. 그러나 지능은 미묘하고 변하기 쉬운 개념이기 때문에 이 분류는 한없이 세분화될 수도 있을 것이다.

좌뇌는 주위의 모든 것을 분류하고 양으로 환산하고자 한다. 심지어 측정할 수 없는 데이터로 봐야 하는 것까지도 그렇게 하려 든다. 이처럼 모든 것을 재고 평가하려는 태도는 우뇌의 태도와 완전히 상반된다. 우뇌는 일일이 판단해서 라벨을 붙이기보다는 다양

3장 쉬지 않고 돌아가는 두뇌 때문에

성이 울창하게 뻗어 나가도록 내버려 두는 편이다. 창의력이 뛰어나고 두뇌가 명석하다는 유명인들이 학교에서는 열등생이었던 경우가 꽤 있다. 그들은 IQ 검사에서 좋은 결과를 얻지 못했을 것이다. 왜냐하면 IQ 검사는 우뇌형 인간보다 좌뇌형 인간에게 절대적으로 유리한 검사이기 때문이다. 우뇌형 인간에게 IQ 검사가 필요 없을 뿐 아니라 되레 역효과를 나타낸다고 주장하는 이유가 바로 여기에 있다.

정신적 과잉 활동인은 이 검사를 성공적으로 수행해 내지 못하므로 자기들이 바보라고 생각하고 더욱더 낙심해 버린다. 그렇잖아도 자존감이 위태로운데 좋지 않은 IQ 검사 결과가 이를 더욱 좀먹는 것이다. 아스퍼거 증후군 아동들이 특히 이렇게 되기 쉽다. 평소 자신의 지능이 나쁘지 않다고 생각했던 아스피들에게 IQ 검사는 매우 부적절하다. 게다가 정신적 과잉 활동인이 IQ 검사에서 어느 정도 영재성을 드러낸다면 그들에겐 더 이상 발전이 없기 십상이다. 그렇다. 자신이 겪는 일상생활에서의 불편함을 높은 IQ로 설명해 버리는 것이다. 자신이 남들과 다르다는 느낌은 더욱 굳건해지고 평생을 그렇게 살 수밖에 없다고 생각한다. 그래서 전보다 더 외롭고, 전보다 더 이해받지 못하는 기분이 든다.

IQ 검사가 문제가 되는 또 하나의 이유는, 이 검사 결과가 널리 인정받고 있음에도 불구하고 결과에 일관성이 없다는 증거가 너무 많기 때문이다. 같은 사람이 IQ 검사를 여러 회 받아 보니 검사 결과들이 너무 큰 폭으로 벌어졌다. 그렇다면 지능은 고정된 것이 아니라는 뜻이다. 물론 지능이 고정된 것이 아니라면 반가운 얘기다. 다각적 사고는 자기만의 연상 작용으로 끊임없이 새로운 관념들을 떠올리면서 풍부해진다. 그렇다. 여러분은 IQ가 높게 나오든 낮게 나오든 충분히 똑똑한 사람들이다. 그래서 나는 대니얼 태멋 Daniel Tammet의 의견에 전적으로 동의한다.

"중요한 것은 뇌의 크기가 아니라 영혼의 도량이다."

그렇다. 여러분은 분명히 다르다. 우뇌가 지배적인 사람들이다. 여러분은 통합적이고 정서적이며 직관적인 사고를 한다. 하지만 보통 사람들은 직선적이고 이성적이고 제한적인 사고를 한다. 확연히 다른 두 가지 사고방식, 그만큼 다른 두 세계, 두 의식 구조가 단지 같은 인간이라는 이유로 서로 비슷할 거라 기대하고 그 기대가 어긋나면 저쪽이 이상하다고 비난한다. 그렇다. 여러분은 다른 별에서 온 사람들이다. 이제 나와 함께 여러분의 고향별을 탐색해보자.

Part 2

세상 사람은
둘로 나뉜다

생각이 많은 사람 vs. 보통 사람

4장

그들은 당신을 이해하지 못한다

정신적 과잉 활동인은 어린 시절에 이미 자신이 남들과 다르고 남들이 자기를 이해 못한다는 것을 막연하게나마 감지한다. 그들은 이 고통에서 아무 의미도 찾을 수 없기 때문에 자기 정체성을 수립하기 힘들다. 주변 사람들 중 누구도 자기를 이해하지 못하는데 어떻게 자신의 존재와 가치를 정확하게 파악하고 긍정적으로 생각할 수 있겠는가. 영재성이 있는 아이들은 하루 동안에도 몇 번이나 주변 사람들과 부딪히는지 모른다.

여덟 살 소녀 레아는 놀이터에서 친구를 사귀었다. 두 아이는 숨이 차도록 뛰어다니며 놀았다. 레아는 잠깐 숨을 고르며 자기

맥박을 짚었다. "와! 심장이 엄청 빨리 뛴다!"

놀이터에서 새로 사귄 친구가 눈이 휘둥그레졌다. "뭐야, 너! 넌 심장이 팔에 있어? 심장은 여기 있는 거야!"

친구는 자기 배꼽 위쪽을 가리켰다. 레아는 친구가 자기를 바보로 알고 있구나 생각했다. 레아는 속이 상했지만 친구가 알아듣게 설명할 자신은 없었다.

정신적 과잉 활동인은 나이가 많고 적고를 떠나 이런 일을 거의 매일같이 겪는다. 자신이 계속 주변과 따로 노는 것 같은 느낌이 드는데 어떻게 자신감을 키울 수 있단 말인가?

자신의 감정을 빛으로 표현한다고 상상해 보자. 여러분에게는 적외선부터 자외선에 이르는 모든 파장의 빛이 있다. 하지만 보통 사람들에게는 가시광선밖에 없다. 그래서 여러분이 그들과 대화를 나누면 그들은 여러분의 존재를 온전히 파악하지 못하고 여러분의 표현을 부분적으로 놓치거나 왜곡해서 이해한다. 여러분의 근사한 적외선과 멋진 자외선을 그들은 모른다. 여러분의 더없이 섬세하고 미묘한 표현이 그들의 눈에는 아예 안 보인다. 정신적 과잉 활동인은 항상 이렇게 산다.

이로써 정신적 과잉 활동인이 자기정체성의 공백을 느끼는 이유도 부분적으로 설명이 된다. 그들의 대인 관계라는 거울은 그들을 온전한 모습으로 비춰 주지 않는다. 거울에 비친 상은 일그러져 있는 데다가 파편에 불과하다. 주위 사람들의 눈에 비친 그들은 이상하고 괴팍한 사람일 때가 너무 많으니까.

좀 더 단순하고 건조하게 말해 볼까. 보통 사람들의 사고방식이 파이프라면 여러분의 사고방식은 깔때기다. 그런데 깔때기를 파이프에 집어넣을 수는 없는 노릇이다. 대부분의 사람들이 여러분의 사고방식을 포용할 수 없는 이유다. 내가 이렇게 설명을 했더니 정신적 과잉 활동으로 상담을 하러 온 이가 대뜸 이렇게 대꾸했다.

"아니, 파이프의 직경이 아주 크면 또 모르는 일이잖아요!"

논리적으로 흠잡을 데 없는 반박이다. 내 입장에서 한마디 하자면, 이런 사람들을 상담하고 치료하기도 쉬운 일은 아니다!

우뇌 지배형이라는 특성 또한 자기정체성의 공백을 낳기가 쉽다. 우뇌는 에고, 개인주의와 대척점에 있기 때문이다. 간단한 테스트를 해 보자. 다음 질문들의 빈칸을 채워서 자신 있게 말해 보라.

제 이름은 _____ 입니다.
제 직업은 _____ 입니다.
우리 집 주소는 _____ 입니다.

4장 그들은 당신을 이해하지 못한다

제 전화번호는 ＿＿＿＿＿＿＿ 입니다.

제가 좋아하는 것은 ＿＿＿＿＿＿＿ 이고 제가 싫어하는 것은 ＿＿＿＿＿＿＿ 입니다.

제가 다른 사람들을 판단하는 기준은 대략 ＿＿＿＿＿＿＿ 이렇습니다.

...

질 볼트 테일러는 뇌졸중으로 좌뇌의 기능이 마비되자 그 전에는 그토록 중요하게 생각되었던 이 정보들(자기정체성과 관련된 정보들)이 의미와 중요성을 잃고 아무래도 상관없는 것처럼 느껴졌다고 고백했다.

정신적 과잉 활동인은 자아를 강화하려 들지 않는다. 그들은 자기에 대해 너무 많이 생각하면 이기주의, 개인주의로 나아가게 된다고 생각한다. 그렇지만 실상은 그 반대다. 에고는 굶주릴 때에 더 기승을 부린다. 잘 키운 자아는 평온하고 호의적이며 타자들에게 열려 있다. 그런데 자아는 좋은 자존감이 있을 때에만 평온할 수 있고 정신적 과잉 활동인은 그러기가 상당히 힘들다.

잃어버린 자존감

자존감이란 자기 자신의 가치에 대한 척도, 그것도 굉장히 주관적인 척도다. 적절한 자존감은 자기 자신에게 좋은 감정을 품고 사회 안에서 제자리를 찾아 자신의 계획을 행동으로 옮길 수 있게 해 준다. 한마디로 자존감은 자기 본연의 모습에서 가장 좋은 것을 만나게 하는 열쇠다. 자존감은 개인의 정신적, 신체적 건강에도 중요한 역할을 한다. 적절한 자존감은 정신적 면역 체계로 작용하여 스트레스에 대한 내성을 길러 주고 상처받은 자존심을 빨리 아물게 한다.

자존감이 낮으면 대부분의 정신적 문제들에 몹시 취약해진다. 우울증, 불안증, 알코올 중독, 그 밖의 중독 행위와 충동 행위에 노출될 확률이 그만큼 높아지는 것이다.

자존감의 실추는 그 자체로 고통스럽거니와 고통을 가중시키는 악순환에 빠지기도 쉽다.

자존감이 낮은 사람은 자기 자신에 대한 강박에 빠진다. 자기중심적인 사고방식 때문이 아니라 그에게는 자기 자신이 너무나 큰 고민거리이기 때문이다. 그는 끊임없이 자신을 문제 삼으며 괴로워한다. 실패와 거부에 대한 두려움은 갈수록 커져만 간다. 자존감이 낮으면 새로운 공격을 이겨 내고 소화할 수 없기 때문이다. 그러한 두려움 때문에 자기통제에 힘쓰다가 진을 다 뺀다. 항상 긴장해 있고 사회적인 인간관계를 몹시 피곤해한다.

고독감, 자신이 남들과 다르고 뒤떨어진다는 생각, 나아가 사기꾼이 된 것 같은 기분이 자리를 잡는다. 두려움과 피로는 감정을 악화시키고 부적절한 행동을 낳는다. 차츰 공격적이고 불평이 많은 사람 혹은 허세가 심한 사람이 될 것이다.

정말로 사소한 사건이 걷잡을 수 없이 번지기도 한다. 스스로 고립되고 자기 안으로 침잠한다. 도움을 요구할 수도, 스스로 회복할 수도 없다. 매사에 객관성이 사라진다.

운이 좋아 뭔가 성공적으로 해내는 일들도 있겠지만 그는 그런 성공이 덧없게 느껴진다. 반면에 실패는 자신이 쓸모없다는 증명처럼 결정적으로 다가온다. 자신의 성공을 부각시키고 인정받겠다는 의욕 자체가 이제 그에겐 없다. 의욕이 차지해야 할 자리까지 실패와 거부에 대한 두려움이 잡아먹는 것이다.

자존감이 형성되고 유지되는 근거는 다음 두 가지로 나뉜다.

- 생애 초기에는 부모에게 인정받는다는 표시, 예를 들면 애정 표현, 공감, 사랑, 감탄, 칭찬 등이 중요하다. 나이가 들수록 좀 더 폭넓은 사회, 즉 같은 반 친구, 동료, 이웃 등에서 이러한 표시를 받아야 한다.

- 구체적인 성공이 중요하다. 자신이 스스로 해낸 일, 자기 자신이나 타인들에게 성과로 인정받은 일이 있어야 한다.

따라서 정신적 과잉 활동인의 자존감은 처음부터 좋지 않은 토대에서 형성된다. 물론 부모는 자식을 진심으로 사랑하지만 차츰 보통 아이들과는 다른 아이의 모습에 지쳐 간다. 부모의 부정적인 잔소리는 점점 늘어 갈 것이다. "애는 좀 심해."

부모는 감수성이 너무나 예민하고 감정적인 이 아이를 필연적으로 싸고돌며 과잉보호하게 된다. 감정이 풍부한 아이는 사람에게 자꾸 들러붙는다. 엄마 치마폭에서 떨어질 줄을 모른다! 게다가 질문은 또 왜 그렇게 많은지. 머지않아 버릇이 없다, 적당히 좀 해라, 어른들을 피곤하게 하지 마라 등등의 꾸지람이 떨어진다. 이미 유치원에서부터 이 아이를 바라보는 사회의 견해는 가족의 꾸지람과 보조를 같이한다.

"아이가 진득하게 앉아 있질 못해요."

"집중력이 부족하고 선생님들이 하는 말을 잘 알아듣지 못해요."

또래 친구들마저 괴상한 생각만 한다고 놀리거나 멀리한다. 이처럼 이미 원천이 오염되어 있는데 어떻게 자존감을 잘 키우겠는가? 이런 사람에게 "넌 자존감이 너무 약해"라는 지적은 확인 사살이나 다름없다!

구체적인 성공을 근거로 삼는다는 것도 그렇다. 사정이 그렇게 간단하지가 않다. 일단 주위 사람들의 태도가 별로 도움이 안 된다. 우리 사회는 잘한 일에 주목하기보다는 못한 일을 파헤치기 좋아한다. 칭찬과 격려보다 비판을 더 좋아하는 사회다. 그런데 정신적 과잉 활동인을 안심시키기 위해서는 사회가 정반대로 돌아가야 한다.

사회적 실수를 저지를 때마다 이들은 싫은 소리를 듣는다. 어른들의 지시를 잘 알아듣지 못했을 뿐인데 일부러 그런다는 꾸지람이 돌아온다. 누구보다 열심히 과제를 하고도 주제에서 벗어난 내용 때문에 교사의 기대에 부응하지 못한다. 따라서 외부에서 크게 인정을 받지 못한다.

하지만 본인의 완벽주의가 발동해서 성공을 성공으로 받아들이지 못하기도 한다. 정신적 과잉 활동인은 매사에, 모든 상황과 상대를 막론하고 좀 더 완벽을 기할 수 있는 가능성을 예리하게 포착한다. 완벽하고 절대적인 모델을 기준으로 삼는다. 그런데 이 낮고 천한 세상에 완벽한 것이 뭐가 있겠는가. 그래서 정신적 과잉 활동인은 어떤 성공도 성공으로 받아들이고 인정하지 못한다.

일곱 살 얀은 말을 그리기로 했다. 온 마음을 다해(이 말은 절대로 과장이 아니다!) 그림을 그렸다. 처음부터 의욕이 충만해서 집중

했던 탓인지 얀은 스트레스와 긴장도가 점점 높아졌다. 갑자기 버럭 짜증을 내며 울음을 터뜨렸다. 말을 잘 그리다가 다리 부분에서 망쳤다는 것이다. 얀의 반응은 정말로 극적이었다. 그림 그리던 종이를 박박 찢어발기고 족히 두 시간은 울며불며 난리를 피웠으니까. 어떤 말로도 얀을 위로할 수 없었다. 정말로 멋진 말을 그렸다고 칭찬했지만 그는 듣지도 않았다. 얀은 자기가 말 그림을 망쳤다는 것을 잘 알고 있었다. 말의 관절과 발목을 사진 스캔하듯 정확하게 기억하고 있었기 때문에 자기가 그린 말의 다리가 도저히 성에 차지 않았던 것이다. 망쳐 버린 말 그림 사건은 그 후 얀이 겪게 될 수많은 실패들의 서곡에 불과했다.

정신적 과잉 활동인은 자기가 염두에 두었던 미세한 부분을 구현하지 못하는 안타까움에 너무 크게 휘둘리기 때문에 주위에서 아무리 좋은 얘기를 해 봤자 들리지도 않는다. 나는 확신한다. 세간에서 아무리 찬사를 보냈을지라도 미켈란젤로는 자신의 다비드상을 미흡하게 여겼을 것이다!

4장 그들은 당신을 이해하지 못한다

거부에 대한
본능적인 두려움

인간은 사회적 동물이기에 자신이 속한 사회와 유리되어 살아갈 수 없다. 그리고 혼자서는 살 수 없다는 것을 스스로 너무 잘 안다. 사회에 편입되는 것이 생명 유지를 위한 급선무다. 인간은 선사시대부터 그랬다. 고립된 인간은 수많은 포식자들의 먹잇감이 되기 딱 좋았다. 지금도 여전히 그렇다. 인간은 다른 인간들이 없으면 살 수 없다. 세상을 등지고 동굴에 숨어 사는 은자라든가 하는 반증들을 떠올릴지도 모르겠다. 하지만 그러한 이미지는 완전히 잘못되어 있다. 은자들이 극히 드물다는 것 자체가 고립된 삶이 얼마나 힘든지를 보여 준다. 다른 한편으로 은자가 동굴에 처박혀 명상이나 하면서 살려면 식량을 공급하는 누군가가 있어야 하지 않을까. 만약 그가 수렵과 채취로 연명하며 살아간다면 동굴에서 명상할 시간은 없을 것이다.

거부에 대한 두려움은 생각과 성찰의 차원이 아니다. 우리는 어디까지나 본능적이고 잠재적이고 동물적인 감에 의해 사회적 거부를 죽음까지 초래할 수 있는 위험으로 받아들인다.

정신적 과잉 활동인은 아주 어릴 때부터 이러한 거부를 감지한다. 보통 아이는 또래에게 거부당한다고 느끼면 바로 자기 행동을 고쳐서 그 단계를 벗어난다. 그런데 정신 활동이 유별나게 활발한 아이들은 이게 안 된다. 자기가 정상적이지 않다는 의식은 있지만 자기가 뭘 잘못했는지는 모른다. 그 이유는 이 아이들이 거부당하는 주된 이유가 태생적으로나 구조적으로 어쩔 수 없는 것이기 때문이다. 그래서 이들은 버림받거나 거부당하는 것을 극도로 두려워한다.

훗날 이들의 우정과 연애는 이러한 두려움에 지나치게 휘둘림으로써 괴롭고 골치 아픈 상황들을 낳을 것이고, 이들의 친구나 연애 상대는 대개 너무 큰 힘을 쥐게 될 것이다.

나도 남들과
다르지 않았으면

정신적 과잉 활동인은 부조리한 사회, 자가당착에 빠진 사람들, 해독되지 않는 상황에서 몸부림치다 보니 늘 힘이 들고 피곤하다. 그래서 차츰 자기들이 살아남기 위한 전략을 찾거나 시도를 하게 마련이다. 이러한 전략과 시도는 그들의 차이를 상쇄하고 무리 속에 묻어갈 수 있게 한다는 점에서 어느 정도 효과가 있다.

토니 애트우드Tony Attwood•는 아스퍼거 증후군 연구의 틀 안에서 이 적응 전략들을 상세히 기술한 바 있다. 나는 그가 기술한 전략들이 정신적 과잉 활동인들에게도 적용될 수 있다고 본다. '나도 남들과 다르지 않았으면'은 그들 모두가 마음에 품고 있는 꿈이다.

지속적인 자기 비방

오리 떼 속에서 백조는 내 목은 왜 이리 길까, 내 몸집은 왜 이리 클까, 나는 왜 꽥꽥 소리가 구성지게 안 나올까 끊임없이 자책한다. 백조는 오리들의 기대에 부응하려고 목을 일부러 구부정하게 하고 날개를 움츠리고 구석에서 입을 꾹 다무는 법을 배운다. 그래 봤자 눈에 띄기는 마찬가지요, 이상하고 못난 오리로밖에 보이지 않을 텐데 말이다. 정신적 과잉 활동인은 오리 떼에 끼어든 백조 격이다. 그들은 상처가 되는 비난과 조롱을 봉쇄하기 위해 자신들이 할 수 있는 것은 다 한다. 이렇게 주변인의 반응을 예측하려고 애쓰다 보니 결국 비난과 조롱을 내면화하고 만다. 정신 활동이 유별나게 활발한 아이들은 자신에게 심각한 문제가 있다

• 이 책 뒤에 나오는 참고 문헌을 보라.

고 느끼면 으레 자기 내면의 폭군을 만들어 낸다. 그 폭군은 장차 숨 돌릴 틈도 주지 않을 것이다.

여러분도 그 내면의 폭군을 잘 알지 싶다. 그는 여러분이 잠에서 깨는 순간부터 잠드는 순간까지 계속 따라다니며 사사건건 잔소리를 해 댄다. 여러분이 스스로를 어떻게 느끼고 생각해야 하는지 일일이 지시하고 상당히 주관적인 해석을 명백한 현실인 양 내세운다. 그는 시도 때도 없이 간섭한다. 그 수다쟁이는 잠시도 쉴 틈을 주지 않는다. 그 폭군 때문에 여러분은 과거를 곱씹느라, 닥치지도 않은 일을 걱정하느라, 자기가 했던 말이나 남들이 했던 말을 하나하나 분석하느라 시간을 허비한다. 그는 똑같은 얘기를 천 번도 더 하는데 그때마다 말이 조금씩 바뀌긴 하지만 여러분이 무능하고 정이 안 가는 인간이라는 결론만은 변함없다.

자기 비방이 계속되면 정신적 과잉 활동인은 더욱더 예민해져서 점점 더 자신이 세상과 어울리지 않는다는 느낌을 받게 되고 그 때문에 죄의식이나 실의를 떨치지 못한다. 하루는 오리로 살아야 하는 우울과 권태에 빠져 헤매고 또 어떤 날은 용기를 얻어 벅찬 행복을 주체 못한다. 이처럼 극에서 극으로 치닫는 기분 때문에 이들은 흔히 '양극성 기분장애'라는 꼬리표를 달고 살아간다. 그렇지만 죄의식과 실의가 더 지배적인 감정이기 때문에 결국은 잠재적 우울증 상태로 이어진다. 나는 남들과 너무 달라서 나도 세상을 이해 못하지만 세상도 나를 원하지 않는 것 같다는 이 감정은 참으로 서글프다.

그래서 정신적 과잉 활동인의 우울증은 보통 사람들의 우울증과 다르다. 이들의 우울증에는 삶의 기쁨, 언제라도 다시 태어날 준비가 되어 있는 왕성한 에너지가 얼마든지 공존한다. 이들의 자살 위험도는 극심한 정신적 학대에 시달리는 경우가 아니면 그렇게까지 뚜렷하거나 현실적이지 않다. 정신적 과잉 활동인은 사회적으로 고립당하고 싶어 하지 않기 때문에 따돌림이나 거부로부터 자신을 방어하기 위해 일부러 사람들과 거리를 두기도 한다. 사람들을 좋아하면서도 의도적으로 사회적 관계를 최소화하면서 살 수 있다. 그렇게 혼자 지내는 시간이 그들에게 휴식과 재충전이 되지만 그들을 몹시 불안하게 하는 것도 사실이다.

몽상으로의 회피

현실을 사는 것보다 꿈을 현실로 만드는 게 낫다는 말도 있다. 정신적 과잉 활동인들에게는 이 말이 꼭 맞으란 법도 없다. 그들의 꿈은 이 옹색한 세상에서 이루어질 수 없으니 말이다.

하지만 만사가 마음에 안 들게 돌아갈 때에는 자신이 꿈꾸는 삶이 각별해진다. 두뇌 활동이 비상한 아이들은 이미 초등학교 때부터 따분한 수업과 지루한 일상에서 도피하기 위해 작정하고 딴 생각을 한다. 이 아이들은 상상력이 범상치 않기 때문에 자기 마음에 꼭 드는 꿈을 현실보다 더 생생하게 느낀다. 현실이 시시해지거나 자기를 몰아세우는 순간 이들은 이렇게 다른 세상으로 도피하는 법을 배운다. 이들의 가상 세계는 아주 정교하게 만들어졌을 뿐 아니라 소소한 것들까지도 모두 멋지다. 그 세계야말로 자신들의 가치관에 부합하는 세계, 참다운 '나'로서 아무 걱정 없이 역량을 펼칠 수 있는 세계다. 그곳에는 자신들을 있는 그대로 이해하고 사랑해 주는 친구들도 많다. 얼마나 행복한 세계인가!

그래서 몽상 취미가 있는 정신적 과잉 활동인은 현실보다 가상 세계에서 더 많은 시간을 보낸다든가, 현실을 가상의 낙원과 비교하여 점점 더 불만스럽게 느낀다든가, 그로 인해 현실에 적응하려는 노력을 게을리할 위험이 있다. 자신에게 너무나 생생한 이 가상 세계에 대한 생각을 남들과도 공유하고 싶어 한다면 그는 병적인 거짓말쟁이, 정신병자 취급을 받게 될 것이다.

정신적 과잉 활동인은 이따금 취미나 독특한 관심사에 열광적으로 빠진다. 말, 공룡, 우주… 여하튼 자기를 사로잡는 그것 외에는 아무것도 안중에 없고, 그것에 몰두해 있는 동안은 세상 모든 시름을 잊는다. 독서, 영화, 인터넷 웹서핑 등도 다른 세상과 지식에 대한 그의 갈증을 채워 준다는 점에서 도피의 발판이 될 수 있다.

4장 그들은 당신을 이해하지 못한다

잘난 척을 방패로

정신 활동이 유별나게 활발한 아이들은 또래의 조롱과 험담으로 자존감과 존엄성에 크게 상처를 입고 자기존엄성을 되찾기 위해 무감각하고 오만한 사람의 가면을 쓴다. 너희들이 거품 물고 떠들어 봤자 난 끄떡없다는 식이다. 모욕당하는 괴로움에서 자기 자신을 지켜내려면 잘난 척을 할 수밖에 없다. 수치심과 자부심은 동일한 문제의 빛과 그림자, 결국은 다르지 않은 동전의 양면이다.

크리스토프 앙드레Christophe André는 이 문제를 《나라서 참 다행이다Imparfaits, libres et heureux》에서 "바보 천치가 되느냐, 잘난 척하는 놈이 되느냐"라고 요약적으로 말해 주었다. 정신 활동이 유별나게 활발한 사람은 이처럼 사랑받고 이해받기를 포기한 나머지 오만과 도발을 일삼을 수도 있다. 이러한 오만은 경탄이 사랑을 대체할 수 있다는 비극적인 착각을 낳는다. 그의 예리하고 기민한 정신은 즉각 가혹한 반응을 불러올 것이다. 하지만 착각하지 말자. 잘난 인간 콤플렉스에 빠져 있는 것처럼 보이는 그는 사실 의심과 불안을 감추기 급급하다. 오만으로 자신을 방어하다 보면 사기꾼이 된 기분을 떨치지 못하는 데다 점점 더 완벽주의를 추구하게 된다.

마르탱은 이에 동의했다. 자신도 중요한 일을 처리해야 할 때면 상대에게 기가 눌리면 안 된다는 생각에 어깨에 힘이 들어간다고 했다. 마르탱은 이런 식으로 자신의 지성과 허세 뒤에 숨곤 했다. 실제로 그 방법은 통했다. 카리스마와 자신만만한 태도는 그가 기대했던 효과를 발휘했다. 하지만 마르탱은 그때마다 속임수를 쓴 것 같은 기분이 들었다. 성공을 거두어도 사기를 친 것 같은 기분이 들 뿐 진정한 자신감에는 보탬이 되지 않았다.

비슷하게 흉내 내며

어떻게 행동해야 할지 모를 때는 남들을 따라 하면 된다. 으리으리한 축하연이나 파티에서 누구나 한 번쯤은 그래 보았을 것이다. 정신적 과잉 활동인은 사회의 암묵적 규약을 잘 이해하지 못하기 때문에 주위 사람들의 행동 방식을 따라 할 때가 많다. 그들은 미묘한 차이까지 잘 포착하고 흉내 내기 때문에 이 방법은 그럭저럭 통한다. 특히 우뇌 지배형은 다른 사람의 독특한 몸짓이나 억양까지 그대로 구현하는 재주가 있다. 주위 사람들은 대개 이런 모습을 보면 재미있어 하고, 한 번 더 해 보라고 요청하기도 한다. 그는 졸지에 사람들을 웃기고 분위기를 띄우는 역할을 맡게 되고 그 역할이 부담스러울 정도로 오래가기도 한다.

프레데릭은 친구들에게 '프랭키'라는 별명으로 통했다. 친구들과의 모임에서 프랭키는 인기 폭발이었다. 분위기를 떠들썩하게

4장 그들은 당신을 이해하지 못한다

띄우고 배꼽 빠지는 장난을 연거푸 선보이는 프랭키 때문에 모두들 웃겨 죽었다. 하지만 시간이 흐를수록 프랭키는 그런 자리가 두려워졌다. 그런데도 프랭키가 빠지면 재미없다고 난리들이니 초대를 거절할 수도 없었다. 프랭키는 모임에서 폭음을 하고 이튿날이면 괜히 울적해했다. 신나고 요란한 사교 모임들은 자신의 분신이 날뛰는 자리처럼 느껴졌다. 프레데릭에게는 프랭키의 익살이 자기 아닌 남의 일 같았고, 친구들이 정말로 그의 유머감각을 좋아하는 게 아니라 그냥 재밋거리로 삼는 거라는 생각이 들었다. 자신의 유쾌함이 진짜 같지 않았다. 프레데릭은 점점 불안해졌다.

어느 날 프레데릭은 프랭키의 옷을 옷장 깊이 집어넣었다. 그는 자기다운 모습으로 살겠다고, 필요하면 친구들도 새로 사귀겠다고 결심했다. 그제야 안도감이 들었다.

윌리엄은 선생님들의 흉내를 기가 막히게 내서 친구들에게 인기가 좋았다. 하루는 윌리엄이 차분하게 생각에 잠겨 있는데, 한 친구가 다가와 그를 툭툭 치며 말했다. "야, 너 왜 그래? 네가 우릴 웃겨 줘야지, 이렇게 무게 잡고 있기냐?"

거짓 자아에게 쫓겨난
진짜 자아

정신적 과잉 활동인은 정체성의 공백을 메우고 배척의 위험을 모면하기 위해 콘크리트처럼 단단한 '거짓 자아'를 만든다. 사실 우리 모두에게는 자신의 욕구에 부합하는 거짓 자아가 있고, 거짓 자아가 있어서 사회생활에 적응할 수 있다. 그리고 이 거짓 자아는 정도의 차이는 있으나 강제력을 띤다. 거짓 자아가 자리 잡는 과정을 살펴보자.

세상에 갓 태어난 아기는 개체성에 대한 의식이 없다. 아기는 자기가 엄마와 한 몸인 줄 안다. 차차 엄마에게서 떨어져 나오면서 자신이 독립된 실체라는 것을 깨닫는다. 우리는 이것을 '자기의식'이라고 부른다. 그 후 주위 사람들로부터 자신의 정체성에 대한 메시지들을 받아들이면서 아이는 '자기 이미지'를 형성한다. 긍정적인 메시지를 많이 접하고 자란 아이는 건강한 자존감의 소유자가 된다. 그러나 그 반대의 경우에는 자존감이 빈약할 것이다.

아이는 자의식이 싹트는 순간부터 자존감이 형성되는 그 몇 년 사이에 정체성을 수립한다. 다시 말해 자기 자신을 유일무이한 존재이면서도 다른 사람들과 크게 다르지 않은 존재, 나아가 집단에 소속된 존재로서 인식할 수 있다는 얘기다. 그런데 정신적 과잉 활동인들에게는 정반대의 일이 일어난다. 그들은 자기 모습 그대로 살아가기도 어렵고 있는 그대로의 모습을 인정받기도 어렵다. 그래서 사회로 편입되는 과정에서도 자신은 남들과 다르다는 느낌, 집단 속에 자기 자리가 없다는 느낌에 발목을 잡히기 일쑤다.

아기는 누군가가 자신에게 귀 기울여 주고 자기 마음을 이해해 주고 자기를 인정해 주기를 바란다. 부모 혹은 양육자가 아이에게 너그러움과 존중을 보여 준다면, 아이의 감성과 감정에 대한 설명이 외부로부터 주어진다면 아이는 자신의 진정한 자아에 가깝게 살아갈 수 있다. 이 아이의 자기 이미지는 실제 자신의 본모습과 크게 다르지 않을 것이다. 아이는 자신에게 걸맞은 방식으로 반응할 것이고, 자기가 경험하는 감정과 욕망을 온전히 자기 것으로 느낄 것이다.

이 아이의 '거짓 자아'는 사회생활에 반드시 필요한 격식을 덧입었을 뿐 본연의 자아와 크게 동떨어지지 않을 것이다. 이 아이는 반듯한 사회적 태도, 예의범절, 적당히 신중한 자세를 갖추고 어린 시절에 자기가 누렸던 존중과 호의를 남들에게도 돌려준다. 자신의 인격을 지키면서도 다른 사람들을 존중하고 경청한다.

하지만 양육 환경에 어떤 문제가 있다면 아이는 이와 같이 이상적인 존중과 호의를 받지 못할 것이다. 정신적 과잉 활동은 아직 잘 알려지지 않았고 이해받기도 힘든 데다 일반적인 어른의 지적 능력으로는 감당하기 어려운 현상이다.

그래서 부모 혹은 양육자는 대개 불안해하고 어쩔 줄 몰라 한다. 부모는 아이의 욕구를 이해할 수 없고, 아이의 질문에 대답하지도 못하고, 아이에게 이 세상에 무조건 적응하라고 윽박지르기만 한다. 그러면 정신 활동이 비상한 아이는 차츰 자신의 진정한 자아를 억압하고 외부의 기대에 부응하기 위해 힘을 쏟는다. 아이가 구성한 거짓 자아는 이처럼 강제적인 환경에 적응하기 위한 산물이지만 아이의 진정한 인격을 질식시키고 만다.

거짓 자아의 작용을 이해하는 데 도움이 될 예를 들어 보겠다. 내가 여러분을 저녁 식사에 초대했다 치자. 밥도 다 먹었겠다, 시각도 꽤 됐겠다, 나는 슬슬 지치기 시작한다.

만약 나의 거짓 자아가 예의범절만 갖추었을 뿐이고 나는 진정한 자아, 즉 휴식을 필요로 하는 자아와 이어져 있다면 나는 적절한 절차를 갖추어 이제 그만 손님을 돌려보내기로 결심할 것이다.

"오늘 저녁 참 즐거웠죠? 같이 밥도 먹고 얘기도 나누니 정말 좋네요. 다음에도 이런 자리가 있었으면 좋겠어요. 자, 전 내일 아침에 출근을 해야 해요. 약간 피곤하기도 하고요. 이제 그만 자리를 정리할까요?"

4장 그들은 당신을 이해하지 못한다

상대도 이 정도는 얼마든지 이해해 줄 것이고 그날 저녁 모임은 기분 좋게 마무리될 것이다.

나의 거짓 자아가 지나치게 강제적이라면 감히 이런 말은 못하겠지만, 얘기를 나누면서도 연거푸 하품을 할 것이고 상대가 '나 피곤해요'라는 메시지를 알아차리기를 바랄 것이다!

하지만 내가 정신 활동이 유별나게 활발한 탓에 거짓 자아를 덧입었다면 피곤함 자체가 이 상황에 어울리지 않으니 숨겨야 할 것으로 인식할 것이다. 내가 손님을 초대한 입장이다. 그러니까 이 자리를 유쾌하게 이끌고 갈 책임이 있다. 손님이 원한다면 밤을 꼬박 새워 가며 수다를 떨어야 하는 거다. 손님이 먼저 가겠다는 말을 하기 전에 내가 자리를 파할 순 없다.

VIP 살롱

정신적 과잉 활동인의 거짓 자아는 모두에게 개방된 VIP 살롱과도 같다. 이 살롱은 모든 VIP들의 욕구와 견해를 고려하여 조용하지만 기분 좋게 서비스를 제공해야 한다. 그럼 진짜 자아는 어떻게 되나? 진짜 자아는 기나긴 지하 통로 안쪽 독방에 감금되어 있다. 그 독방까지 가려면 세 개의 문을 지나야 한다. 버림받고 거부당할지 모른다는 두려움, 아무도 이해해 주지 않는 혼자만의 슬품, 참다운 자기 자신이 되지 못하는 분노가 그 문들의 이름이다.

사람들을 만나서 잘 놀다가도 갑자기 괴리감을 느낄 때가 있다. 그러한 경험도 거짓 자아로 설명이 된다. 일단 정신적 과잉 활동인은 어린 시절 '자기'답게 행동했다가 거부당한 경험을 기억하고 있다. 뭔가 유머를 구사하려고 했는데 아무도 그 유머를 이해 못해서 괜히 분위기만 어색해졌다든가 하는 경험 말이다. 그들은 진짜 자아가 거짓 자아의 감독을 받아야 한다고 생각한다.

친구들과의 저녁 모임, 모든 것이 순조롭다가 어느 한순간 그의 내면이 이탈해 버린다. 무슨 일이 일어난 걸까? 거짓 자아가 자칫 느슨해질 뻔했던 고삐를 휘어잡으러 왔든가, 독방에 감금된 진짜 자아가 지쳐 버렸다든가 둘 중 하나다. 그는 불현듯 자신의 참모습, 자신의 바람과 그 자리에 참석한 다른 친구들의 관심사가 얼마나 동떨어져 있는가를 느꼈을 것이다.

정신적 과잉 활동인의 거짓 자아는 시간이 지날수록 더 많은 자리를 차지할 것이고 이따금 눈부신 활약을 보이기도 한다. 격려, 찬사, 애정은 거짓 자아가 받는 것이다. 진짜 자아는 감방에서 외로움에 찌들어 간다. 진짜 자아는 갈수록 허하고 불행하다. 이해받지 못하고 거부당할까 봐 제 모습 그대로 살아가지도 못하면 아무리 큰 성공을 거두더라도 허무감과 사기꾼이 된 듯한 느낌을 떨칠 수 없다. 자기가 설 자리는 없는 것 같고 모두들 자신을 잘못 알고 있는 것 같다.

그리고 사실이 그렇다! 사랑을 잃을지도 모른다는 두려움이 너무 큰 사람은 사랑을 받아들일 수가 없다. 콘크리트처럼 단단해진 거짓 자아에 치러야 할 대가가 바로 완벽주의, 자기감정의 부정, 생뚱맞은 공격 충동, 죄의식이나 수치심 같은 부정적 감정들로 얼룩진 인간관계, 심각한 우울증이다.

수영복 증후군

거짓 자아에 대한 이해를 돕기 위해 필립이 겪었던 골치 아픈 일화를 조금 이야기해 볼까 한다. 필립은 누나와 전화 통화를 하면서 저녁에 뱅상과 플로 부부를 만나 밥을 먹기로 했다는 말을 했다. 누나는 마침 잘됐다고 했다.

"잘됐다, 애! 네가 뱅상 집으로 가는 거지? 가는 김에 부모님 댁에 잠시 들러서 내 수영복 좀 챙겨다 줄래? 지난번에 부모님한테 갔다가 수영복을 두고 왔지 뭐야. 옷장 서랍을 열어 보면 있을 거야."

누나는 '잠시 들러서'라고 했지만 한 시간이나 돌아서 가야 하는 길이었다! 그날따라 퇴근이 늦어진 바람에 필립은 뱅상과 플로의 집으로 곧장 갔지만 누나의 부탁은 기억하고 있었다. 새벽 한 시가

돼서야 친구들과의 모임이 끝났고 그는 그놈의 수영복을 가지러 부모님 댁으로 갔다. 수영복을 챙겨 자동차로 돌아온 순간, 다시 말해 임무를 완수한 그때야 비로소 분통이 터졌다. 누나는 진짜 짜증 난다니까! 아니, 수영복이 이거 하나밖에 없나? 자기가 직접 가지러 갈 기회가 얼마든지 있을 텐데 왜 굳이 날 시킨담? 중요하지도 않은 부탁으로 사람을 성가시게 하는 것도 한두 번이지!

필립은 나에게 이 이야기를 하면서 "안 돼"라고 거절할 생각은 아예 해 보지도 않았음을 깨달았다. 나는 이 이야기를 나탈리에게도 해 주었다. 나탈리도 정신적 과잉 활동 때문에 나에게 상담을 받고 있는 아가씨다.

"아니, 당연하잖아요! 나라도 그 수영복을 가지러 갔을 거예요! 저도 누군가로부터 뭘 해 달라는 부탁을 받으면 그 부탁을 들어주고 싶은가 그렇지 않은가 따지지 않아요. 아예 그런 생각 자체가 안 든다니까요. 그 단계는 항상 뛰어넘고 '그래'라는 대답이 나오죠. 곧바로 시간을 어떻게 쪼개서 그 부탁을 처리할까 하는 생각으로 넘어가는 거예요!"

캥탱은 엔지니어다. 그에게도 필립의 일화와 나탈리의 반응을 이야기해 주었다. 캥탱은 서글픈 미소를 지었다.

"제가 딱 그렇게 살고 있는데요! 직장에서 남의 수영복 가져다 주는 일로 하루가 다 간다고 해도 과언이 아니에요! 제가 얼마나 바보 같은지 아세요? 전 그걸로 모자라 직장 동료들에게 '내가 뭐 도와줄 일이 없을까?' 하며 물어보기까지 한답니다!"

이리하여 우리 상담실에는 '수영복 증후군'이라는 새로운 용어가 탄생하기에 이르렀다. 수영복 증후군은 정신적 과잉 활동인 특유의 번아웃burnout 전 단계에 해당한다. 이제 여러분은 지쳐 나가떨어지더라도 "수영복이 너무 무거웠나 보구나"라고 최소한 그 이유는 짐작할 수 있을 것이다.

스톡홀름 증후군으로

스톡홀름 증후군은 스톡홀름 은행 강도 사건 당시 인질로 붙잡혔던 사람들에게서 발견된 특이한 심리기제다. 그들은 인질로 억류되었던 엿새 사이에 되레 그 강도들을 이해해 주고 편들어 주는 입장으로 돌변해 있었다. 심리학자들은 그들이 인질극이라는 극심한 스트레스 상태에서 비판능력을 상실했기 때문에 가해자들의 논리에 그처럼 쉽게 동조할 수 있었다고 분석한다.

스톡홀름 증후군이라는 역설적 심리기제를 수많은 학대 사례에서 찾아볼 수 있는 이유도 결국은 스트레스로 설명이 된다. 정신적 과잉 활동인에게 거부에 대한 두려움, 어른들의 꾸지람, 친구들의 놀림은 정신적 폭력이 될 수 있다. 그러한 정신적 폭력 자체는 대수롭지 않을지라도 거기서 오는 스트레스가 스톡홀름 증후군을 낳을 수 있는 것이다. 앞에서 말했듯이 스톡홀름 증후군은 가해자의 논리에 동조하는 현상이다. 왜 많은 정신적 과잉 활동인이 항상 상대의 의중을 읽고자 애쓰고 상대를 만족시키고자 무리하고 별 얘기도 아닌데 일일이 해명을 하는지 그리고 상대가 무슨 말을 하든 감히 반박하지 못하는지가 이로써 설명된다. 그들은 거부당하고 버림받을지 모른다는 두려움 때문에 기를 못 펴고, 그렇기 때문에 타인의 심리적 조종에 몹시 취약하다.

거짓 자아를 제한하고 진정한 자아를 되찾아야만 안정, 평화, 충족감이 온다. 여러분이 지금 이 책을 읽으면서 하고 있는 일이 바로 그거다. 여러분은 차츰 자신의 가장 좋은 참모습과 화해하고 그 모습을 자유롭게 드러낼 것이다. 여기 단순하지만 아주 중요한 말, 진짜 자아가 존재할 여지를 열어 주는 말이 있다. "그래, 알았어"가 아니라 "미안하지만 안 되겠는데!"라고 말하라. 자, 한 번 말해 보라. 이 말에는 강력한 힘이 있다.

"괜찮다면 내 수영복 좀 가져다줄래?"

여러분이 이 부탁에 대답할 차례다.

진정한 자아는 자신이 경험하는 감정과 욕망이 정말로 자기 것이라는 확신이 들 때 다시 건강해진다. 지금의 잠재적 우울증을

4장 그들은 당신을 이해하지 못한다

극복하려면 금지되고 억압된 감정이 다시 자연스러운 것이 될 수 있도록 풀어 주어야만 한다. 인간은 자아의 목소리에 귀를 기울임으로써 내면의 힘과 자기 자신에 대한 존중을 끌어낸다.

여러분에게는 슬퍼할 권리, 낙심할 권리, 남에게 폐가 될까 봐 마음 졸이지 않고 도움을 청할 권리가 있다. 위협을 느끼면 무서워하고 존중받지 못하면 화가 나고 이해받지 못하면 슬퍼지는 게 정상이다. 여러분은 차츰 자신이 무엇을 원하지 않는지 그리고 정말로 원하는 것은 무엇인지 알게 될 것이다. 그다음에는 거부에 대한 두려움 없이 자신을 표현하게 될 것이다. 어린아이는 자아를 형성하기까지 무조건적인 사랑을 필요로 한다. 하지만 어른은 그렇지 않다. 여러분은 살아가기 위해 남들의 비위를 맞출 이유가 없다.

우울증은 어떤 자질이나 능력을 갖춘다고 해서 해결되지 않는다. 자기 자신의 가치를 진심으로 느낄 수 있을 때 비로소 우울증에서 벗어날 수 있는 것이다. 여러분은 자신의 가치를 입증해 보일 필요가 없다. 여러분은 완벽하지 않은 그 상태 그대로 온전하다. 자기 자신이 되는 데 만족하라. 그러면 자기 정체성의 공백은 그득하게 채워지고도 남을 것이다.

5장

당신도 그들을
이해하지 못한다

내가 바라는 게
그렇게 대단한 거야?

정신적 과잉 활동인은 콘크리트처럼 단단한 거짓 자아와 더불어 견고하기가 담금질한 무쇠와 같은 가치 체계를 구축한다. 그들이 절대로 의심하지 않는 것이 하나라도 있다면 그게 바로 이 가치 체계다!

이 가치 체계는 절대적인 것들로 구성되어 있으며 기준을 아주 높게 둔다. 그들은 정의, 정직, 충직성, 우정, 사랑이 어떠해야 하는가에 대해 매우 구체적인 생각을 갖고 있으며 상당히 높은 기준을 일반적이고 자명한 기준으로 믿어 의심치 않는 경향이 있다. 그래서 이러한 가치들을 모두와 공유하고 싶다는 그들의 바람은 종종 좌절을 불러온다. 그들은 세상의 불의, 사람들의 악의와 배신을 발견할 때마다 아연실색하고 분개한다. 그래도 자신이 옳다고 굳게 믿기 때문에 이상을 포기한다는 것은 불가능하다. 나에게 상담을 받은 어느 이상주의자도 이렇게 부르짖었다.

"저는요, 그냥 세상이 제 생각과 다르다는 것을 알고 싶지 않을 뿐이에요!"

절대적인 것에 대한 추구는 양극단으로 갈라진다. 만인에 대한 호의에서 친절을 베풀고 남의 마음을 잘 읽어 주는 사람, 참을성과 이해심이 남다른 사람이 될 수 있다. 그게 아니면 고지식한 잔소리꾼이 되어 자신의 도덕 규약을 침해하는 사람들을 볼 때마다 한탄할 수 있다. 버릇없는 사람, 얌체 같은 무임승차족, 부정행위자에게 시도 때도 없이 호통을 치는 사람 말이다. 진실을 추구하는 이들이 나이를 먹으면 지혜로운 어르신이 되든가, 성마른 꼰대가 되든가 둘 중 하나다. 그게 아니면 탁구공처럼 끊임없이 그 두 역할 사이를 오갈 수도 있다.

이렇게 순수 가치 체계를 발전시키게 되는 주요한 이유는, 그들이 사람을 좋아하면서도 자신은 다른 별에서 온 것 같은 기분을 느끼고 이 사회에서 자기 자리를 찾기 힘들어하기 때문이다. 현실의 사회적 규약은 그들의 이해를 벗어나거나 반감을 불러일으킨다. 암묵적인 약속, 위선, 비겁한 꼼수, 보여 주기 위한 허례허식이 너무 많다! 왜 단순하고 솔직해질 수 없나?

그들의 완벽한 이상은 현실의 천장 아니면 바닥에 붙어 있는 것 같다. 하지만 그들 자신은 천장과 바닥 사이에 있기 때문에 이토록 불완전하고 어긋난 현실을 소화하고 자기네들의 진실을 회복하려면 오만 가지 왜곡을 가하지 않을 수 없다. 회사나 가정에서 그들은 온갖 불의와 갈등을 해소하기 위해 사태를 왜곡하면서까지 중재역을 맡는다. 물론 왜곡에 힘입어 중재를 한다는 것은 몹시 지치는 일이다. 하지만 그들에게 신념을 버리라든가 다 놓아 버리라는 말은 할 수 없다.

정신적 과잉 활동인은 종종 '사정을 봐줄 줄 모르는 사람'으로 취급받는다. 이러한 비판은 그들에게 상처가 되거니와 사실 말이 안 된다. 가치 체계라는 것은 특수한 사정과 자질구레한 입장 차이를 따지라고 있는 게 아니다. 그런 걸 다 봐주다 보면 뭔가를 주장하거나 요구할 수 없고 배려는 배려대로 이상하게 변질되기 십상이다. 내가 너무 과장해서 말한다고 생각하는가? 아니, 그렇지 않다. "살인하지 마라"는 계명이 각 사정의 미묘한 차이들을 감안하기 시작하면 어떻게 될까? "살인하지 마라. 그렇긴 해도 경우에 따라 다르다!"가 되고 만다. 가장 근본적인 금지 조항들조차 이렇게 물렁해지고 점점 더 허용적인 분위기로 갈 수 있다. 정신 활동이 유별나게 활발한 이들이 아무것도 대충 넘어가지 않아서 얼마나 다행인가. 그들 중 상당수는 도덕적으로 결함이 없으려면 마땅히 그래야 한다고 생각한다. 그들은 자신의 가치 체계에 부합하는 삶을 살 수밖에 없다.

마리즈는 남편에게 자주 욕을 먹거나 손찌검을 당했다. 얼마 전부터 나는 마리즈가 남편과 잘 헤어질 수 있도록 도움과 격려를 해 주고 있다. 하지만 일이 그렇게 간단하지가 않다. 마리즈는 약속과 맹세를 중요하게 여기고 그 의미를 지키고 싶어 했다. 그런데 결혼은 그녀가 중요시하는 가치들의 총집합 아닌가. 남편은 그녀가 식탁 냅킨을 잘 접어 두지 않았다는 핑계로 집안 건사도 제대로 못하는 여자라고 욕하고 고함을 질렀다. 하지만 마리즈는 그런 욕을 먹어도 항상 열심히 청소, 빨래, 식사 준비를 했고 내조를 게을리 하지 않았다.

"그럼 당신이 냅킨을 접어. 밥도 당신이 해. 청소도 당신이 하고 살아!"라고 쏘아붙이고 집에서 나와도 시원찮을 마당에, 그녀가 그렇게까지 자기를 부정하며 살 수 있다는 게 정말 놀라웠다. 행여 반항을 하면 남편이 폭력을 쓸까 봐 두려워서였을까? 하지만 마리즈는 이렇게 말했다.

"그런 건 아니에요. 제가 그냥 화를 안 내는 것뿐이에요."

나는 그 정도까지 화를 낼 줄 모르는 건 상대를 위해서도 좋지 않다고 넌지시 말해 보았다. 마리즈의 대답은 이러했다.

"아, 걱정 마세요. 그 사람 좋으라고 화를 안 내는 게 아니니까요. 어디까지나 저 자신을 위해서예요. 제가 바람직하게 생각하는 가정의 모습을 지키고 싶거든요. 치사하게 보복이나 하면서 저까지 남편과 똑같은 수준으로 떨어지고 싶지 않아요. 그 사람이 뭔 짓을 하건 저는 제가 바람직하게 여기는 부부 상을 지키는 것이 저 자신을 존중하는 태도라고 생각해요!"

정신적 과잉 활동인의 가치 체계는 보기 드물게 청렴하고 사욕이 없다. 나는 가끔 그들에게 장난삼아 이런 딜레마를 제시한다.

"혼자 걸어가다가 지갑을 주웠어요. 현금이 꽤 두둑한데 신분증은 없고 이름이나 주소를 알 수 있는 단서도 없어요. 어떡할래요?"

"주인을 찾아 줘야죠."

"아니, 이름이나 주소를 알아낼 방법이 없다니까요. 아무나 와서 '그거 내 거예요!'라고 하고 돈을 제 주머니에 챙겨도 진짜 주인인지 아닌지 가려낼 수 없어요."

나는 주인을 찾을 가망이 거의 없다, 현금이 적지는 않지만 나중에 중죄가 될 만큼 큰 액수는 아니다, 돈을 가져도 들킬 염려는 전혀 없다며 그를 꼬드긴다. 이러한 유혹은 대체로 아무 소용도 없다.

5장 당신도 그들을 이해하지 못한다

"알아요. 좀 바보 같아 보일 거예요. 어쨌든 난 그 돈을 가질 수 없어요!"

"알았어요. 자, 그럼 그 상황에서 당신 아닌 다른 누군가는 돈을 자기가 갖기로 했어요. 이 결정이 놀라운가요?"

"음, 조금은요. 내가 그런 결정을 내린다면 더 놀라겠지만!"

정신적 과잉 활동인은 대부분 매우 공평무사하다. 돈은 그냥 그들의 관심사가 아니다. 보통 사람들에겐 상상도 할 수 없는 일이다. 특히 남의 심리를 조종하기 좋아하는 이들에게 이보다 좋은 먹잇감은 없다. 정신 활동이 유별나게 활발한 사람들이 알고 보면 가정, 친구 관계, 연인 관계, 심지어 직장에서까지 돈줄 노릇을 하고 있는 경우가 얼마나 많은지 모른다. 그들이 돈에 연연하지 않는 것은 사실이지만 그렇다고 벗겨 먹어도 좋을 만큼 부유한 사람들은 아니다. 금전적인 부분을 분명히 하지 않으면 사기꾼이 꼬이는 법이라고, 엉뚱한 사람들에게 허투루 돈을 쓰면 정작 자기 자신에게 꼭 필요한 돈은 쓸 수 없다고, 그렇게 두고두고 타일러야만 그들도 조금 정신을 차린다.

자신의 신념을 조금도 양보하지 않고도 불행해지지 않으려면 어떻게 해야 할까? 자기 세계관을 남들에게 적용하지 않는 걸로 충분하다. 이상주의자들은 자기다운 모습을 지키면서도 현실과의 접촉을 유지하고 다른 사람들은 자신과 다른 선택을 할 수 있다는 것을 인정한다.

"제가 지금 그렇게 하고 있어요. 전 다른 사람들을 판단하지 않아요. 하지만 뭔가 잘못된 게 있으면, 예를 들어 내가 산 물건을 점원이 빠뜨리고 계산하지 않았다든가 하면 바로 시정해 달라고 하죠. 아무 말 안 하고 넘어가면 금전적으로는 이익이죠. 하지만 전 그렇게는 살 수 없는 사람인걸요." 크리스틴이 내게 한 말이다.

이상주의는 이상한 주의가 되는 현실

이 순진한 사람들의 이야기를 듣다 보면 그들의 가치 체계만이 유효한 것 같다. 절대적으로 틀린 말은 아니다. 세상 모든 사람이 이 가치 체계를 액면 그대로 적용한다면 지구는 다시 한 번 에덴동산이 되지 않을까. 하지만 현실은 그렇지 않기 때문에 이 가치 체계를 조금 비판해 볼까 한다.

그들의 가치 체계는 그들처럼 생각하고 행동하는 사람들에게나 맞는다. 불성실하고 비열한 사람들에게는 하나도 맞지 않고 야

수 같은 인간들에게는 위험하기까지 하다. 사자가 새끼 고양이와 같은 취급을 받을 수는 없다. 요컨대 이 체계에는 '악의적이고 불성실한 사람을 파악하고 관리하는 법'이라는 소프트웨어가 빠져 있다. 게다가 이 체계는 친절에 한계를 두지 않는다. 하지만 여러분도 "사람이 너무 좋아도 바보스럽다"는 말을 들어 봤을 것이다. 문제는 어디까지가 적정선인가를 아는 것이다. 마지막으로, 이 가치 체계는 '무조건적인 VIP 접대'가 프로그래밍되어 있는 거짓 자아와 너무 잘 맞아떨어진다는 문제점이 있다.

이 가치 체계의 또 다른 불편 사항은 그 자체로 충족적이기 때문에 우리 사회에 통용되는 규범과 규약보다 우위를 차지할 수도 있다는 점이다. 정신 활동이 비범한 사람이 사회에 버젓이 존재하는 어떤 규칙이나 지시가 부당하다고 생각한다면 그는 그 규칙을 따르지 않을 수 있다. 그 대신 벌을 달게 받을 것이다. 그의 결정은 그의 가치 체계로 미루어 예상될 수 있는 것이다. 정신적 과잉 활동인은 그들 특유의 통찰력으로 보통 사람들이 잘 감지하지 못하는 부조리, 불의, 위험, 박애 정신의 결여를 알아차린다. 하지만 보통 사람들은 그런 부분까지 섬세하게 생각하지 못하기 때문에 그들의 반항을 엉뚱한 도발이나 일시적인 기분에 따른 행위로 오해한다. 결국 그들은 실망을 맛볼 수밖에 없다.

정신적 과잉 활동인은 원칙적으로 대단히 정직하고 규칙을 양심적으로 준수하는 사람들이다. 하지만 그들은 어리석은 규칙이나 악법에 대해서는 예외를 둔다. 매사에 의심 많고 태도가 불확실한 이 사람들이 자기 이상에 어긋나는 것에 대해서만큼은 얼마나 단호한지 모른다. 항상 그들의 개인적인 윤리가 이긴다. 그 윤리에 입각한 것이라면 일탈 행위라도 실천에 옮길 수 있고, 벌금을 내거나 나아가서는 감옥에 갈 수도 있다. 그들은 떳떳하게 벌을 받지만 자기가 잘못했다는 생각은 하지 않는다. 사실은 이런 사람들이 있기 때문에 독재도 국민의 저항에 부딪히는 것이다. 그들의 용기는 그들의 신념만큼 굳건하다. 그러나 경우에 따라서는 그들이 자신의 가치관을 강요하고 자기 말만 옳다고 주장하는 형국이 된다.

프랑수아는 기억하고 있었다. 어린 시절 그는 쉬는 시간이면 운동장에서 약한 아이들을 괴롭히는 못된 녀석들과 맞서 싸우곤 했다. 그래서 많이 치이고 힘들었지만 그는 조금도 흔들리지 않았다. 그저 자기가 마땅히 할 일을 하고 있다고 생각했다. 하지만 너무 순수한 마음으로 다가가서였을까, 그는 그 상황에서 드라마 삼각형drama triangle •을 발견할 만큼 충분한 거리를 두지 못했다. 프랑수

• 가해자. 피해자. 구원자라는 세 역할이 존재함으로써 드라마가 구성된다는 이론. 이 이론을 만든 스티븐 카프만Stephen Karpman의 이름을 따서 카프만의 삼각형이라고도 한다. ─옮긴이 주

5장 당신도 그들을 이해하지 못한다

아는 가해자를 가해자로만 보았고 피해자가 그의 생각만큼 무고하지만은 않다는 것을 모른 채 구원자 노릇을 했던 것이다.*

권위와의 관계도 대개 원만치 않다. 질투, 시기, 알력 다툼이 존재하지 않는 그들의 가치 체계에서는 상대가 아무리 대단한 직책에 있든지 간에 사람 대 사람으로 대하는 게 정상이다. 정신적 과잉 활동인은 올곧은 성품, 남다른 용기, 빼어난 자질 앞에서는 허심탄회하게 박수갈채를 보내고 진심으로 칭찬을 아끼지 않는다. 하지만 자신이 탄복할 만한 상대가 아니라면 평사원과 회장님을 똑같이 대한다. 굽실대고 찬사를 쏟아 내는 사람들에게 익숙해진 거물들은 이렇게 아무렇지도 않다는 듯한 태도를 다소 모욕적으로 느낄 수도 있다.

정신적 과잉 활동인은 아주 어릴 때부터 윗사람들과의 관계에 어려움을 겪는다. 처음에는 부모나 학교 선생님들과의 문제로 시작되고, 나이가 들어서는 직장에서 상사들과 기 싸움을 하느라 진을 뺀다. 그들은 완장만 찼다고 윗사람 대접을 해 주지 않는다. 윗사람 노릇을 하려면 실제로 능력이 그만큼 뛰어나야 한다고, 가급적 명석한 판단과 지시로 그 능력을 보여 주어야 한다고 생각하는

● 더 자세한 내용을 알고 싶은 독자는 나의 또 다른 책 《피해자, 가해자, 구원자, 어떻게 함정에서 벗어날 것인가? Victime, bourreau, sauveur, comment sortir du piège?》를 읽어 보기 바란다.

것이다. 게다가 정신적 과잉 활동인은 위계질서 자체를 존중하는 감각이 없는 편이다.

필립은 내 말이 백번 옳다고 했다.

"회사 식당에서 인사부장님을 만났어요. 제가 교육연수휴가를 쓰고 싶다고 말해 두었거든요. 직속 상사가 옆에서 그 얘길 듣고 펄쩍 뛰더군요. 제가 무리하게 휴가를 쓰려고 한다면서 노발대발하는데, 정말 그런 거 아니거든요! 교육연수휴가를 쓸 수 있는 기회가 생겨서 신청한 게 왜 잘못이에요? 어쨌든 직속 상사에게 먼저 얘기를 할 걸 그랬나 봐요."

필립 입장에서는 인사부보다 직속 상사에게 먼저 얘기를 해야 한다는 것이 별 의미가 없었다. 어차피 휴가는 인사부에 신청해야 하는 사안이었고 그런 절차가 시간 낭비처럼 느껴졌던 것이다.

이처럼 모든 사람을 대등하게 대하려는 태도가 위계질서에 기대어야만 자신의 직책과 정당성이 확보되는 사람에게는 못마땅하기도 하고 위협적이기도 하다.

정신적 과잉 활동인은 자기들이 이해할 수 없는 갈등을 너무 많이 겪는다. 그들이 상대를 안심시킬 만큼의 존중을 보이려고 노력했다면 일어나지 않았을 갈등이다. 직장에서도 경영인이 요구하는 수준보다 일개 사원이 요구하는 수준이 더 높아지는 순간부터 문제가 속출한다. 정신적 과잉 활동인의 직장 생활은 거의 예

5장 당신도 그들을 이해하지 못한다

외 없이 그렇게 흘러간다. 그들의 지성, 상식, 신속한 업무 처리 능력, 무엇보다도 그들 특유의 완벽주의가 직장에서 여러 가지 골치 아픈 문제들을 낳는 것이다.

이제 이 가치 체계의 마지막 단점을 지적하겠다. 정신적 과잉 활동인은 통찰력과 자연스러운 호의를 바탕으로 상대의 잠재적 자질을 빠르게 파악하는데, 이게 오히려 문제가 되곤 한다.

"맞아요! 제가 딱 그렇다니까요!" 베로니크가 무릎을 쳤다.

"저는 사람을 볼 때마다, 심지어 텔레비전에서 연예인을 봐도 어떻게 하면 그 사람의 외모가 더 돋보일지 한눈에 알겠더라고요. 어디를 집중 관리해라, 어디가 예쁘니까 그 부분을 부각시켜라, 당신은 어떠어떠한 점이 매력이다… 그런 얘기를 막 하고 싶어져요. 제 조언을 듣는다면 지금보다 훨씬 근사한 사람이 될 텐데 말이에요!"

정신적 과잉 활동인은 자신이 만나는 상대도 본인의 잠재적 자질과 가능성을 다 파악하고 있는 것처럼 생각하기 쉽다. 이처럼 지나치게 긍정적인 시선이 상대를 불편하게 만들기도 한다. 상대는 이 사람이 왜 이렇게 다정다감하게 구는 걸까 어리둥절해하고 뭔가 꿍꿍이가 있으니까 아부를 하는 거라고 오해한다. 또는 너무나 맑고 투명한 시선이 자신을 벌거벗기는 것 같아 불편할 수도 있다. 상대도 자신의 현주소와 자신이 누릴 수도 있었던 능력 혹은 위상의 간극을 깨달을 텐데, 그것도 참 곤혹스럽고 정신적으로는 괴로울 것이다. 오직 심리 조종자들만이 이러한 정신적 과잉 활동의 허점을 좋아라 하며 철저하게 이용해 먹는다.

6장

이해할 수 없어도
함께 살아가고 있다

우리가 지금까지 살펴본 특성들은 신경학적인 것이든, 윤리적인 것이든 간에 인간관계를 어렵게 한다는 점에서는 마찬가지다. 많은 정신적 과잉 활동인이 타인과의 관계 때문에 힘들어한다. 그나마 주위 사람들이 이해심 많고 긍정적이라면 인간관계에서 느끼는 실패감이 덜하겠지만 그렇더라도 대다수와의 소통과 합의는 어렵다. 일반적인 사람들의 관계를 지배하는 암묵적 사회 규약을 잘 이해하지 못한다는 점이 가장 큰 걸림돌이다.

정신적 과잉 활동인은 타인과의 상호 작용에서 자주 불편한 감정을 느낀다. 방금 무슨 일이 일어난 것 같기는 한데, 그게 뭘까?

그들은 그렇게 실수와 실언을 거듭하면서 점점 더 경직되고 새로운 불편을 피하려고 긴장하다 보니 태도가 부자연스러워진다. 하지만 암묵적인 것을 이해하지 못하는 한 애를 써 봤자 아무 소용이 없다.

정신적 과잉 활동인은 기대치가 너무 높기 때문에 골치 아픈 문제들을 겪기도 한다. 그들에게는 '서로 사랑하는 사이라면' '친구라면' '죽마고우라면' '이웃이면' 마땅히 어떠어떠해야 한다는 뚜렷한 생각이 있다. 이 모든 관계에서의 '바람직한 행동 방식' 목록은 길기도 길거니와 다분히 주관적이다. 그래서 정신 활동이 유별나게 활발한 사람들은 시기의 차이가 있을 뿐 언젠가 반드시 연인, 친구, 이웃의 행동에 실망하게 마련이다. 게다가 이 목록은 절대적인 기준, 요컨대 예외를 두지 않는 기준에 입각해 있기에 비현실적이다. 그러나 우리가 이해해야 할 부분이 있다. 정신적 과잉 활동인은 이해해 주는 사람 없이 늘 혼자였기 때문에 그들의 기대를 실제 인간관계에서 시험해 보고 조정할 기회가 없었다.

그래서 정신 활동이 유별나게 활발한 사람들끼리도 '코드'가 달라서 서로에게 상처를 입힐 수 있다. 그들의 가치는 보통 사람이 우선시하는 것과 동떨어져 있다. 그러니 피차 이해 못하기는 마찬가지다. 이쪽이나 저쪽이나 '아니, 왜 저런 거에 관심을 쏟는 거야?'라고 생각하기는 똑같다.

정신적 과잉 활동인이 거부나 괴롭힘을 당하는 일은 흔히 일어난다. 아주 심각한 경우에는, 안타깝지만 그런 경우가 너무 많은데, 정신적 과잉 활동인의 약점을 이용해 조종하려 하는 못된 사람의 손아귀에 떨어지고 만다.

당신을 힘들게 하는 존재, 심리 조종자

나는 《나는 왜 그에게 휘둘리는가Échapper aux manipulateurs》라는 책에서 정신적 폭력, 심리 조종, 심리 조종자 특유의 행동 방식과 심리 지배 관계를 다룬 바 있다. 당시 나의 관심은 심리 조종자, 다시 말해 가해자에게 집중되어 있었으나 차츰 피해자들의 프로필로 관심이 옮겨 갔다. 그래서 그 책에서 심리 조종을 당할 위험을 가중시키는 몇 가지 성격 요인들에 한 장 전체를 할애했다. 내가 제일 놀란 점은, 그러한 성격 요인들이 원론적으로는 긍정적 측면들에 해당한다는 것이다. 보통 사람보다 유쾌하며 활력이 넘치고, 자연스러운 호의와 친절이 넘치고, 자기 자신을 돌아보고 비판할 줄 알고, 진심으로 갈등을 해결하고 싶어 하고… 이런 사람들일수록 심리 조종에 말려들기 쉽다.

그 책을 내고 나니 더 이상 심리 조종자들에게만 초점을 맞출 필요가 없었고 본격적으로 피해자들에게 관심을 두게 되었다. 나는 이제 나르시시즘에 빠진 변태가 정신 활동이 유별나게 활발한 사람을 노린다고 믿어 의심치 않는다. 영재에 대한 연구들이 이 믿음을 확증해 준다. 영재들은 대개 혼자 몽상하기를 좋아하는 조용한 아이들이다. 하지만 이 아이들은 친절한 편이어서 또래들에게도 웬만큼 인기가 있다. 진짜 문제는, 사람을 괴롭히고 이용하기 좋아하는 애들이 꼬이는 거다. 내가 상담을 하면서 느낀 바로는, 우리는 학교 폭력의 심각성과 피해자 규모를 간과하고 있다. 더욱이 토니 애트우드도 《아스퍼거 증후군Asperger's Syndrome》에서 한 장 전체를 심각한 학교 폭력의 피해자가 되는 아스피 아동들에 할애하고 있다.

심리 조종자에게 쉽게 걸려드는 이유, 하나

정신 활동이 유별나게 활발한 사람은 의식 구조 자체가 심리 지배에 걸려들기 쉽다. 심리 조종자는 그의 정체성의 공백을 보고 달려든다. 정신적 과잉 활동인은 친밀하고 따뜻하고 강렬한 인간관계에 목말라하고 병적으로 진심을 담아 행동하기 때문에 심리 조종자가 의도적으로 접근하고 속내를 감춘 채 듣기 좋은 말만 한다는 것을 모른다. 관계는 일사천리지만 상대를 모방하는 심리 조종자의 수법은 기막힌 효과를 발휘한다.

누구에게도 이해받지 못하고 영혼의 가족을 갈망하던 그는 드디어 자신과 비슷한 사람, 자신을 있는 그대로 받아들여 주는 사람을 찾았다고 생각하고 이 관계를 잃지 않으려 안간힘을 쓴다. 차츰 관계가 변질되어도 그는 자신을 탓하면서까지 무조건 상대를 이해하려 한다. 다각적으로 사고하는 사람이기에 별의별 것을 다 생각해 보고 끝없이 곱씹는다. 갈등을 극도로 두려워하기에 분위기가 험악해진다 싶으면 무조건 자기가 양보한다. 그는 죄의식을 느끼기 쉬운 사람이고, 그래서 일이 잘못되어 갈 때마다 자책하며 괴로워할 것이다.

이런 식으로 심리 조종자의 투사가 정신적 과잉 활동인의 정체성의 공백을 메워 버린다. 그러다 결국에는 오히려 피해자가 상대를 조종하고 있는 건 자기라고, 모든 문제는 자기에게 있다고 믿어 버린다. 사실 그는 어렸을 때부터 그러한 입장에서 살아왔기 때문에 그렇게 믿어 버릴 만도 하다.

심리 조종자에게 쉽게 걸려드는 이유, 둘

단언컨대, 나르시시즘에 빠진 변태는 정신 활동이 유별나게 활발한 사람을 마음 깊이 미워한다. 그 둘은 완전히 정반대이기 때문이다. 자기밖에 모르는 심리 조종자는 샘이 많고 악의적이며 누구도 쉽게 믿지 않는다. 그들은 불평이 많고 비겁하고 알맹이가 없다. 그런 인간이 어떻게 자연스러운 호의와 친절이 넘치는 사람, 남의 말을 쉽게 믿고 너그러우며 활력이 넘치는 사람을 좋아할 수 있겠는가. 심리 조종자들은 남의 생명력을 훔치고 망가뜨리는 족속이다. 그들은 삶에 대한 사랑과 기쁨을 더럽히고 짓밟고 쑥대밭으로 만들어야만 직성이 풀린다.

나는 나르시시즘에 빠진 변태와 정신적 과잉 활동인 사이에서 가공할 만한 상호 보완성을 발견했다. 그 둘은 마치 검정색과 흰색으로 색깔만 다른 똑같은 퍼즐 속의 두 조각 같다. 둘의 만남은 천사와 악마의 만남이다. 일단 그들이 만나면 선과 악, 삶과 죽음, 전략가와 순진한 아이 사이의 대등하지 않지만 인정사정없는 싸움이 이어진다.

이 놀라운 상보성의 예를 들어 보겠다. 나는 이 책 앞부분에서 정신적 과잉 활동인의 감각 과민증을 다루었다. 나는 《나는 왜 그에게 휘둘리는가》에서 심리 조종자들이 일방적인 소리, 냄새, 존재감으로 피해자의 감각 공간을 침범함으로써 피해자를 미치게 만든다고 설명했었다. 그런데 소리, 냄새 등의 감각에 둔감한 보통 사람들보다는 감각 과민증이 있는 사람을 이런 식으로 궁지에 빠뜨리기가 훨씬 쉬울 것이다.

다른 예를 들어 보겠다. 나는 앞에서 정신적 과잉 활동인은 잠을 깊이 자지 못하는 경우가 많다고 했다. 그런데 심리 조종자들은 피해자가 잠을 이루지 못하도록 괴롭히기 좋아하는 족속이다. 그들은 일부러 잠자리에 들 시간에 피해자를 도발하거나 싸움을 벌인다. 피해자는 잠자리에 누워도 꼬리에 꼬리를 물고 뻗어 나가는 생각 때문에 눈이 말똥말똥하다. 저쪽에서 들으라는 듯이 한숨을 쉬고, 자꾸 뒤척이고, 코를 골고, 말 같지도 않은 핑계로 불을 켜고, 한밤중에 노크를 하고…. (그렇다니까! 그들은 일부러 그러는 거다!) 정신 활동이 유별나게 활발한 사람은 편도체가 민감하기 때문에 자다가 한번 깨면 도로 잠들기가 어렵다. 수면 부족은 세로토닌 분비와 직결되어 있기 때문에 괴롭힘이나 학대로 인한 자살에서 아주 중요한 변수가 된다. 이런 식으로 서로 맞아떨어지는 부분들이 너무 많다.

심리 조종자들은 음흉하고 거짓말쟁이이며 악의적이다. 정신적 과잉 활동인은 진솔하고 속이 투명하게 비친다고 할 만큼 정직하며 다소 병적일 정도로 호의적이다. 심리 조종자들은 자신만만하고 단호하며 남 탓을 잘한다. 정신적 과잉 활동인은 자기 역량을 의심하고 자기주장을 내세우지 못하며 항상 자기 탓만 한다. 이 같은 상호 보완성들을 목록으로 꼽자면 끝이 없을 것이다. 나는 이 놀라운 상호 보완성 때문에 심리 조종자들이 영재들을 먹잇감으로 노린다는 결론에 이르렀다. 이러한 결론은 여러 차례 검증되었다. 사생활에서든, 사회생활에서든 타인의 괴롭힘 때문에 상담을 받으러 온 사람들을 임상적으로 관찰한 결과, 정신 활동이 유별나게 활발한 사람이 자신은 상상도 할 수 없는 악의, 비생산적이기 짝이 없는 태업, 적대적인 태도에 부딪히는 경우가 큰 비중을 차지하고 있었다.

24시간 서비스 중인 거짓 자아

사실, 정신적 과잉 활동인을 지배 관계에 옭아매는 것은 그자들의 거짓 자아다. 거짓 자아는 주위의 모든 기대에 부응하게끔 프로그래밍이 되어 있기 때문에 자동으로 작동한다. 거짓 자아라는 기제는 나르시시즘에 빠진 변태들이 이용해 먹고 권능을 발휘하기에 딱 좋은 기제다. 그들은 피해자를 똥개 훈련시키면서 이 능력을 시험하고는 사악한 기쁨을 느낀다.

그들이 무슨 요구를 할 때마다, 심지어 분명하게 말로 표현된 적 없는 요구를 할 때조차도 정신 활동이 유별나게 활발한 사람은 그 요구를 들어 주기 위해 온 힘을 다한다. 참 신기하고 재미있지 않은가! 그는 그 요구들이 서로 모순된다는 것도 의식하지 못한 채 어떻게든 기대에 부응하려고 애쓴다. 보통 사람들은 한계라는 것을 두지만 심리 조종자에겐 그런 게 없다. 그들은 강요된 것 외에는 딱히 존중하려는 마음이 없다. 피해자 쪽에서는 "중지"를 외칠 수 없다. 피해자가 가해자를 저지하려면 자신의 거짓 자아를 '중지' 모드로 놓고 강경하고 단호하게 맞서야 한다. 다시 말해 예의범절, 격식, 원만한 인간관계를 포기할 각오를 해야 한다는 얘기다. 무엇보다도 양편 모두 만족할 수 있는 타협은 꿈도 꾸지 말아야 한다. 과감하게 맞서서 전쟁을 하고 가해자를 압박해야만 저쪽에서 물러난다. 대화 없이 고집스럽게 나가고, 결연하고 위협적인 자세를 취해야 하는데, 조화와 평화를 추구하는 정신적 과잉 활동인의 가치관에는 상반된다.

요컨대 변태의 지배에서 벗어나려면 변태의 수법 그대로 돌려주어야 한다. 자신의 본성과는 정반대의 모습을 보여 줄 수 있어야 한다는 얘기다. 그렇다 보니 정신 활동이 유별나게 활발한 사람은 심리 지배에서 가까스로 벗어난 후에도 '내가 꼭 그렇게까지 했어야 했나'라며 자책한다.

그들의 쉬운 먹잇감이 되지 않으려면

정신 활동이 유별나게 활발한 사람이 나르시시즘에 빠진 변태에게 손쉬운 먹잇감이 되지 않으려면 일단 악의가 엄연히 존재하는 현실을 받아들여야 한다. 이건 결코 사소한 사안이 아니다! 정신적 과잉 활동인은 '어떤 사람이든 알고 보면 다 착하다'고 생각한다. 이유 없이 못된 짓을 하는 사람은 없다고 믿는다. 그들의 세상에는 질투, 증오, 원한이 없다. 어떤 사람이 악하게 굴어도 오죽불행한 사연이 있어서 저럴까 생각한다.

하지만 이러한 인과관계는 거짓이다. 정신 활동이 유별나게 활발한 사람은 남에게 못되게 굴면 스스로 더 힘들어하고 불행해진다. 그래서 자기가 당하고 말지 못된 사람은 되지 않는다. 하지만심리 조종자들은 매우 사악하고 잔인하다. 그들은 못된 짓을 하면서 즐거워하면 즐거워했지, 결코 불행해하지 않는다. 악행 그리고자기가 전능하다는 환상은 그들에게 짜릿하고 황홀한 기쁨을 준다. 아무렇지도 않게 거짓말을 하고 남들을 상처 입히면서 자기가꽤나 똑똑하고 힘 있는 사람이라고 착각한다. 그러면서 몸이 붕뜨는 것 같은 행복감에 취한다. 정신적 과잉 활동인은 어떻게 사람이 그처럼 정이 없을 수 있는지, 어떻게 아무렇지도 않게 거짓말을 할 수 있는지 이해 못한다. 발작적인 절망, 뜨거운 사랑 고백이 모두 의도적이었다고 밝혀진 후에도 받아들이지 못한다. 그래서 종종 이러한 결론이 떨어진다. '아니야, 그렇게 못된 사람이 있을 수 있다고 생각하는 내가 더 못됐어!'

마음을 닫는다는 것은 얼마나 슬픈 일인가! 하지만 여러분도 마음 깊은 곳에서는 알고 있다. 언제가 될지는 모르지만 조만간 자신의 친절과 호의에 선을 그어야 한다는 것을. 이 지구에는 착하고 선의 넘치는 인간들만 사는 게 아니다. 앞에서도 말했지만 사자와 새끼 고양이를 똑같이 다룰 수는 없다. 지금까지 여러분은 인간관계에서 백지수표를 남발했다. 여러분의 친절은 모든 사람에게 자동으로 골고루 분배되었다. 이제 수동식 전환이 필요한 때다. 친절과 호의는 그렇게 수고를 들여 나눠 줄 가치가 있다.

여러분의 친절과 호의에 선을 긋기 위해 몇 가지 질문을 제시하겠다.

"사람이 너무 좋아도 바보스럽다"는 말을 들어 봤을 것이다. 일단 자기 자신에게 물어보라. "어느 선까지가 친절이고 어디서부터 바보짓이 되는 걸까?"

두 번째 질문은 이거다. "어느 선까지가 친절이고 어디서부터 복종이 되는 걸까?" 이 질문을 조금 고쳐서 제시해 보겠다. "어느 선을 넘어가면 나 자신을 존중하지 못하고 나의 거짓 자아 때문에 다른 사람을 따르게 되는 걸까?"

그다음으로 갈등에 대한 두려움을 직시해 보자. "어느 선까지가 친절이고 어디서부터 비겁함이 되는 걸까? 그저 싸우고 싶지 않다는 마음이 지나치게 앞서 있지는 않은가?"

그리고 마지막으로 남은 질문이 있다. "그 사람이 나의 친절과 호의를 누릴 자격이 있는가?"

간단하지만 나의 진정한 자아가 존재할 자리를 만들어 주는 이 말을 잊지 말자. "미안하지만 안 되겠는데!" 이것이 자기주장의 첫걸음이다.

여러분의 마지막 환상까지 깨뜨려야만 한다. 사람은 쉽게 안 변한다. 절대로 변하지 않는 사람도 있다. 못된 인간에게 한 번 더 기회를 주는 것은 위험하다. 아무리 애정을 쏟고 참을성 있게 기다려 줘도 심리 조종자들은 안 변한다. 자기들이 그렇게 사는 걸 사실은 좋아하고 자랑스러워하기 때문이다. 그들은 자기네 빼고는 세상 사람이 다 바보 멍청이인 줄 안다! 게다가 그들의 사고 체계에는 자기비판이 차단되어 있다. 그러니 자기들은 완벽한데 남들이 늘 문제라고 믿는 것이다. 그들은 지금 이 순간만 모면할 속셈으로 앞으로는 노력해서 달라질 거라고 약속하기도 한다.

피해자는 그런 줄도 모르고 또 말려든다. 어려움에 빠진 사람을 자기가 도울 수 없다고 인정하기란 서글프다. 그런데 그 사람이

처음부터 자기를 조롱하고 있었다고 인정하려면 더 서글프다. 하지만 나는 단언할 수 있다. 심리 조종자들과 끝을 내는 가장 합리적인 방법은 그들에게서 도망치는 거다!

그러나 심리 지배의 가장 큰 함정은 정신적 과잉 활동이 요구하는 지적 자극이다. 피해자들은 상담 중에 고백하곤 한다. 자신을 괴롭히는 변태에게 그래도 자꾸만 끌린다고, 도저히 속을 알 수가 없기 때문에 알고 싶어진다고! 어려운 것에 목말라하는 그들의 두뇌에는 가해자의 존재가 일종의 도전 과제다!

하지만 심리 조종자는 그냥 거짓말하기 좋아하고 뻔뻔하게 모순을 저지를 뿐이지 대단히 불가해하거나 복잡한 인물이 아니다. 요컨대 정신적 과잉 활동인은 이 진실을 미처 깨닫지 못하고 자신의 뇌에 농락당하는 것이다. 그래서 지배 관계에 빠질 위험을 예방하는 가장 좋은 방법은 자기 자신의 비범한 두뇌 활동을 이해하고 그에 대처하는 것이다.

보통 사람보다
확실히 좋은 머리

동의하기 어렵겠지만 여러분의 가장 큰 문제는 바로 여러분의 두뇌 활동이다. 여러분은 보통 사람보다 분명히 머리가 좋은 편이다. 이건 순전히 객관적인 설명이다. 다각적 사고가 연속적 사고보다 효율적이고 유능하다고 말할 수 있는 이유는 여러 가지가 있다.

다각적 사고는 더 많은 데이터를 동시에 소화한다. 연상 작용에 근거한 다각적 사고는 더 많은 것을 기억하고 더 많은 해결책을 제안할 가능성이 높다. 다양한 분야를 가로지르는 연상 작용은 창의성을 신장한다.

이러한 연상 작용이 사고의 지름길로 작용하여 신속하게 결론을 끌어낸다. 상황을 총체적으로 아우르고 고려할 수 있어서 관련 문제들을 종합적으로 조망하고 답을 낸다.

실제로 다각적 사고를 하는 사람들의 뇌파를 측정한 연구 결과가 있는데, 우뇌에서 뇌파의 흐름이 더 빠르게 나타났다. 다각적 사고가 높은 곳에서 정글을 전체적으로 조망한 후에 이 나무에서 저 나무로 잽싸게 날아다니는 여우원숭이라면, 연속적 사고는 전

6장 이해할 수 없어도 함께 살아가고 있다

체적인 지형을 전혀 모른 채 울창한 수풀 사이로 요리조리 돌아다 니는 육상 동물이다.

정신적 과잉 활동인은 좀체 자기들이 보통 사람보다 머리가 좋 다고 인정하지 않는다. 두뇌 활동이 남들과 다르다는 지적에는 동 의해도 절대로 남들보다 우수하다고는 말하지 않는다! 그 이유는, 정말로 머리가 좋은 사람일수록 자기 자신을 믿지 못하고 남들도 그 사실을 알아주지 않는다는 패러독스 때문이다. 그래서 이들은 자기들이 비범한 지성의 소유자라는 생각을 한사코 거부한다. 심 지어 그런 말을 들으면 크게 충격을 받기도 한다. 일단 그런 발상 은 평등과 박애를 지향하는 그들의 가치관과 잘 안 맞는다. 그리 고 보통 사람들보다 지적으로 우수하다는 확신은 그들의 겸손과 도 어우러지기 힘들다.

사실, 자기는 좀 예민한 편이고 남들과 동떨어져 있는 사람이 라고 생각하는 쪽이 마음은 편하다. 똑똑한 사람은 그만큼 남들의 눈에도 튀어 보이지 않는가. 내가 비범한 지성을 운운하면 어떤 사람들은 이렇게 대꾸한다. 지금도 자기만 따로 노는 것 같아 괴 로운데 보통 사람보다 머리가 좋다고 생각하면 더욱더 고립되지 않겠느냐고 말이다.

그렇지만 사실은 사실로 받아들여야 한다. 있는 그대로의 자신을 마주해야만 거짓 자아 뒤에 숨어야 한다는 생각에서 해방될 수 있다. 다만 진정한 자아가 어린 시절부터 갇혀 지내던 독방에서 나오려면 먼저 불안의 통로를 지나 세 겹의 문을 통과해야 한다. 버림받고 거부당할지 모른다는 두려움, 아무도 이해해 주지 않는 혼자만의 슬픔, 참다운 자기 자신이 되지 못하는 분노, 이 세 개의 문을 기억하고 있는가? 자신의 본모습을 인정한다는 것은 어마어마한 일이다. 지금까지 습득한 정보를 모두 뒤집고, 말도 안 되는 고통과 실패의 여정을 새로운 관점에서 다시 써야 하기 때문이다.

자기애의 복원은 너무 과격하고 급작스럽다. 불안의 통로는 으스스하기 짝이 없고 감당하기 어려운 분노가 치밀어 오른다. 마음속 깊이 웅크리고 있던 분노를 피하기 위해 전형적인 부정의 기제가 빠르게 가동된다. "어쨌든 선생님이 잘못 보셨어요. 저는 오히려 아둔한 편인걸요!"

그러고는 자기가 얼마나 바보 같은 일들을 저질렀는지 신속하게 주워섬기기 시작한다. 자기는 어리석은 사람이라는 환상을 이런 식으로 유지하는 것이다.

정신적 과잉 활동인은 자기가 대체로 산만한 데다 남들이 쉽게 해결하는 일상적인 문제들 앞에서 쩔쩔 맨다고 생각하고, 더 중요하고 어려운 문제들은 잘 해결하는 편이라는 것을 모른다. 대단한 성과를 내고도 그냥 좀 놀라기만 할 뿐 과제가 쉬워서 그랬겠거니 넘어간다. 하지만 자기들이 강점을 지닌 분야에서는 어떤 과제가 떨어져도 멋지게 해낸다. 그들은 신속하고 유능하다. 자기들도 일을 빠르게 잘하는 줄은 안다. 하지만 남들은 자기처럼 못한다는 생각을 꿈에도 못한다. 주위 사람들이 손도 못 쓰고 쩔쩔매는 모습을 곧잘 보면서도 그런 생각을 못한다.

마르틴은 회계 비서 일을 한다. 맨 처음에 취직한 곳은 가족끼리 운영하는 작은 회사였다. 그 회사는 업무 체계가 엉망진창이었고 청구서 발행이 늦어지거나 잘못 발행되는 일이 비일비재했다. 마르틴은 2년도 안 되어 그 회사의 청구 및 지급 흐름을 정상화했고 장부를 완벽하게 정리했으며 효율적인 업무 체계를 만들어 놓았다. 그러한 체계가 지나치게 효율적인 나머지, 나중에는 자기가 할 일이 없어 조금 심심할 정도였다고 한다. 마르틴은 왜 다른 직원들은 자기처럼 일하지 않는지 진심으로 이해할 수 없었다. 이렇게 일을 하면 얼마나 쉬운데! 조금씩 감지되는 주위 사람들의 적의와 시샘은 그녀가 더 이해하기 어려운 것이었다. 시샘을 받을 만큼 뛰어나게 잘한 일도 없는데 왜 그럴까? 순진한 마르틴은 동료들이 그녀의 우수성을 모두 느끼고 있는데도 인정하려 들지 않았다!

그런데 마르틴이 정말로 순진한 걸까? 아니, 그렇게까지 순진하지 않다. 정신적 과잉 활동인이 으레 그렇듯 마르틴도 자신이 남들과 다르다는 것을 감추려고 노력했으니까. 하지만 그녀도 자기 마음의 소리에 귀를 기울인다면 하루에도 열 번씩 도대체 저 사람들이 왜 저러나 싶었을 것이다. 마르틴이 그런 생각을 스스로에게 허용하기만 했다면 남들이 정신이 딴 데 가 있는 사람, 고집쟁이, 밴댕이 소갈딱지라는 것을 알았을 것이다. 다른 사람들이 굼뜨거나 몰상식한 판단을 내릴 때마다 마르틴은 속으로 절망감을 느꼈다. 다른 사람들의 대화가 수박 겉핥기 수준에 머무는 것을 보고 기가 막힌 적이 어디 한두 번이었나. 동료들의 지적은 하품 날 정도로 진부했다. 마르틴은 마음만 먹으면 얼마든지 그들을 자기밖에 모르는 보잘것없는 사람들로 몰아붙일 수 있었다. 대놓고 "멍청한 것들"이라고 부를 수도 있었다. 하지만 안 될 말씀. 마르틴은 그런 식의 가치 판단 앞에서 화들짝 물러났다. 이쪽으로 발을 들이면 안 돼. 빨리 VIP 접대 살롱으로 돌아가자!

하지만 여러분이 자신의 지적 우위를 인정하지 않기 때문에 보통 사람들에게 민폐가 된다는 생각을 해 보았는가? 올림픽 금메달리스트가 신체 조건의 우위성을 나 몰라라 한 채 아마추어들과 시합을 한다고 상상해 보자. 일요일에나 취미 삼아 운동을 하던 선수들은 그의 압도적인 기량 앞에 꼴이 우스워지고 심한 좌절감을

6장 이해할 수 없어도 함께 살아가고 있다

맛볼 것이다. 그래 놓고 금메달리스트가 겸손을 떤답시고 자기가 특별히 실력이 뛰어난 것은 아니라고 말했다 치자! 아마추어 선수들이 그를 눈엣가시처럼 여기고 일부러 따돌릴 만도 하다. 자신의 지적 우위를 인정하지 않고 능력 없는 사람들과 대등하게 대우받기를 원하는 것은 어떤 면에서 이 금메달리스트와 다르지 않다.

보통 사람이 자기가 몇 주 동안 끙끙대던 문제를 당신이 순식간에 해결해 버릴 때 어떤 기분을 느끼는지 아는가? 한술 더 떠서 문제가 별로 어렵지 않았다고, 당신이 머리가 좋은 게 아니라고 말한다면 그 사람은 기분이 어떨까? 자신의 우수성을 고려하지 않은 겸손은 거짓 겸손, 심하게는 경멸로 오해받는다. 이러한 관점에서 보면 여러분이 허구한 날 적의와 시샘을 불러일으키는 것도 당연하지 않은가? 나는 열등한 사람들은 뼈저리게 느끼는데 정작 우수한 사람들은 줄기차게 부정하는 이 격차가 여러 가지 형태의 따돌림과 괴롭힘을 낳는다고 본다.

공손함과 거짓 겸손을 혼동하면 안 된다. 여러분이 자신의 본모습을 부정한다고 해서 남들이 여러분을 받아들일 수 있는 것은 아니다. 오히려 자신을 그냥 있는 그대로 내보여야 한다. 사실을 확인하는 데 허세는 필요 없다. 자신의 객관성을 온전히 회복하면 그걸로 충분하다.

자신의 차이를 가장 잘 관리하는 방법은 무엇보다도 그 차이를 인정하는 것이다. 그 후에 비로소 그 차이를 독립적인 각각의 역량으로 쪼개어 보통 사람들이 이해할 수 있게 하라. 신중하게 선택된, 쉽고 단순한 말이 여러분을 본모습 그대로 이해하고 인정하게 도와줄 것이다. "응, 맞아. 내가 좀 일처리가 빠르지(일을 체계적으로 하지, 예민한 편이지, 그 분야에 열심이지…)." "맞아, 내가 세세한 부분까지 잘 보긴 해(사람 얼굴을 잘 기억해)."

"회사 일을 저 혼자 다 하려 든다"고 욕을 먹지 않으려면 동료들에게 양해를 구하듯 한마디 해 두기 바란다. "저는 아무것도 안 하고 가만히 있지를 못해요. 뭔가에 매달리고 있지 않으면 안 된다니까요!"

보통 사람들을 이해하고 그들에게 합당한 존중을 표하는 것도 중요하다. 당신이 그들의 존재를 부정한다면 그들이 일하고 생각하는 방식에 혼란이 올 것이고, 그들은 쓸데없이 스트레스를 받느라 실책을 저지를 확률만 높아진다. 당신이 '장비가 부족한' 그들의 존재 그대로를 인정하지 않는다면(이런 표현은 빈축을 사고도 남겠지만!) 그것도 명실상부한 정신적 폭력이다.

다니엘은 사람들에게 너무나 상식이 부족하다고 허구한 날 푸념했다. 나는 다니엘에게 모두가 논리적으로 생각하며 사는 건 아니라고 설명했다. 그녀는 분개했다. "하지만요! 누구나 행동을 하기 전에 5분 정도 생각은 해 볼 수 있지 않나요? 그런 건 누구에게나 가능하잖아요!"

아니, 누구에게나 가능하지 않다. 하지만 다니엘은 끝까지 이해하지 못했다. 엄밀히 말하자면 바보를 붙잡고 그가 얼마나 바보 같은지 떠들어 봤자 소용없다. 그가 진짜 바보라면 어차피 알아듣지도 못할 테니까.

마르탱은 내 얘기를 듣다가 문득 생각했다. 그는 오래전부터 슈퍼마켓 계산대나 공항의 수하물 수속대에서 답답함을 느낀 적이 많았다고 한다. 그는 몇 번이나 저 사람이 멍청해서 저러는 건가, 일부러 저러는 건가 싶어서 버럭 화를 냈단다. 마르탱은 비로소 자신과 남들의 차이를 깨닫고 혼란과 후회로 얼굴을 붉혔다.

한편 넬리는 다니엘이나 마르탱과는 달리 일찍부터 자신의 남다름을 이해하고 있었다. 그녀는 슬쩍 미소를 지으며 자기만의 수법을 공개했다. "방법이 있어요. 저쪽에서 내 얘기를 잘 알아들었는지 꼭 확인을 하고 상대가 자신의 리듬과 발상에 맞게 일 처리를 하도록 맡기는 거예요. 인내심이 좀 있어야 해요. 무엇보다 중간에 끼어들어 도와주면 안 돼요. 그러면 내 방식과는 다를지언정 결국은 일이 다 잘 마무리된답니다."

넬리 말이 옳다. 인내심과 호의는 사람들과의 상호 작용에서 가장 우선시되어야 할 덕목들이다. 더욱이 보통 사람들이 당신과 어떻게 다른가를 이해한다면 더 이상 그들의 행동 방식이나 반응에 상처받지 않을 것이요, 그들의 몰이해가 어떤 성격을 띠는지 알게 될 것이다. 그러니 이 시점에서 이 객관적인 차이들을 짚고 넘어 가자.

보통 사람들은 어떻게 생각하고 있을까?

"아니, 도대체 그 보통 사람들이 나하고 뭐가 다른데요?"

정신적 과잉 활동인은 그들의 문제를 이해하는 단계에서 곧잘 이렇게 묻는다. 정신적 과잉 활동인은 좌뇌보다 우뇌가 지배적인 사람들이라는 얘기를 앞에서 몇 번이나 했다. 정신적 과잉 활동인이 전체 인구의 15~30퍼센트를 차지한다니 인구의 70~85퍼센트는 그들과는 다른 뇌신경회로의 소유자들, 다시 말해 좌뇌형 인간들일 것이다. 물론 그들이 표준형, '표준적인 사고를 하는 사람 normopensant'이다.

우뇌형 인간이 그렇듯이 좌뇌형 인간도 나름의 신경학적 특성과 의식 구조를 지닌다. 질 볼트 테일러는 《나는 내가 죽었다고 생각했습니다》에서 뇌졸중 이후의 놀라운 발견들을 이야기한다. 그

6장 이해할 수 없어도 함께 살아가고 있다

녀는 뇌의 무게 중심이 기존의 반구에서 다른 쪽 반구로 옮겨 가면 어떤 변화가 생기는지 이해하는 데 도움이 되는 귀중한 지표들을 마련했다. 물론 질 볼트 테일러의 경우에는 심각한 의학적 문제가 있었다. 하지만 그녀가 기술한 '좌뇌 없는 삶'은 아스퍼거 증후군에 대한 기술과 믿을 수 없을 만큼 흡사하다. 질 볼트 테일러 자신도 성격과 가치관의 변화를 인정했다.

그렇다면 좌뇌 중심적 사고란 도대체 어떤 것인가?

보통 사람들의 신경학

보통 사람들은 여러분에 비해 감각이 무디다. 그들의 오감, 특히 후각은 둔한 편이고 세부 사항을 파악하는 예리함이나 기민함도 여러분만 못하다. 그들에겐 날카로운 시력과 청력, 귀신같은 개코가 없다. 그들이 많은 것을 놓치고 기억하지 못하는 이유가 바로 여기에 있다. 그리고 바로 이 때문에 그들이 요구하는 수준은 여러분이 요구하는 수준만큼 까다롭지 않다. 그들은 그렇게까지 많은 것을 바라지 않기 때문에 자신들의 소소한 성과를 편안하게 인정하고 기뻐할 수 있다. 그들의 경우에는 잠재적 억제가 자동 작동한다. 쓸모없거나 거추장스러운 정보는 굳이 애쓰지 않아도 건너뛸 수 있다는 뜻이다. 그래서 적절한 것, 타당한 것에만 집중할 수 있는 것이다.

보통 사람들은 주위 환경 때문에 금세 산만해지지 않는다. 예를 들면 그들의 뇌는 소란스러운 시장 바닥에서도 여러분의 음성을 아주 잘 구분해 낸다. 여러분이 하는 말이 그들의 직선적 사고방식에 그럭저럭 잘 맞기만 하다면 그들은 지치는 기색 없이 여러분의 말에 집중할 것이다. 그들은 웬만큼 요란한 음악 소리에는 방해받지 않는다. 오히려 감각 자극이 풍부한 세계에 살고 있다는 기분 좋은 느낌을 얻을 것이다. 보통 사람들은 음악이 흐르고 휘황찬란한 조명이 있고 꽃술과 '장식'과 합성 향이 널린 곳을 좋아한다. 여러분 입장에서는 놀랄 일 아닌가?

이 기본적인 차이가 나머지 모두를 좌우한다. 그들은 당신만큼 억양이나 발음의 미묘한 차이에 신경 쓰지 않고, 당신처럼 의미를 부여하지도 않으며, 당신처럼 비언어적 의사 표현을 잘 읽어 내지도 못한다. 그러니까 슬쩍 말머리만 꺼내도 저쪽에서 척하고 알아듣기를 기대하면 안 된다. 그들은 당신처럼 눈치가 빠르지 않다. 그들을 정말로 따끔하게 혼내 주고 싶다면 에둘러 말하지 말고 강도 높게 비판하든가, 그들이 민감하게 느끼는 수치를 자극해야 한다.

질 볼트 테일러는 좌뇌형 인간으로 살던 과거에 감정적이지는

6장 이해할 수 없어도 함께 살아가고 있다

않았지만 불안도는 높았다고 회상했다. 그녀는 뇌졸중 이후에 정서적인 면이 얼마나 큰 비중을 차지하게 되었는지 기술했다. 좌뇌가 우세하던 시기의 그녀는 칭찬과 격려에 둔감했고 누군가의 애정 어린 성원이 있어야만 열심히 일할 수 있는 사람도 아니었다. 그러나 우뇌에 의지해 살아가게 되면서부터 정서적인 지원은 필수 불가결한 것이 되었다. 그녀는 사람들과 주고받는 대화에서 에너지를 좌우하는 중요한 요소들을 포착하곤 했다. 어떤 사람들은 그녀의 에너지를 빨아들이는 것 같아서 폐쇄적인 자세로 대하지 않을 수 없었다. 또 어떤 사람들은 따뜻한 호의로 그녀의 기운을 북돋아 주었다. 테일러는 변함없는 애정과 지원, 따뜻하고 참을성 있는 격려 없이는 자신이 치유될 수 없다는 것을 알았다.

이런 얘기가 너무나 당연하게 다가오는가? 상대의 비언어적 표현이 문득 눈에 들어오고 상대의 속내가 훤히 읽히는 현상, 심오한 명상 중에 느끼는 것과 같은 물아일체物我一體의 경지가 테일러에겐 계시와도 같았다. 보편적인 사랑에 흠뻑 잠긴 채 자연과 인류를 가깝게 느끼는 것, 보통 사람들은 이런 쪽으로 소양이 없다.

그들의 연속적 사고방식은 군데군데 매듭이 있는 밧줄에 비유될 수 있다. 그들은 질서정연하게 하나의 매듭을 풀고 다음 매듭으로 나아간다. 이 과정이 여러분이 보기에는 한심할 정도로 느리다. 여러분은 전체적인 모양새를 볼 수 있기 때문에, 이를테면 밧줄은 엄청 길고 자질구레한 매듭이 줄줄이 기다리고 있을 거라는 예상이 가능하기 때문에 더욱더 속이 탄다. 여러분이 중간 단계를 건너뛰고 밧줄 끄트머리로 곧장 가려고 하면 혹은 그들에게 통하지 않는 방식으로 조언을 하면 그들은 여러분의 얘기가 끝날 때까지 기다렸다가 방금 전에 중단한 바로 그 자리에서 아까와 똑같은 방식으로 매듭을 풀어 갈 것이다.

이게 핵심이다. 보통 사람들에게 매듭 따위는 집어치우라고 강요하지 마라. 그들은 짜증을 내거나 혼란스러워할 것이다! 그러한 연속적 사고방식이 학교 교육에는 더 잘 맞는다. 연속적 사고방식은 어느 방향으로든 분산의 여지가 없으며 암기에 적합하다. 특히 이해가 필요하지 않은 내용을 암기해야 할 때에는 연속적 사고방식이 도움이 된다. 구상과 계획에도 적합하다.

마농의 일화를 기억하는가? 만약 마농이 연속적 사고를 했다면 이탈리아 르네상스에 대한 발표를 무난하게 준비할 수 있었을 것이다. 체계적인 구조, 수업이나 교과서에서 크게 벗어나지 않는 내용으로 과제를 준비해서 칭찬을 받을 수 있었을 것이다. 연속적 사고방식은 이처럼 정해진 레일 위에서 달리는 열차 같다. 장기적 안정성과 일관성이라는 면에 이 사고방식의 강점이 있다. 보통 사람들의 사고는 아이디어, 독창성, 의문 사항 면에서 옹색할지언정

　6장 이해할 수 없어도 함께 살아가고 있다

정리는 훨씬 잘되어 있다.

보통 사람들의 정서

보통 사람들은 여러분만큼 정서적 욕구가 크지 않다. 여러분이 수박 겉핥기 같다고 비판하는 피상적 인간관계도 그들은 나름 충분하다고 생각하고 실제로 그들에게 잘 맞는다. 그들은 진부하지만 누구에게도 피해가 가지 않을 얘기를 나누기 좋아하고, 이미 합의된 생각, 흔해 빠진 주제를 공유하며 그저 함께 있다는 그 자체를 즐긴다. 보통 사람들은 우르르 무리를 지어 다니거나 인파를 이루기 좋아한다. 그들은 기분 전환과 재미를 원한다. 그들은 열띤 논쟁을 벌이거나 세상을 변화시키고 싶다는 욕구를 별로 느끼지 않는다. 자기에게 잘 맞는 사고방식이 있는데 굳이 다른 방식들에 가능성을 열어 놓을 필요가 있을까. 한편 지나치게 혁명적인 생각은 그들에게 충격을 주고 반발을 불러일으킨다. 보통 사람들은 자기 성찰적인 화법도 좋아하지 않는다. 그런 식으로 자기를 돌아보고 얘기하다 보면 마음만 더 불편해지니까.

그들은 일이 뭔가 잘못되어 갈 때에만 자기 속내를 털어 놓고 싶은 욕구를 느낀다. 그리고 바로 이때 정신 활동이 유별나게 활발한 사람들 특유의 경청과 감정이입이 보통 사람들 옆에서 빛을

발한다. 하지만 보통 사람들은 일이 다시 잘 풀리면 저만치 물러나 진부한 대화에서 얻는 편안함과 즐거움으로 돌아간다. 정신 활동이 유별나게 활발한 사람은 드디어 속을 털어놓을 수 있는 친구를 찾았다고 생각했다가 다시 표면적인 소통으로 돌아가니 크게 실망한다. 뭐가 잘 안 풀릴 때에는 자기를 이용했다가 다 해결되고 나서는 헌신짝처럼 버렸다고 생각하면 씁쓸하다. 하지만 이건 잘못된 해석이다. 보통 사람들은 심도 깊은 대화는 정말로 의기소침한 때에만 필요하다고 생각한다.

보통 사람들은 관습에서 벗어나는 것을 아주 비판적으로 본다. 그들은 비판과 거부를 동일시하지 않는다. 더 잘해 보자고, 더 나아지기 위해 비판을 하는 거라고 생각한다. 또 그들은 주변에서 일어나는 일과 주위 사람들의 행동에 대해 이러쿵저러쿵 말하기를 좋아한다. 정신적 과잉 활동인은 누군가에 대해 우르르 흉보는 분위기를 좀체 견디지 못한다. 대니얼 태멋은 《뇌의 선물Embracing the Wide Sky》에서 인간들의 쑥덕공론은 원숭이들의 이 잡기와 비슷한 기능, 즉 사회적 유대를 만드는 기능을 한다고 했다. 누군가에 대한 중상 자체보다는 그들이 이러쿵저러쿵 얘기를 나누면서 보내는 시간이 더 중요한 것이다. 따라서 그러한 행동 방식에도 의미는 있다. 그 의미가 정신적 과잉 활동인에게는 와 닿지 않을 뿐이다. 굳이 서로 이를 잡아 주는 행위를 하지 않아도 늘 다른 사람들과 연결되어 있다고 느끼니까.

좌뇌의 의식 구조(개인주의)

우뇌형 인간들은 보통 사람들의 의식 구조에 자주 충격을 받는
다! 특히 '공유'라는 가치에 대해서는 실제로 그럴 만도 하다. 좌뇌
지배형 인간의 생각은 개인주의, 나아가 이기주의로 이어지기 쉽
지만 우뇌 지배형 인간의 생각은 집단주의적이고 이타적인 것으
로 이어지기 쉽다.

질 볼트 테일러는 다른 사람까지 갈 것도 없이 자신의 좌뇌가
하는 생각에 자신의 우뇌는 충격을 받았다고 고백했다. 그녀는 좌
뇌 재활 훈련 중에 개인주의적이고 탐욕스럽고 속 좁은 과거의 모
습으로 돌아간다는 생각에 반감이 들었다. 언제나 남들을 판단하
고 흠잡을 태세였던 과거의 자아를 되찾고 싶지 않았다!

이 같은 보통 사람들의 개인주의는 자신의 의사에 따른 것이라
기보다는 구조적 결과다. 대화를 나눌 때도 좌뇌형 인간은 상대와
자신의 차이에 초점을 맞추지만 우뇌형 인간은 기본적으로 상대
를 자신과 가깝게 느끼게 하는 요소에 집중한다.

타자로부터 자신을 차별화하는 능력은 구조화된 자아의 형성
에 매우 중요하다. 정신적 과잉 활동인 중에는 이따금 자의식이

결여된 나머지 정체성마저 희미한 이들이 있다. 그들은 집단으로 행동하는 것밖에 모른다. 고독은 그들에게 견디기 힘든 감정, 결별은 죽어도 피해야 할 일이다. 플로랑스는 그러한 기제를 내게 설명해 주었다. "누군가가 내 삶에 들어왔다면 절대 내보낼 수 없어요. 제 삶은 모든 등장인물이 자기 대사를 해야만 하는 연극 같아요. 배우가 한 사람이라도 빠지면 스토리와 대사를 수정해서 극 전체를 다시 써야만 하죠."

플로랑스는 애인과 헤어지면서 사람이 완전히 망가지다시피 했었는데, 그 사연을 이렇게 매듭지었다. "그 남자와의 이별은 저에게 한쪽 팔을 잘라 내는 거나 다름없었죠."

플로랑스의 결론은 정곡을 찌른다. 정신적 과잉 활동인의 일부는 통합적이고 집단적인 사고방식에 매몰되어 타아他我를 거의 구분하지 않고 살기도 한다. 그들은 타자를 자신의 일부처럼 여긴다. 그런 그들이 보통 사람들의 개인주의를 무슨 수로 이해하겠는가. 그들에게 "남은 내가 아니지"라는 말은 "아, 다리가 부러졌으면 다리가 알아서 치료를 받아야지. 나랑은 상관없어!"라는 말만큼이나 부조리하고 앞뒤가 안 맞는다. 여러분이 심리 조종자의 손쉬운 먹잇감이 되어 버리는 이유도 바로 여기에 있다! 심리 조종자는 자기가 여러분의 일부, 이를테면 여러분의 한쪽 다리라는 생각을 주입하기만 하면 된다. 그는 여러분이 '와, 이 사람은 정말 남이 아니구나'라고 생각하도록 가르칠 것이다.

여러분은 삶을 드넓은 공원처럼 생각한다. 여러분이 살면서 만나는 사람들은 그 공원의 작은 숲, 덤불, 꽃무리에 해당한다. 공원은 모두의 것이다. 여러분은 이렇게 생각한다.

'공원에 다양한 식물이 자라니까 참 좋다. 그렇지 않았다면 훨씬 모양새가 단조로웠을걸! 그런데 왜 사람들은 숲과 꽃무리를 비교하고 뭐가 더 좋은지 따지는 걸까? 게다가 어떻게 이 풍경에서 자기만 따로 떼어 놓고 생각할 수 있지? 우린 어차피 공원 밖으로 나갈 수 없는데 말이지. 이 숲과 저 꽃무리 사이에 거리를 둘 순 있겠지만 결국은 다시 만날걸.'

그래서 정신적 과잉 활동인은 관용의 수준이 매우 높은 편이다. 그들은 모든 차이를 잘 수용하고, 그렇기 때문에 결별을 더욱더 힘들어한다.

하지만 좌뇌는 삶을 서로 독립적인 작은 정원들, 그것도 높다란 울타리를 두른 정원들로 본다. 보통 사람들이 왜 그렇게 다른 사람들을 규정하고 평가하고 비교하기 좋아하는지 이제 좀 이해가 되는가? 그렇게 해야만 울타리가 뚜렷이 눈에 들어오기 때문이다. 그들에게는 분리와 결별이 훨씬 쉽다. 그냥 그 정원에서 나오기만 하면 되니까. 울타리로 막혀 있는 정원들은 각기 별개로 존재한다. 구획이 정해져 있으니 면적을 측정하기도 쉽고, 다른 정원과 비교하기도 쉽고, 자기 것으로 삼아 자기에게 맞게 가꾸어 나가기도 쉽다. 좌뇌는 이처럼 구획을 정할 수 있기 때문에 양으로 환산해 계산하고 소유욕을 드러낸다.

이 같은 구조적 개인주의가 감정이입의 결여, '편협한' 면모를 설명해 준다. 파티에 초대받아 가 보니 차려 놓은 음식이 변변치 않다고 치자. 우뇌형 인간은 '모두가 맛이라도 보려면 각자 아주 조금씩만 먹어야겠군'이라고 생각하고 아주 조금만 먹을 것이다. 하지만 좌뇌형 인간은 오히려 이렇게 생각한다. '사람들이 남 생각을 하겠어? 그러니 나라고 왜 남 생각까지 해야 해? 지금 먹어 두지 않으면 나중엔 빵 쪼가리 하나 안 남을 거야!'

여러분은 어느 쪽 추론에 손을 들어 주고 싶은가? 파티에 참석한 사람들의 70~85퍼센트가 좌뇌형 사고를 한다는 사실을 알면서도 스스로 먹는 양을 자제하면서 남들을 배려하겠는가? 아마 여러분은 발끈하며 항변할 것이다.

"네! 누구나 마땅히 그렇게 행동해야죠!"

아, 제발 포기하기를! 여러분이 그 손님들을 모두 재교육할 수는 없다. 인구의 대다수를 여러분의 가치관에 따라 가르칠 수는 없을 것이다.

이런 것이 정신적 과잉 활동인의 패러독스다. 세상 모두가 대등하기를 꿈꾸고 자신이 보통 사람들과 같아지기를 원하는 것 같지

6장 이해할 수 없어도 함께 살아가고 있다

만, 사실은 남들이 자기처럼 되기를 바란다. 그들은 자신의 존재, 자신이 참되고 옳다고 생각하는 가치를 하나도 포기하고 싶지 않다. 차린 것 없는 잔치에서 식탐을 부리는 사람은 단 한 명이라도 있으면 안 된다!

그렇다. 보통 사람들은 '너무' 개인주의적이다. 그리고 여러분은 아마 그렇지 못할 것이다. 그렇다면 여러분 자신을 잘 지키고 챙기는 법부터 배워야 하지 않을까.

사실, 보통 사람들과 같아지고 싶다는 이 바람은 애초부터 글러 먹었다. 음악가가 음악가 아닌 사람들과 음악인으로서의 활동을 같이 하고 싶어 하는 거나 마찬가지랄까. 음악에 관심 없는 사람들을 데리고 음악을 할 순 없다. 그들은 이렇게 고함칠 것이다.

"오케스트라를 만들고 싶으면 음악 하는 사람들을 찾아봐요!"

여러분은 화를 내며 응수한다.

"그런 건 엘리트주의예요! 누구에게나 음악을 할 권리가 있다고요!"

여러분이 틀린 말을 한 건 아니다. 하지만 음악을 싫어하고 축구를 좋아할 권리도 누구에게나 있다. 여러분에게 각별한 가치들에 대해서 여러분이 원하는 수준의 심도 깊은 대화를 나누려면 여러분처럼 정신 활동이 범상치 않은 사람들을 찾아야 할 것이다. 보통 사람들은 그런 곳까지 여러분을 따라오지 않을 것이고, 그들은 마땅히 그럴 권리가 있다.

그들의 가치 체계는 그리 극단적이지 않다

개인주의에서 도출된 가치 체계는 여러분의 가치 체계보다 훨씬 막연하다. 물론 여러분의 시각에서 보면 그렇다는 얘기다. 그들의 가치 체계는 여러분이 추구하는 절대성을 취급하지 않기 때문에 유연하고 융통성이 있다. 보통 사람들은 온건하고 무해하며 마음 편한 것을 좋아한다…. 그렇다. 여러분 입장에서 보면 차지도 않고 뜨겁지도 않은 거다! 그들은 불의에 그렇게 민감하지 않는데, 그들로서는 그게 낫다(쓸데없는 싸움이나 갈등에 휘말릴 위험이 그만큼 줄어드니까). 그들은 부당한 일을 여러분만큼 예리하게 포착하지 못한다. 또 보통 사람들의 사고방식에는 일종의 숙명론이 있다. 그들은 세상이 불완전하다는 것을 그냥 받아들인다. 정신적 과잉 활동인은 때때로 세상의 가치관이 완전히 '거꾸로'라고 생각한다. 베로니크는 깜짝 놀라며 이렇게 말했다.

"저도 그런 생각을 한 적이 있어요. 보통 사람들은 뭔가 심각한 일이 터지면 '소문나면 안 돼!'라고 결의라도 하는 것처럼 입을 꾹 다물죠. 절대로 끼어들지 않고 오히려 슬금슬금 거리를 둬요. 누군가가 용감하게 그 문제를 건드리기라도 하면 그 사람이 문제를 일으킨 범인이라도 된 거처럼 뭇매를 맞죠. 그러면서 별로 대수롭지

6장 이해할 수 없어도 함께 살아가고 있다

도 않은 일들은 왜 그리 신 나게 들먹거리고 휘저어 놓는지 모르겠어요."

우뇌가 뒤집어엎는 것을 좌뇌는 쉬쉬하며 진정시킨다. 하지만 그러한 보통 사람들이 있기에 사회는 안정될 수 있다.

좌뇌는 문제가 발생했을 때 남들을 비난하거나 외부적 요인의 탓으로 돌리는 태도를 당연하게 여긴다. 좌뇌는 비판의 화살을 자신에게 돌리지 않는다. 이쪽 영역에서는 문제를 전면적으로 재고하는 자세 또한 기대하면 안 된다. 하지만 일상생활에서 문제를 전면적으로 다시 검토하는 자세가 그렇게까지 필요할까? 보통 사람들은 이미 사회에 잘 편입되어 있으므로 무엇인가를 개선해야 한다는 생각에 항상 쫓기지 않는다.

보통 사람들의 도덕적 모토는 대개 "안 보면 그만이다"가 기본이다. 그들은 죄의식에 덜 민감한 반면에 창피를 당하는 것은 몹시 싫어한다. 실책, 불성실, 시민의식의 부재가 현장에서 들통 날 경우, 그들은 체면을 지키기 위해 마음에 없는 말이나 변명을 얼마든지 할 수 있다. 하지만 정신 활동이 유별나게 활발한 사람은 똑같은 상황에서도 실제로 잘못된 행동을 했다고 생각하면 과오를 인정하고 만회하기 위해 노력하는 편이다.

그들의 자신감은 더 건실하다

여러분에게는 의심과 의문을 줄기차게 생산해 내는 공장이 있다. 보통 사람들에게는 그 공장이 없다. 그래서 그들은 확실한 것들에 편안하게 기댈 수 있다. 그들은 사방팔방으로 다각적 사고를 펼치지도 않고 현재 하고 있는 일이 실패할 수 있는 가능성들을 탐색하지도 않는다. 따라서 그들은 어떤 일에 자신이 잘 맞는다든가, 자신에게는 어떤 능력이 있다든가 하는 생각만으로도 자신감을 갖고 행동에 돌입할 수 있고 한 점의 의혹도 없이 순수하게 열광할 수도 있다.

또 대다수의 사람들이 자신과 비슷하게 생각하고 행동하기 때문에 정체성을 확립하고 자신에게 잘 맞는 자리를 찾아 사회에 편입하기가 용이하다. 그러한 맥락에서 그들에겐 자신감을 계발할 기회도 더 많다고 하겠다. 사방을 둘러봐도 자기가 옳은 편에 서 있는 것 같으니까. 그래서 자기가 자신 있게 판단을 내려도 좋다고 생각하는 것이다.

6장 이해할 수 없어도 함께 살아가고 있다

보통 사람들 속에서
살아간다는 것

정신적 과잉 활동인의 정신 상태나 기분 변화는 보통 사람들을 당혹스럽게 한다. 앞에서 살펴보았듯이 보통 사람들은 다른 사람에게 크게 감정이입을 하지 않고 그들의 정신 구조에는 다각적 사고방식이 잘 안 맞는다. 그러니까 그들은 자기들이 가장 잘할 수 있는 것을 한다. 그게 바로 판단과 비판이다. 나는 보통 사람들에게 비판이 꼭 부정적인 의미만 띠는 것은 아니라고 했다. 비판은 개선에 도움이 된다. 따라서 그들은 어디까지나 선의에서 혹은 파괴적인 여파를 미리 생각지 못하고 비판을 할 수도 있다.

그런데 정신적 과잉 활동인의 인격을 더욱 풍부하고 생산적이게 하는 요소들이 보통 사람의 가치 기준에서는 부정적인 취급을 받는다. 정신 활동이 유별나게 활발한 사람이 미성숙하고 불안정하고 맹하다 싶을 정도로 순진해 빠졌다는 말을 듣는 이유가 여기 있다. 그는 너무 의문이 많고 감정적이고 쓸데없이 인생을 복잡하게 만드는 사람이라는 소리를 듣는다. 보통 사람들은 그가 이것저것 건드리고 여기저기 끼어들어 번잡하게만 굴지 제대로 하는 건 하나도 없다고 흉본다.

정신적 과잉 활동인이 가장 힘들어하고 고통스러워하는 부분도 항상 자기가 하는 모든 일이 부정당한다는 데 있을 것이다. 확실히, 이건 사람 미칠 노릇이다.

- 그들은 위험을 부정당한다. "그건 네 생각일 뿐이야. 왜 근거도 없이 두려워하는 거야?"

- 감정을 부정당한다. "너는 매사에 너무 마음을 쏟는다니까."

- 그들이 접한 말의 폭력성을 부정당한다. "넌 별것도 아닌 말에 너무 예민하게 굴어."

지속적인 부정은 정신적 과잉 활동인의 의심을 더욱 들쑤셔 놓는다. 85퍼센트의 사람들이 하늘이 붉은색이라고 말하는데 눈을 씻고 봐도 하늘이 파란색으로 보인다. 여러분의 확신은 과연 얼마나 오래갈 수 있을까?

보통 사람들은 확신으로 무장하고 속단한 신념을 절대불변의 진리처럼 내세운다. "열심히 공부해야 성공하지." 그나마 이런 말은 괜찮다. 그럴싸하게 들리는 공허한 말들을 앞세워 진짜 문제들을 묻어 버리는 경우는 또 얼마나 많은가. "그래도 삶은 계속돼"라거나 "하나를 잃고 열을 얻는 수도 있는 거야" 등등. 그래 놓고는

6장 이해할 수 없어도 함께 살아가고 있다

자기 지혜에 취해서 정신 활동이 유별나게 활발한 사람에게는 적용될 수 없는 막연하고 거만한 조언들을 늘어놓는다. "자, 그 일을 더는 생각하지 마. 다음 장으로 넘어가라고. 또 누군가를 만나서 멋지게 살아갈 수 있을 거야."

- 더는 생각하지 말라고? 머릿속에 밤낮으로 돌아가는 터보 엔진이 있는데, 그 엔진을 끄는 법을 모르는데, 과연 그게 가능할까? 아니, 생각을 하지 않는 게 어떻게 가능하지?

- 다음 장으로 넘어가? 보통 사람은 이별을 어떻게 느끼는 걸까? 가벼운 부스럼이나 찰과상 정도로밖에 여겨지지 않나? 이제 막 신체의 일부를 절단한 사람에게 어떻게 아무렇지도 않은 듯 살아가라는 거야?

- 누군가를 만나? 그렇게 빨리? 이제 막 죽었다 살아나려는 사람에게 이식 수술이라도 하려는 거야? 보통 사람들은 새로운 사랑을 만나는 일을 어쩌면 저렇게 쉽게 얘기할까!

- 멋지게 살아가는 건 또 뭐야? 말도 안 돼. 그냥 이 상처를 안고 삶에 묻어가는 거지. '멋지게' 살지 않는 건 뭔데?

자, 지금까지 살펴보았듯 보통 사람들은 여러분과 확연히 다르다. 여러분은 다른 별에서 온 게 맞다. 여러분이 느끼는 괴리감은 비교적 객관적이다. 그러니 다른 사람들처럼 되고 싶다고 생각해 봤자 소용없다. 하지만 세상에는 여러분과 비슷한 사람들도 전체 인구의 15~30퍼센트나 된다. 그들은 자신을 숨긴 채 자신의 뛰어난 두뇌 활동을 부정하고 있다. 이제 여러분이 그들을 찾아낼 때다.

자신에게 이로운 사람을
알아보는 눈

이제 여러분은 여러분이 만나는 사람들 가운데 누가 보통 사람이고 누가 정신 활동이 비상한 사람인지 알아볼 수 있을 것이다. 또한 여러분은 심리 조종자들을 알아보는 법을 배워야 한다. 여러분은 차별을 두기 싫어하는 사람들이지만 누가 어떤 사람인지 파악하는 것은 굉장히 중요하다. 거듭 이야기하지만 변태들은 피하는 게 상책이다. 그들은 정말로 여러분에게 해롭다.

반면에 일반적인 사고방식의 소유자들은, 여러분이 그들의 본 모습에 상충되는 요구와 기대를 하지만 않는다면 많은 도움을 줄 수 있다. 나는 이제 여러분이 보통 사람들의 비판과 견해를 조금 가볍게 받아들일 수 있기를, 그들이 여러분에게 줄 수 있는 좋은 것을 잘 흡수하기를 바란다. 단순히 함께 있는 것만으로도 따뜻함

6장 이해할 수 없어도 함께 살아가고 있다

을 느끼고, 골치 아프게 생각하지 않고 흥겨운 시간을 보내고, 안정감을 유지하고…, 보통 사람들은 그런 점에서 크게 도움이 된다.

한편 여러분은 지적인 도전을 좋아하는 특성상 정신 활동이 비범한 사람들과 마음이 잘 맞을 확률이 높다. 그들은 여러분의 가치관, 유머감각, 민첩한 기지, 심리 상태와 실존적 물음들을 공유할 수 있기 때문이다. 드디어 척 하면 척 알아듣는 사람들끼리, 아이디어가 폭발적으로 샘솟는 사람들끼리 교분을 나누면 얼마나 즐겁겠는가. 정말로 친밀한 관계, 깊이 있는 개인적 대화를 원하는 사람들을 선택하라. 여러분처럼 자신이 믿는 바를 공유하고 싶어하는 사람들을 선택하라. 마침내 여러분의 가치 체계를 시험하고 현실에 적응시킬 수 있을 것이다.

하지만 조심하라. 정신 활동이 비범한 사람들은 언제 다이너마이트처럼 터질지 모르니까! 비슷한 사람들끼리 피차 충격을 가하진 말자! 극도로 예민한 사람들끼리는 극도로 조심해야 하는 법이다.

GAPPESM는 이 주제와 관련해 '반反과열 헌장'을 채택하고 있다. 이 단체의 웹사이트에서 그 내용을 찾아볼 수 있는데(http://gappesm.net), 정신적 과잉 활동인끼리의 인간관계에 참고할 만하다. 여기서는 발췌문만 제시하겠다.

"개입에 나서는 사람은 누구나 '과열된 두뇌'가 심히 예민하여 과민 반응을 보이거나 극도의 아픔 혹은 우울증을 겪을 수 있다는 사실을 기억해야 한다. 아무런 적의 없이 한 말, 조심성 없이 서툴게 내뱉은 말도 깊은 상처를 남길 수 있다…."

넘치는 사랑을 가늠 길이 없다

정신적 과잉 활동인의 인간관계에서 마지막으로 짚고 넘어갈 사항, 그러나 결코 가볍지 않은 사항은 연애에 관련된 것이다. 역설적이게도 그들은 연애에서도 적정선을 모른다. 보통 사람들의 시각에서 보면 그렇다는 얘기다. 그들은 질적으로나 양적으로나 사랑에 너무 힘을 뺀다. 사랑은 정신적 과잉 활동인에게 절대적인 가치이자 현실과 가장 자주 충돌하는 가치다. 이 가치는 존중과 정이라는 두 축을 중심으로 움직인다.

6장 이해할 수 없어도 함께 살아가고 있다

가슴으로 생각하고 마음에 담고

우리는 이 책 첫머리에서부터 줄곧 보았다. 정신적 과잉 활동인은 가슴으로 생각을 한다. 좀 더 정확히 말하자면, 그들은 마음이 깃들지 않은 생각은 할 수가 없다. 매사에 감정을 실을 뿐 아니라 사물에 대해서까지 마음을 쓴다(사실, 이 친구들도 우리와 같은 물질로 이루어져 있지 않은가!). 정신적 과잉 활동 고유의 통합적이고 다각적이며 연상적인 사고에 힘입어 하나의 사물은 어떤 경험 혹은 추억과 연결된다.

"맞아요, 이 낡아 빠진 스웨터는 보풀이 너무 많이 일어나서 이제 입고 다닐 수 없어요. 하지만 이 스웨터를 버릴 순 없어요. U2 콘서트를 보러 간 날 입었던 옷이거든요. 쥘리앵과 첫 키스를 했을 때에도 난 이 옷을 입고 있었죠!"

우스꽝스러울지 모르지만 이 스웨터는 그 사람에게 이미 성스런 유물이 되어 버렸다.

보통 사람의 관점에서 이러한 사고방식은 부적절한 감상주의, 지나친 의미 부여로 보인다. 장소와 사물에 일일이 마음을 주는 태도는 유아적인 애니미즘과 동일시되기도 한다. 애니미즘은 자연에도 영靈이 깃들어 있고 모든 것에는 고유한 영혼 혹은 정령이 있다는 믿음이다. 따라서 유아적이라고 치부할 수만은 없는, 모든 종교의 원시적 형태라고 할 수 있겠다. 그러한 믿음은 신성함에 대한 감각이 고조된 결과다. 정신적 과잉 활동인에게는 모든 것이 중요하고 가히 존중과 관심을 누릴 만하다.

우뇌형 사고방식이 우세한 동양의 몇몇 나라들에서는 사람들의 의식 구조에 그러한 믿음이 깊이 배어 있다. 그들에게는 일상의 모든 행위가 하나의 의식이 된다. 서구 문명이 침범하기 이전의 동양에는 신성한 의식들이 굉장히 많았다. 동양을 처음 발견한 서양인들은 그러한 옛사람들의 풍습을 어리석고 개탄할 만한 악습으로만 여겼다. 예를 들어 서양인들은 큰절 같은 거창한 인사법을 '과도한 격식'으로 보았지만 동양에서 그러한 인사법은 건설적인 소통의 분위기를 준비하는 상호 존중과 관심의 표시였다. 일본에서는 차를 마시는 행위조차 다도茶道라는 정교한 의식으로 이루어졌다.

암묵적 사회적 규약에 젬병인 정신적 과잉 활동인들이 이러한 동양 의식들에는 상당히 수용적이다. 그들에게는 존중과 예를 다하고자 하는 암묵적 논리가 다른 사회적 규약보다 이해하기 쉽다. 그 점은 자명하다. 자신이 하는 일에 관심과 시간을 쏟고 마음을 담는 사람은 자신이 살아 있음을 생생하게 느낀다. 다도의 예법대로 음미하는 차 한 모금은 비교할 수 없이 특별하다. 이처럼 평화와 존중과 조화로움 속에서 살아가고자 하는 욕구를 정서적 미성숙이 아니라 오히려 넉넉한 지혜로 보아야 하지 않을까.

6장 이해할 수 없어도 함께 살아가고 있다

마르지 않는 사랑의 샘

좌뇌형 인간들이 보기에 정신적 과잉 활동인의 정서적 욕구는 터무니없이 크다. 실제로 이들은 정서적 욕구가 크다. 두뇌가 비상한 아이들은 껌 딱지처럼 엄마 치맛자락을 붙잡고 늘어지는 경우가 많아서 정서적으로 미성숙하다는 오해를 받기 쉽다. 보통 사람들은 이렇게 유난한 애정 표현을 보고 애정 결핍의 결과, 다시 말해 부족한 애정을 갈구하는 태도로 해석한다. 어른들이 항상 그런 식으로 얘기하니까 머리 좋은 아이들도 그런가 보다 한다. 그들은 결국 자기가 애정 결핍이라고, 정서적으로 너무 의존적이라고 믿어 버릴 수밖에 없다. 게다가 이 모든 내용이 거짓 자아, 정체성의 공백, 뭔가를 위장하고 있다는 느낌과 완벽하게 맞아떨어진다.

이거야말로 중대하고도 비극적인 과오다. 보통 사람들은 정신적 과잉 활동인의 애정이 작동하는 기제를 완전히 잘못 알고 있다. 그들의 욕구는 보통 사람들이 생각하는 것과 정반대다. 애정이 결핍되기는커녕 오히려 차고 넘치기 때문에 사랑을 주고 싶은 욕구를 걷잡을 수 없는 것이다.

정신적 과잉 활동인이 애정 결핍이라서 사랑을 받는 데 급급한 사람들이라면 그들은 나르시시즘에 빠진 변태와 단 하루도 함께 살지 못할 것이다(살아남지 못할 것이다)! 사실은 정반대다. 그들은 얼마든지 사랑을 줄 수 있지만 나르시시즘에 빠진 변태들은 속이 텅 비었다. 나는 적어도 처음에는 심리 조종자들이 정신적 과잉 활동인의 버거운 애정을 적당히 차지함으로써 감정적 부담을 덜어 주기 때문에 좋은 점도 있다고 본다. 최근에도 나에게 상담을 받은 한 여성이 이러한 심증을 굳혀 주었다. 그녀는 정신 활동이 비상한 편이었는데 남의 심리를 조종하기 좋아하는 남자랑 사귀었다. 연애 초기에 "난 너의 사랑을 빨아들이는 스펀지야"라는 메일을 보냈던 것을 보면, 그 남자도 통찰력은 좀 있는 사람이었던 것 같다. 정신적 과잉 활동인은 심리 조종자의 애정 탱크를 그득 채워 주는 것을 자신의 낙이자 의무로 삼는다. 애정을 쏟고 싶어 하다가 드디어 그럴 수 있게 됐으니 처음에는 심리적으로도 안정되고 소임을 다했다는 성취감도 생긴다.

그런데 나르시시즘에 빠진 변태들은 정이라곤 없는 족속이요 그들의 탱크는 절대로 채워지지 않는다. 그 탱크에 쏟는 사랑은 쓸데없이 버려지는 사랑이다. 정신 활동이 남다른 사람들 중에서 20~30년간 일방적으로 사랑을 주기만 하는 경우도 간혹 있다. 그들이 정말 아무것도 아닌 일로도 애정을 끌어낼 수 있다는 증거, 그들에게 사랑의 화수분이 있다는 증거 아닌가! 어떻게 그들은 애정이 말라붙은 사막 같은 상황에서도, 학대나 다름없는 인간관계 속에서도 낙관주의, 정, 활력을 잃지 않을 수 있을까?

6장 이해할 수 없어도 함께 살아가고 있다

정신적 과잉 활동으로 나를 찾아온 사람들은 어떤 추억이 깃든 장소 혹은 한없이 순수한 사랑을 자유롭게 주고받는 다른 세상에 대해서 곧잘 이야기하곤 한다. 전생에는 그런 곳에서 살았을 것 같다느니, 외계에는 그런 세상이 있을 것 같다느니, 어디까지나 상상이나 농담으로 하는 얘기다. 하지만 그들은 그런 얘기를 하면서 몹시 침통해하거나 눈물을 글썽인다. 그들은 그처럼 경이롭고 숭고하며 굳센 사랑이 어딘가에는 존재한다는 것을 안다. 하지만 그러한 세상을 애타게 그리워해 봤자 소용없다. 그 세상은 무엇보다 그들의 내면에 있는 세상이기 때문이다. 질 볼트 테일러가 뭐라고 했던가. 그녀는 자신의 우뇌에서 보편적인 사랑의 바다를 발견하고 황홀하게 잠겨 들었다고 했다. 정신적 과잉 활동인이 무조건적인 사랑을 재충전하는 곳이 바로 그 바다다. 정신적 과잉 활동인 특유의 애정은 그렇게 넉넉하고 강렬하며 보편적이라는 특성을 지닌다. 그들의 지나친 친절도 망망대해 같은 사랑에서 눈에 띄게 드러나 있는 일부일 뿐이다.

이제 그들의 친절과 호의가 어떻게 자동으로 가동되는지 이해가 될 것이다. 그들의 사랑은 마르지 않는 샘이다. 그런데 보통 사람들은 이러한 특성도 대개 부정적으로 본다. 친절이 마음에서 우러나지 않는 사람이 어떻게 넘치는 친절을 이해하겠는가. 그래서 무슨 꿍꿍이가 있어서 싹싹하게 군다고 오해하기 십상이다. 아무것도 바라지 않고 사랑과 친절을 기꺼이 베푼다? 수상한데! 보통 사람들에게 그 정도의 친절은 타인에게 사랑을 받기 위해 치르는 대가이기 때문이다.

  정신적 과잉 활동인의 정서적 욕구에 대한 이 심각한 오해를 감안하면 아스피들의 자폐적이고 냉담한 태도도 조금 다른 시선으로 볼 수 있을 것 같다. 아스피 아동들은 애정에 대한 욕구를 별로 보이지 않으므로 그들이 애정에 목마른 상태가 아닌 것만은 분명하다. 나는 아스피들에게도 여느 정신적 과잉 활동인만큼 넘치는 애정이 있다고 믿는다. 다만, 아스피들은 애정을 받을 줄 모르는 사람들에게 애정을 주기를 포기했을 뿐이다. 아스피들의 근본적인 우울 성향도 이렇게 보면 설명이 된다. 게다가 그들이 남의 말을 잘 듣고 친절한 편이라는 점에는 의심의 여지가 없다.
  사랑을 외부에서 찾으려 하지 마라. 여러분은 자신의 에너지로 힘을 얻을 수 있다. 여러분의 호의가 자연스럽게 빛을 발하게 하라. 자신을 이해하고 받아들일수록 여러분과 비슷한 에너지를 가진 사람들을 끌어당기게 될 것이다. 여러분이 찾던 사랑을 여러분이 원하는 만큼 자유롭게 누리고 주고받게 될 것이다.

6장 이해할 수 없어도 함께 살아가고 있다

그들의 기준이 되는 것이
당신의 역할이다

　나는 정신 활동이 유별나게 활발한 사람들에게 이제 그만 체념하고 이 땅에서의 소임을 숙명으로 받아들이라고 말하고 싶다. 그들은 기준음基準音 같은 존재다. 무슨 일을 하든 절대적 가치 체계에 입각한 그들의 혜안은 맑고 순수한 기준음을 잡아 주지 않을 수 없다. 악기들이 기준음에 맞춰 조율을 하듯이 보통 사람들은 그들을 보고 자기가 제대로 행동하고 있는지 살피고 필요한 부분이 있으면 조율을 한다.

　여러 가지 전형적인 예가 있다. 어떤 사람이 제대로 음을 냈다 치자. 그는 진실하고 성실하고 정신적으로 건강한 것이다. 그런 사람은 정신 활동이 범상치 않은 사람과 잘 지낼 것이다. 하지만 잘못된 음을 내는 사람도 있다. 그런 사람은 정신적 과잉 활동인과의 만남을 통해 자신을 돌아보고 좋은 방향으로 나아갈 기회로 삼을 수도 있다. 이처럼 우리가 어떤 상태에 있든지 간에 우연한 만남이나 생각지 못했던 지적을 되새김으로써 우리 삶을 더 풍요롭게 만들 수 있다. 하지만 그러자면 변화할 준비가 되어 있어야만 한다! 그렇지 않으면 만남이 그저 혼란만 낳는다. 마음에 거슬리는 기준음을 피해 도망치거나 서둘러 자신의 잘못된 부분을 잊어 버리려 한다. 그리고 세상에는 음악을 싫어하는 사람들, 제대로 음을 내는 척하면서 잘못된 음정으로 오케스트라의 연주를 망쳐 놓고 속으로 고소해하는 변태들도 있다. 그들은 당연히 기준음을 질색하고, 무슨 수를 써서라도 기준음이 울리지 않도록 방해한다!

여러분의 인격과 가치관은 항상 일상적인 주변 환경과 약간 어긋나 있다. 당연히 여러분도 알고는 있다. 하지만 그러한 간극이 어떤 면에서 얼마나 중요한지는 실감하지 못했다. 여러분은 뭔가를 놓치고 있다는 느낌을 문득 받다가 이 책을 읽으면서 퍼뜩 깨달았을 것이다. 또 여러분이 왜 그토록 자주 말도 안 되는 충격적 현실에 부딪히는지도 조금 이해했을 것이다. 앞으로 여러분은 자신의 본모습과 평화롭게 조화를 이루되 다른 사람들도 자신의 본모습대로 살아갈 권리를 인정하게 될 것이다. 충돌은 조금씩 줄어들 것이다. 여러분은 비록 지구인이 아니지만, 그래도 지구에 마음을 열고 지구인들이 어떻게 생각하고 행동하는지 살펴보라. 여러분은 그저 지구인을 다루는 법을 모를 뿐이다!

이제 여러분 자신과 남들을 이해하는 데 필요한 요소들을 다 갖추었다. 지금까지의 삶이 순탄치 못했던 이유도 알 만큼 알았다. 그렇다. 좌뇌형 인간의 눈에는 우뇌형 인간의 세상이 기이해 보이

6장 이해할 수 없어도 함께 살아가고 있다

고 우뇌형 인간은 좌뇌형 인간의 세상을 이해하기 어렵다. 명심하라. 더 이상 보통 사람들에게 당신이 어떤 사람인지 물어보지 마라. 그들은 당신의 뇌가 어떻게 작동하는지 이해하지 못하기 때문에 답을 줄 수 없다.

지금부터 나는 문제를 일축하고 답부터 보여 주려 한다.

Part 3

생각이 많은 사람들의
생존 전략

'유별난' 사람에서 '특별한' 사람으로

7장

알고 보니 백조였던
미운 오리 새끼

당신은 자신의 남다름을 전부터 느끼고 있었다. 잠시도 생각을 멈출 수 없다는 것도, 다른 사람들과 자신이 동떨어져 있다는 것도 알고 있었다. 어쩌면 이 책을 읽으면서 본능적으로 감지했던 것이 드디어 의미를 찾았는지도 모르겠다. 그렇다고는 해도 정신적 과잉 활동인은 대부분 그러한 진실 앞에서 상당한 정서적 충격을 받는다. 그리고 충격은 여러 단계를 거친다.

안도하는 마음

맨 처음에는 안도감을 부정할 수 없다. 그래, 내가 이상한 게 아니었어! 잠시도 떨칠 수 없었던 막연한 불편함, 무의식적이지만 뚜렷이 감지되는 그 불편함이 드디어 말로 설명된 것이다.

"난 도대체 뭐가 문제일까? 왜 나는 항상 이 모양일까?" 정신 활동이 유별나게 활발한 사람은 하루에도 열 번씩 자기 자신에게 이렇게 묻는다. 내가 그들의 신경학적 특성과 그 결과에 대해 말해 주면 그들은 자기들의 애로 사항을 체계적으로 풀이해 준 경우는 처음이라고 한다. 게다가 나의 설명에 따르면 그들의 존재는 긍정적이기까지 한다!

정신적 과잉 활동인은 자신들에 대한 부정적 판단에 너무 많이 노출되고 익숙해져 있다. 너무 예민해, 너무 까다로워, 안정감이 없어, 미성숙해, 속을 알 수가 없어 등등. 그런데 누군가가 그들의 자외선과 적외선을 감지하고 드디어 그들의 이미지를 일관되면서도 꽤 괜찮은 모습으로 제시한 것이다. 미운 오리 새끼는 남의 이야기가 아니다!

그렇다 해도 백조로 성장한 제 모습을 발견하면서 아무런 충격도 없을까? 모든 것을 의심하는 정신적 과잉 활동인 특유의 습성을 생각해 보라! 그들은 상담을 받으러 올 때마다 지치지도 않고 물어본다.

"선생님이 잘못 아신 게 아닐까요? 어떻게 그렇게 확신하세요?"

감각 과민증, 이상주의, 거짓 자아까지 전부 다 설명을 해 줘도 그렇다. 그들은 매번 자기가 그렇기는 하다고 시인한다. 뇌가 작용하는 방식을 기술할 때마다 그들은 고개를 끄덕끄덕한다. 내가 어떻게 설명을 더 해야 하나? 내가 답답해하면 그들은 기다렸다는 듯이 한마디 한다.

"그렇죠? 선생님도 확신하는 건 아니죠?"

그래도 나의 망설임을 제대로 이해한 사람이 한 명 있기는 했다.

"아, 알았습니다. 선생님이 도토리를 들고 있는데 내가 그 도토리가 상수리나무에서 떨어져 나왔다는 사실을 증명해 보라고 한 셈이군요."

정말 말 한번 잘했다. 그 후로 그 말은 아무리 설명해도 의심을 거두지 못하는 사람들에게 내가 유일하게 할 수 있는 말, 그들에게 유일하게 먹히는 말이 되었다. 어쨌든 나는 안다. 확신한다. 하지만 의심을 거두기 싫은 사람에게는 그 어떤 합리적인 설명도 통하지 않는다.

7장 알고 보니 백조였던 미운 오리 새끼

5단계
감정 롤러코스터

안도는 오래가지 않는다. 새로운 이해를 바탕으로 지금까지의 사연을 다시 쓰는 동안만 유효할까. 그들의 경험이 비로소 이해가 된다. 시도 때도 없는 질문 공세에 지쳐서 결국 짜증을 내던 부모님, 재미있는 걸 발견해서 알려 주면 놀리기만 했던 친구들, 아주 각별하든가 골치 아프게 꼬이든가 둘 중 하나였던(후자의 경우가 훨씬 많지만) 선생님들과의 관계 그리고 거의 항상 따라다니는 이 불편함까지 다 이해가 된다. 이처럼 과거를 재해석하고 미래를 바라보기 시작하는 순간, 그들은 이 거추장스러운 자신만의 특성이 평생 간다는 것을 깨닫는다.

베로니크는 감정이 격앙될 대로 격앙되어 소리를 질렀다. "선생님은 지금 제가 평생 고치지도 못하는 더러운 병에 걸렸다고 말씀하시는 거랑 똑같아요! 어쨌든 절대로 남들처럼 살 수는 없다는 거잖아요!"

나는 미운 오리 새끼의 비유를 들었다. 베로니크는 울음을 터뜨렸다. "하지만 오리들과 살아야 한다면 백조가 되어 좋을 게 있나요?"

미운 오리 새끼 이야기는 그들에게 위안이 되지 못한다. 오리든 백조든 다 거기서 거기다. 다행히 나는 그들의 폭풍 같은 감정에 이미 익숙하다!

언젠가 보통 사람처럼 살 수 있다는 바람을 온전히 떠나보내면 애도의 과정이 조금 다른 국면으로 시작된다.

❶ 강한 부정

철저한 의심의 기제와 함께 처음부터 부정이 나타난다. 지난번 상담에서 나눈 대화를 까맣게 잊어버리고 매번 새롭게 따지려 드는 사람들이 있다. 어떤 사람은 정보를 아예 차단하고 자기가 그 생각을 받아들일 수 있을 때까지 몇 달씩 치료 과정을 중단해 버린다. 또 어떤 사람은 새롭게 깨달은 자기 자신에 대한 진실을 자기계발 작업과 별개로 여긴다. 이런 사람들 때문에 나의 작업은 더욱 까다로워진다. 하지만 대부분은 신념의 체계를 혁명적으로 뒤집는 이 어마어마한 사실을 차츰 직시하게 된다.

❷ 분노

그다음에 분노가 온다. 힘들었던 학교생활, 이해받지 못해서 속

　　　　　　　　　7장 알고 보니 백조였던 미운 오리 새끼

상했던 어린 시절을 생각하면 분하다. 사회와 그동안 만나 봤던 심리 전문가들을 생각하면 분하다. 사는 게 너무 힘들어서 어렵게 찾아갔더니 그 사람들은 어땠더라? 왜 그 선생님들은 이 남다른 두뇌가 좋은 결실을 맺도록 이끌어 주지 않았나?

이러한 분노를 충분히 이해하고 그들을 있는 그대로 받아들여 줄 사람은 극히 드물다. 평범하지 않은 두뇌가 걸림돌이 되어 남들과 다르게 살 수밖에 없다는 것도 분하고…. 무엇보다도 한마음으로 연대하며 살아가는 세상의 일부가 되고 싶다는 꿈밖에 없는 사람이 늘 자신의 남다름을 고려하며 살아야 하다니 얼마나 분한가.

❸ 괴로움

사실, 그들은 보통 사람들이 어떻게 생각하고 행동하는지 이해하려고 진지하게 노력한다. 그렇게 해서 자기가 일반적인 기준에 적응할 생각밖에 없다! 그런데 뭐라고? 이상주의를 포기하라고? 세상의 불완전함을 그러려니 받아들이라고? 개인주의자가 되라고? 객쩍은 텔레비전 프로그램이나 챙겨 보면서 살라고? 오늘은 비가 온다는 둥, 오늘은 날이 참 맑다는 둥 의미 없는 대화만 주고받으며? 흥청망청 파티에서 어깨동무를 하고 춤이나 추라고? 그럴 순 없다!

소울메이트를 찾아야 한다? 그럼 나랑 비슷하게 생각하고 나의 세계관을 공유할 수 있는 사람들하고만 소통하란 말인가? 그런 식의 엘리트주의는 더 싫다! 게다가 똑똑한 사람들 틈바구니에서 혼자 바보가 된 것 같은 기분을 느끼면 어쩌라고?

자신이 정말 백조로 대접받을 만하다고 인정하기가 쉬운가? 정신적 과잉 활동인끼리의 대화 집단은 특히 형성되기가 어렵다. 골치 아프게 생각하는 걸 좋아하는 사람들끼리 비생산적인 탁상공론으로 치닫든가, 집단 치료가 이루어져도 낮은 자존감 때문에 그 집단에 소속감을 갖지 못하거나 하기 쉽다. 누가 무슨 말을 하면 그를 제외한 다른 사람들 모두가 열등감을 느낀다.

'저 사람은 어쩜 저렇게 말도 잘할까! 저 사람은 백조가 맞아! 하지만 난 아니라고!'

게다가 이들은 타인의 감정을 스펀지처럼 흡수해 버리기 때문에 자기들의 불편함으로 모자라 집단 전체의 불편함과 괴로움까지 자기 것으로 삼는다.

❹ 체념

원래부터 정신적으로 약한 편인 정신적 과잉 활동인이 자신의 비범함을 발견하고 나면 대개 힘든 시기를 겪는다. 그들의 우울증

7장 알고 보니 백조였던 미운 오리 새끼

은 상당히 오래 지속되기도 한다. 옛날부터 자기가 남다르다는 것은 알았지만 그 사실이 의미하는 모든 것을 체념하고 받아들이기는 힘들다. 세상은 그 모습 그대로 그들과 어우러지지 못할 것이다. 언제나 다른 세상, 더 나은 세상, 마땅히 존재해야 한다고 생각하는 세상을 그리워하면서도 자신은 늘 자신에게 맞지 않는 일상에 적응하고자 노력해야 할 것이다.

사람들이 순리를 따르기만 한다면… 그렇다. 하지만 사람은 꼭 순리만을 좇아 살지 않는다. 어쨌든 내가 바라는 것처럼은 안 된다. 그러니까 내가 맞춰 살아야지. 땅이 꺼져라 한숨이 나온다! 세상이 이렇지만 않다면 좋으련만….

❺ 수용

정신적 과잉 활동은 독이 든 선물이다. 독이 들었어도 선물은 선물이다. 남다른 두뇌를 가지고 행복하게 살 수도 있다. 인정하고 받아들이는 것이 행복으로 나아가는 첫걸음이다. 그렇다. 여러분은 금세 뜨겁게 달아오르고 번득이는 두뇌를 가졌다. 그러니 축배를 들자! 아, 물론 예민해도 술은 받는 체질이라면 말이다.

머릿속 생각들을
휘어잡자

상당수의 책들이 정신적 과잉 활동을 매우 비극적으로 조명함으로써 사기를 떨어뜨린다. 물론 뭐가 뭔지 이해하지 못하는 상황에서는 정신적 과잉 활동이 선물이 아니라 고충 거리다. 그리고 실제로 괴로워할 만한 객관적인 이유가 충분히 있다. 피해가 어디 한두 가지인가. 늘 밀려나고 차이면서 문제가 뭘까 방황한 세월, 이해할 수 없는 쓰라린 괴리감, 기복이 심한 학교 성적, 실제 능력보다 훨씬 낮은 직장에서의 평가, 사기꾼이 된 듯한 기분과 주위의 질시, 심심찮게 당하는 괴롭힘, 혼란스러운 애정 생활….

아리엘 아다Arielle Adda는 "어른의 영재성은 차마 말할 수도 없는 고민거리"라고 했다. 이 지적은 분명히 사실이다. 하지만 여러분의 근본적인 기질 자체가 우울한 것은 아니기 때문에 상황은 변할 수 있다. 과민한 감각을 타고난 여러분은 신경학적으로 삶의 기쁨도 몇 배로 부풀려 느낄 수 있게끔 되어 있다. 여러분 마음속 깊은 곳에 웅크리고 있는 그 기쁨, 아름다운 새소리에 냉큼 박차고 나올 준비가 되어 있는 그 힘찬 기쁨을 느낄 수 있는가?

지적 도전을 필요로 하는 여러분에게 내가 한 가지 제안을 하겠다. 여러분의 다각적 사고방식을 행복에 적용함으로써 기분 좋게 살아가는 법을 배워 보라. 아니, 여러분은 할 수 있다! 이제 뭐가 문제인지 아니까 해결책을 시행할 수 있다. 그렇지만 여러분의 앞길에는 두 가지 암초가 기다리고 있다. 부정적으로 생각하는 습관과 침울함에 대한 중독이 그 암초들이다.

이제 자기 자신의 생각을 휘어잡을 때다.

기분의 자동성을 이용하라

우리 모두에게는 일상에 리듬을 부여하는 자질구레한 습관, 개인적인 의식이 있다. 우리는 그러한 습관과 의식을 생각 없이 기계적으로 수행한다. 예컨대 아침 식사를 준비하는 순서라든가, 샤워를 하면서 몸을 씻는 방법이라든가. 어떤 사람은 배꼽에서부터 비누칠을 하고 어떤 사람은 목에서부터 아래쪽으로 때를 민다. 그런데 예상치 못했던 문제가 발생하면, 가령 팔을 다쳐 깁스를 한다든가 하면 그제야 습관이 무섭다는 것을 깨닫게 된다.

이러한 자동성은 감정, 특히 우리의 기분에도 작용한다. 어떤 감정을 자주 느낄수록 그 감정에 빠지기가 쉬워진다. 어떤 기분에 젖어 지내는 시간이 길면 길수록 반사적으로 그 기분 상태로 돌아오게 된다. 기분의 '고속도로'라는 표현은 기분의 자동적인 발동이 그러한 수준까지 미칠 수 있다는 뜻을 담고 있다. 그래서 내가 몇 번 연달아 아침에 우울한 기분을 느꼈다면 매일 아침 우울한 기분에 젖을 확률이 높아질 뿐 아니라 아예 우울함을 편안하게 느끼게 될지도 모른다! 그러니 하루에도 몇 번씩 자신의 기분 상태를 확인해 보고 우울함을 떨쳐 내자.

닻 내리기 기법

'닻 내리기anchoring'는 신경언어프로그래밍NLP에서 가장 중요한 개념 중 하나다. 닻 내리기는 어떤 외부 자극이 심리 상태와 연결되는 자연스러운 현상이다. 프루스트의 마들렌은 자연스러운 닻 내리기의 가장 유명한 예일 것이다. 프루스트는 마들렌을 한 입 베어 문 순간 어린 시절의 한 장면을 세세한 부분까지 고스란히 떠올렸다. 이 경우, 기억을 촉발한 것은 향수(내면 상태)를 불러일으키는 맛(자극)이다. 닻 내리기의 가능성은 수없이 많다. 히트곡의 첫 소절만 듣고 신 나게 놀았던 파티를 연상할 수도 있고, 고즈넉한 바닷가 사진을 보고 긴장이 풀리는 느낌을 받을 수도 있다.

대부분의 닻, 즉 연결 고리는 무의식적이지만 우리가 의도적으로 만들어 낼 수도 있다. 기분은 우리가 어쩔 수 없는 영역이 아니라 선택 가능한 것이다. 닻 내리기는 자신의 정신 상태를 관리하고 심리적 재원을 활용하는 가장 쉬운 방법 중 하나다. 여기서 '심리적 재원'은 결국 어떤 상황을 가장 잘 넘기기 위한 최적의 심리 상태(용기, 편안한 마음가짐, 집중 등), 우리의 발목을 잡고 일을 망치는 심리적 요소(스트레스, 두려움, 의욕 상실 등)를 '제한하는' 상태다.

심리 상태를 다스리려면 주어진 상황을 처리하는 데 가장 적절한 내면 상태를 선택하고, 그 상태를 가동시키고, 상황이 요구하는 시간만큼 그 상태를 끌고 갈 수 있어야 한다. 그뿐 아니라 자신에게 도움이 되지 않는 심리 상태로 빠지지 않도록 자신을 다잡는 법도 배워야 한다. 미리 긍정적인 닻들을 마련한다면 필요한 때 그 닻들을 써먹기만 해도 될 것이다.

자신이 풍성하게 갖고 있는 것을 끌어올리기 위해 제기해야 할 질문은 이것이다.

"이제 곧 맞닥뜨릴 상황에 가장 적합한 내면 상태는 무엇일까?"

그러한 긍정적 상태를 경험했던 과거의 상황을 떠올려 보라. 그때의 오감을 상상하면서 당시의 기분을 떠올린 후 여기에 어떤 감각적 닻 내리기를 결부시킨다. 피부를 살짝 누르는 감촉이라든가, "좋았어!"라는 속삭임이라든가. 나는 주먹을 꽉 쥐는 감각을 써먹는다. 내 마음 상태를 내 손아귀에 쥐고 있는 듯한 느낌이 좋다.

닻 내리기가 제대로 기능하려면 심리적 재원을 풍부하게 사용하는 바로 그 순간에 닻을 내려야 한다. 그 후 동일한 몸짓을 하면 동일한 심리적 재원이 발동한다. 너무 평범한 몸짓을 닻으로 선택하면 실패할 확률이 높다. 그 닻은 여기저기 동원되느라 금세 닳고 만다. 행동주의심리학자들의 임상 연구와는 달리 일단 닻을 잘 내렸다고 해도 닻 내리기를 반복할수록 그 닻의 수명이 길어지는 않는다.

자신을 계발하는 데 필요한 재원은 모두 여러분 내면에 있다. 케케묵은 우울함, 실의, 전전긍긍의 고속도로로 이제는 빠지지 않을 수 있다. 여러분이 이미 가지고 있는 이 좋은 재원들로 닻을 내리자. 언제나 깨어 있는 정신, 호기심, 따뜻한 호의, 낙관주의….

예를 들어 현재 여러분이 유별나게 활발한 두뇌 활동을 소화하고 통합하려면 어떤 심리적 재원이 필요할까? 나는 참신하고 순수한 경이와 호기심에 닻을 내리라고 말하고 싶다. 그네 있는 놀이터를 발견하고 한달음에 달려가는 아이의 마음에 닻을 내리자. 그렇게 되면 여러분 자신을 연구하면서 이렇게 생각할 수 있을 것이다.

'와, 나는 정말 멋진 뇌를 가졌구나! 여우원숭이처럼 폴짝폴짝 넘나든다 이거지? 우와, 내 머리는 정말 빨리 돌아가는구나!'

7장 알고 보니 백조였던 미운 오리 새끼

8장

닥치는 대로 쌓아 둔
생각 창고를 정리하자

우리는 어떤 생각을 하면서 자기도 모르게 지름길로 빠지거나 장르를 넘나들거나 어림짐작을 한다. 우리의 생각은 뜨겁게 들끓는다. 다각적 사고를 할 때에는 특히 더 그렇다.

좌뇌는 생각을 분류하고 라벨을 붙이고 계열별로 나누게끔 자극한다. 이렇게 해 두면 자신이 사고의 어느 지점에 와 있는지 좀 더 쉽게 파악할 수 있다. 우뇌는 아이디어를 연달아 쏟아 놓고 잡다한 세부 사항들에 비슷비슷한 중요도를 부여한다. 우뇌는 자유로운 연상에 따라 아이디어들을 연결할 뿐 계열이나 계통을 따지지 않는다. 그래서 정신적 과잉 활동인의 머릿속은 종종 뒤죽박죽이다.

폴린은 우뇌 활동이 매우 활발한 여덟 살 여자아이다. 학교에서 분명히 배운 내용인데도 생각이 나지 않아 속상할 때가 많다고 했다. 폴린은 상담을 하면서 자신의 머릿속이 잡동사니를 마구잡이로 쌓아 놓은 다락방과 비슷하며, 그런 곳에서 필요한 것을 바로바로 찾아내기는 어렵다는 것을 깨달았다. 과연 그랬다. 폴린은 새로운 지식을 잘 습득했지만 아무렇게나 팽개쳐 두는 아이였다.

나는 폴린에게 생각을 정리하는 요령을 가르쳐 주었다. 폴린은 자신감도 있고 평소 기분 좋게 잘 지내는 아이다. 이제 뒤죽박죽 다락방은 라벨이 잘 붙어 있는 앨범들로 가득한 서재가 되었다. 그곳에 DVD 서가를 추가해도 좋을 것이다.

대부분의 정신적 과잉 활동인이 그렇듯이 폴린도 시각에 치우치고 청각은 간과하는 방식으로 생각을 하고 있었다. 선생님이 설명하는 동안에도 폴린은 그 목소리에 집중하지 않았고, 학교에서 배운 내용을 잘 기억 못하는 데에는 그런 이유도 있었다. 한 달이 지났지만 더 이상의 발전은 없었다.

폴린을 다시 만나 보니 예전처럼 뒤죽박죽 사고방식으로 돌아가 있었다. 나는 물어보았다.

"폴린, 왜 또 다락방이 엉망진창이 됐니?"

"머릿속을 정리해야 한다는 걸 깜박 잊었어요!"

그래서 나는 폴린에게 새로운 의식을 습관 들였다. 이제 폴린은

　　　　8장 닥치는 대로 쌓아 둔 생각 창고를 정리하자

매일 저녁 잠자리에 들기 전에 머릿속의 생각들을 공들여 정리한다!

아무도 우리에게 생각을 정리하고 일관성, 정확성, 논리를 부여하는 법을 가르쳐 주지 않는다. 하지만 그렇게만 한다면 생각이 뒤섞이고 혼동을 낳는 일은 한결 줄어든다. 여러분의 아이디어에 질서를 부여함으로써 자기 자신을 좀 더 잘 알게 될 것이고, 그로써 자신을 좀 더 이해하면서 효율적으로 다각적 사고를 뻗어 나갈 수 있을 것이다.

뒤죽박죽 창고를 멋진 서재로

좌뇌형 인간들이 좌뇌를 위해 만들어 놓은 이 세상에서 대부분의 정보는 고전적인 분류 방식(큰 1번, 작은 1번, 작은 1번의 a…)에 따라 제시된다. 그런데 우뇌형 인간은 이런 식으로 제시되는 정보를 잘 기억하지 못한다. 마농이 발표 준비를 하면서 힘들어했던 것처럼 우뇌형 인간들은 학교 숙제가 요구하는 수준에서든 개인적인 필요에 의해서든 간에, 전체적인 얼개를 잡고 구상하는 작업을 어려워한다.

발견적 스키마 또는 마인드맵은 나무가 뻗어 나가는 모양 그대로 정보를 제시해 준다. 아리스토텔레스가 이러한 방식을 맨 처음 창안하여('발견'이 더 적합한 표현일지도 모르겠다) '지식의 나무'라 일컬었고, 토니 부잔Tony Buzan이 이를 개념적으로 다듬고 대중화했다. 토니 부잔의 마인드맵 기법은 1970년대에 열성적인 호응을 얻으면서 널리 확산되었지만 지금은 다소 잊힌 상태다. 내 생각에 이 기법이 한물간 이유는 오래된 나쁜 습관을 버리기가 쉽지 않아서이기도 하지만, 좌뇌형 인간들은 자신에게 잘 맞는 사고방식을 굳이 버릴 필요가 없기 때문이다.

하지만 그들에겐 안된 일이다. 마인드맵 기법에 따른 정보 조직은 창의성 계발에 큰 도움이 되기 때문이다. 마인드맵을 통해 끊임없이 새로운 생각의 길을 열고 그 길을 계속 탐색할지 발길을 돌릴지 결정할 수 있다. 이 방법은 정신적 과잉 활동인의 사고방식에는 더없이 잘 맞기 때문에 마인드맵 기법의 쇠퇴는 그들에게 한층 더 안타까운 일이다. 특히 우뇌형 아이들이 이 기법을 이용하면 큰 도움을 받을 수 있다.

마인드맵은 자원의 보고다. 이 기법을 활용하면 중요한 사항을 메모하고 그것들을 형식화하거나 종합하기가 한결 쉬워진다. 발표나 연설을 준비할 때에도 아이디어를 열거하고, 분명히 하고, 중요한 것과 중요하지 않은 것의 우선순위를 잡기가 수월해진다. 마인드맵에서 핵심 아이디어는 색깔을 달리하거나 시각적으로 두드러지게 처리함으로써 기억하기 쉽게 해 준다. 복잡하게 꼬여 있는 아이디어들의 상호 연관성이 시각적으로 명쾌해진다는 장점도 있다.

마인드맵 활용법

마인드맵을 그리려면 일단 종이가 필요하다. 가급적 A3 크기의 종이를 준비하고 여러 가지 색깔의 사인펜이나 색연필을 준비한다. 한가운데에 주제어를 쓰고 주위에는 그 주제어와 관련된 중심 개념들을 빙 둘러 쓴 다음 서서히 생각의 가지를 뻗어 나간다. 쓸데없이 길게 설명하지 말자! 적당한 단어만 쓰는 편이 글자 쓰는 시간, 읽는 시간을 절약해 줄 뿐 아니라 집중력을 유지하기에도 좋다. 색깔, 기호, 간단한 그림을 활용하는 것은 바람직하다.

마인드맵은 시각을 자극할수록 기억에 잘 남는다. 요즘에는 컴퓨터로 마인드맵을 작성하는 무료 소프트웨어도 있으니 참고하기 바란다. 이 소프트웨어에서도 각각의 메뉴가 여러 갈래로 뻗어 나가고 풍성하게 가지를 치며 서로 연결되는 구조를 볼 수 있다. 여러분의 두뇌가 활동하는 바로 그 방식대로 말이다. 보통 사람들보다 여러분에게 마인드맵 기법이 유독 자연스럽게 다가갈 수 있는 이유가 여기에 있다. 이처럼 발견적 스키마에 입각한 방법들은 개인적, 교육적, 직업적 영역 전반에 적용 가능하다.

자, 여러분도 활용해 보라. 자신의 머릿속이 훨씬 명쾌하게 들여다보일 거다! 어떤 주제가 혼란스러워지는 바로 그 순간, 종이를 펼치고 머릿속을 까발려 보라. 그날그날의 일기를 마인드맵으로만 작성하는 방법도 추천할 만하다.

생각에도 위아래가 있다

마인드맵은 주로 생각의 형식과 관련이 있다. 뉴로-로지컬 레벨neuro-logical level, 즉 신경-논리적 단계란 토대가 탄탄한 생각을 정리하는 데 도움을 준다. 신경-논리적 단계 역시 신경언어프로그래밍에서 사용하는 기법이다. 이 기법은 모든 요소들을 적재적소에 배치함으로써 아이디어들 사이의 일관성과 논리를 유지하면서 생각을 구조화한다. 정신적 과잉 활동인은 아이디어의 경중을 따져서 비중을 정하고 위계를 수립하는 데 취약하다. 그들의 눈에는

8장 닥치는 대로 쌓아 둔 생각 창고를 정리하자

이것도 중요하고 저것도 중요하다. 신경-논리적 단계의 기능을 이해하려면 일단 어떤 사람이 하는 말을 경청하고 그가 무엇에 대해 말하고 있는지를 생각해야 한다.

신경-논리적 단계

어떤 사람의 말에서 표현되는 바는 다음의 5개 범주로 정리될 수 있다.

❶ 환경(주변 환경, 주위 사람들)

콘텍스트와 관련된다. 다시 말해 우리를 둘러싼 모든 정보, 우리가 반응하고 적응해야 하는 모든 것들을 가리킨다. 결국 '어디? 언제? 누구와 함께?'라는 물음에 대한 답이라고 하겠다.

예를 들어 "나, 일요일에 폴과 함께 바다 보러 가"라는 말을 생각해 보자. 화자는 여기서 환경에 대한 말만 하고 있다. 이 말에서는 어디를, 언제, 누구와 함께 간다는 정보밖에 나오지 않는다.

환경은 외적인 것, 다시 말해 개인이 영향력을 행사하기보다는 그냥 반응할 수밖에 없는 것과 관계된다. 따라서 이 단계는 개인적 능력의 한계를 깨닫고 다 놓아 버리고 싶은 마음을 자극한다.

정신적 과잉 활동인은 상황에 의한 포기, 자신의 무력함에 대한 인정을 잘 못한다. 하지만 바다를 보러 가기로 한 지역에 태풍이 몰아치거나 폴이 기분이 완전히 가라앉아서 바다를 보러 갈 마음이 없다면 어떻게 할 건가? 그럴 때에는 생산적이지 못한 자기 파괴적 만용을 접을 줄도 알아야 한다. 자기 힘으로 안 되는 일에 어떻게 해 보겠다고 에너지를 낭비하지는 말자.

❷ 행동

일회적 행위에서 전반적인 행동 양식에 이르기까지 우리가 실제로 하는 모든 행동에 해당한다. 이것을 파악하게 하는 물음은 "무엇을 하느냐?"이다.

"난 바다에 가서 수영도 하고 선탠도 하고 푹 쉴 거야. 폴이랑 아이스크림도 먹으러 가야지."

여기서는 행동에 대한 이야기밖에 하지 않는다. 게다가 여러분이 이미 눈치챘을지 모르지만, 사람들이 주고받는 대화는 대부분 이 두 수준에서 크게 벗어나지 않는다. 언제, 어디서, 무엇을, 누구와 했다는 얘기가 거의 전부다. 정신적 과잉 활동인은 관념적인 토론을 좋아하기 때문에 이러한 실생활 대화에서 좌절을 경험한다.

여러분이 이 단계에서 할 수 있는 일은 행동을 객관적으로 관찰하고 자신에게 맞지 않는 행동은 교정하는 것이다. 스스로에게 시행착오, 불완전성, 실수의 권리를 허용하라. 남들이 여러분에게 가하는 비판도 이 수준에서 받아들여야 한다. 비판은 여러분의 행동 방식에 대한 정보로 삼으면 그뿐, 그 이상으로 생각할 필요 없다.

반대로 여러분이 남을 비판할 때에도 상대의 행동만 문제 삼아야 한다. 가치관이나 정체성을 공격당하면 굉장히 깊은 상처가 되기 때문이다.

❸ 능력

아마도 능력은 일상적인 대화에서 가장 잘 드러나지 않고 간과되고 있을 것이다. 능력은 우리가 행동에 동원할 수 있는 개인적 방편들, 다시 말해 우리의 수단, 노하우, 자질을 가리킨다. 자신이 동원할 수 있는 방편들을 쭉 정리해 보거나 어떤 능력을 발휘하는 데 문제가 있다면 그 문제가 무엇인지 파악해 보는 작업은 꽤 유익하다. 이것은 개인의 발전에 가장 기본적인 조건 중 하나이기도 하다. 물론 우리 고유의 능력, 즉 내면적인 방편들이 있는가 하면 외부적인 방편들로 자료, 웹사이트, 도서 등이 있다. 또한 나에게는 없는 능력을 발휘함으로써 힘을 실어 주고, 도움을 주고, 귀중한 조언이나 가르침을 주는 측근들이 있을 수 있다.

정신적 과잉 활동인은 정보의 전달과 공유를 핵심적인 가치로 본다. 이러한 가치 덕분에 그들은 협조적이고, 충직하고, 꿍꿍이가 없고, 타인을 열심히 가르치는 존재가 된다. 따라서 정보를 독점하거나 가로채려는 알력 다툼, 나아가 교육자의 태만이나 무능을 그들은 이해하지 못한다. 언젠가는 뭐든지 다 아는 멘토를 만나 주체할 수 없는 지식욕을 한껏 채울 수 있을 거라는 환상이야말로 정신적 과잉 활동인의 못 말리는 착각 중 하나다. 그런데 동양의 무술 영화에는 절대적인 지혜를 갖춘 도사들이 가끔 등장한다. 사부님은 깊은 산속에 은거하며 제자들을 한없는 지혜로 채워 준다. 하지만 도사들을 조심하라! 스승 찾기에 나섰다가 이상한 놈들에게 말려들기 십상이니까. 모든 것을 아는 사람은 없다.

어떤 영역에서든 고도의 지식을 쌓으려면 고도의 전문화가 필요하다. 바로 이 점이 앞으로도 여러분을 힘들게 할 것이다. 심화된 지식은 결국 어느 정도 한정된 지식이다. 게다가 영특한 제자가 스승을 제치고 가장 선두에 나타날 가능성은 얼마든지 있다. 비범한 두뇌의 소유자가 마우스 클릭 몇 번, 책 몇 권으로 자신의 길잡이를 능가해 버리는 경우도 많다.

가족 여행 계획을 주도면밀하게 세우던 코린을 기억하는가? 실제로 코린은 그 지역의 여행 가이드 뺨칠 정도로 일정을 잘 짰고 양질의 정보를 손에 쥐었다. 여행 같은 경우는 그래도 괜찮다. 다른 상황들에서는 자신이 그 주제에 대해 배울 수 있는 것을 전부 다 살펴보려면 굉장히 불안하고 당혹스럽다. 자기는 그 분야를 살짝 접해 보았을 뿐인데, 새로운 정보나 심화된 지식을 제공하는 책 혹은 인물이 더 이상 보이지 않는다. 정보 전달 분야에서 보통 사람들은 정신적 과잉 활동인의 욕구를 이해하지 못하거나 기대에 어긋나게 부응함으로써 대체로 실망스러운 모습을 보인다. 그래서 정신 활동이 비상한 사람들이 주위에 도움이나 조언을 구하지 않게 되어 버리는 경우도 허다하다.

능력은 자기 능력을 계발하는 차원에서든, 노하우를 전수하는 차원에서든 간에 사람들이 서로 배움을 주고받는 데 기본이 된다. 여러분은 배움을 좋아하는 사람들이기 때문에 결코 이 부분을 간과해서는 안 된다. 하지만 여러분의 본보기들이 줄 수 있는 것 이상을 요구하지는 말자.

능력을 심화할 수 있는 질문은 "어떻게 하는 거야?"다. 여러분이 더 계발하고 싶은 자질이 무엇이냐에 따라 질문은 조금씩 달라질 수 있겠다. "바닷가에서 어떻게 푹 쉬었는데? 파도가 치는데 어떻게 수영을 해? 일요일에 바닷가에 차 세우려면 힘들 텐데 어떻게 한 거야? 오후 내내 어떻게 폴을 상대할 수 있어?"(내가 답해 볼까. ① 요가를 하면서 ② 튜브를 이용해서 ③ 어떻게든 될 거라 생각하니까 되더라 ④ 신경안정제를 먹었지. 아, 폴, 이건 농담이에요!)

❹ 가치와 신념

가치와 신념은 동기부여, 우선순위, 우리가 올바르고 참되고 중요하다고 생각하는 것들과 관련된다. 가치관을 파악하게 해 주는 질문은 이런 것들이다.

"왜? 무슨 목적으로? 그 사실에서 너에게 중요한 건 뭔데?"

이런 질문들에 답하다 보면 자신의 가치관, 인생철학, 이데올로기, 요컨대 자기가 열렬히 원하는 모든 것이 베일을 벗고 정체를 드러낸다. 멋지게 논쟁을 벌이고 세상의 재건을 꾀하며 마음과 마음의 만남을 도모하기에 딱 좋은 재료들이 주어지는 것이다.

실제로 바로 이 단계에서 우리는 가장 내밀하고 속 깊은 얘기를 나눈다. 여러분도 이미 알고 있을 것이다. 여러분은 대화를 이러한 단계로 끌고 가고 싶은데 상대방은 이쪽에 취미가 없든가, 습관이 되어 있지 않다.

가치와 신념에 관한 한, 사람들에게 마음으로 다가가지 않으면 안 된다. 나도 세미나를 하면서 이것을 다룰 때에는 각별히 조심하고 또 조심한다. 가치가 괜히 가치이겠는가. 가치는 그 명칭으로 미루어 알 수 있듯이 우리들에게 아주 소중한 것이다. 다른 사람은 우리의 가치관을 문제 삼을 권리가 없다. 저마다 나름의 가치관과 우선순위 체계가 있다. 개인의 가치관이 보편적 가치관은 아니다. 상대가 나와는 정반대의 생각을 하더라도 그 사람에겐 자기

가치관을 유지할 권리가 있다.

가치는 우리가 중요하게 여기는 것, 신념은 우리가 참되다고 믿는 것이다. 대부분의 사람들은 신념을 종교적인 의미로 이해한다. 하지만 여기서 말하는 신념은 우리 생각보다 훨씬 광범위하다. 사실 인간은 삶의 모든 측면에 개인적인 신념들을 투사한다. 그 신념들은 인과관계(이러이러했기 때문에 이러이러하게 된 거다), 사물과 상황의 의미(그건 이러이러한 뜻이다), 한계(이것은 가능하고 저것은 가능하지 않다), 역량(이것은 할 수 있다, 저것은 내 힘으로 미치지 못한다), 나아가 정체성(나는 이런 사람이다, 세상은 이러이러하다, 인생은 이런 것이다)에 해당한다.

중심이 잘 잡혀 있는 사람은 자기 가치관에 부합하는 행동을 한다. 그는 진정성, 카리스마, 범상치 않은 내면의 힘을 발휘한다. 하지만 이러한 경지에 있는 사람은 드물다. 반면에 그 대척점에는 법도 없고 믿음도 없는 심리 조종자들이 우글댄다. 그들은 자기 입으로 떠드는 가치관과 딴판으로 행동한다. 참으로 그럴듯한 말을 내세우는 탓에 그들이 하는 짓이 얼마나 파렴치한지는 한참을 지켜봐야만 알 수 있다. 이 양극단 사이에 호의적이지만 자신의 가치관을 그리 의식하지 않는 사람들, 언행일치 여부를 일일이 따지지 않는 사람들이 대다수를 이루고 있다.

누구에게나 가치관의 갈등은 찾아온다. 안정에 대한 욕구(가치

1)가 낯선 사람들에게도 열린 자세를 취하고 싶은 욕구(가치2)와 갈등을 일으킬 수 있고, 조화롭게 살고 싶은 마음(가치1)이 존중받고 싶은 마음(가치2)을 구속할 수도 있다. 하지만 안정과 존중이 개방성이나 조화로운 관계보다 더 중요시되어야 한다. 안정과 존중이 확보되지 않으면 열린 자세나 조화로운 관계는 생각도 할 수 없기 때문이다. 자신의 가치관을 잘 알고 서로 상충되는 가치들을 생각해 보면 내면의 위계질서를 바로잡는 데 도움이 된다.

가치들을 조율하고 싶다면 먼저 나에게 정말로 중요한 것이 무엇인가 생각하라. 그런 다음 갈등 관계에 있는 두 가치 중에서 더 중요한 쪽을 택하라. 내면에서 갈등이 일어날 때마다 어떠어떠한 가치들이 서로 부딪히는지 확인하라. 위계를 세우기가 불가능하다면 우선순위에 있는 양쪽 모두를 웬만큼 만족하게 할 타협점을 찾아라.

❺ 정체성

마지막으로 정체성은 자기 자신, 즉 자신이 어떤 사람이고 어떤 사명이 있으며 어떤 인생관을 갖고 있는가와 관련된다. 이것을 가늠케 하는 질문은 그냥 "넌 누구야?"지만 여기에 답할 수 있는 사람은 많지 않다.

영성 수준

지금까지 신경-논리적 5단계를 소개했다. 여기에 여섯 번째 단계가 추가될 수 있다. 이것은 신념과 가치라는 수준에 포함될 수도 있기 때문에 간혹 논란이 되기도 한다. 하지만 영성은 단순한 개인을 초월한 가치들을 다룬다는 점에서 별개의 단계로 볼 만하다.

'영성'이라는 단어가 여기서는 종교적 관념보다 훨씬 더 광범위한 의미로 쓰인다. 우리는 정체성을 초월하여 장차 서로 어울려 살아가게 될 원대한 체계, 즉 가족, 나아가 혈통, 조합, 회사, 인류 전체에까지 소속감을 느낄 수 있다. 영성과 관련된 물음은 이런 것이다.

"또 누가 있지? 더 큰 목적은 뭘까? 어떤 미래를 위해서?"

이러한 물음에 따르면 생태학은 인류의 미래를 생각한다는 점에서 환경보다는 영성에 더 가까운 주제일 것이다.

영성 단계는 정신적 과잉 활동인의 관심을 끌기에 적합하다. 그들은 자기들이 생을 초월하여 과거와 미래에 연결되어 있고, 따라서 온 세상과도 관련이 있다고 느끼기 때문이다. 정신적 과잉 활동인의 사고에는 영성이 깃들어 있고 신성함에 대한 감각과도 이어져 있다.

여러분의 인격에서 이 측면을 결코 간과해서는 안 된다고 말했던 이유를 이제 알겠는가? 여러분 내면의 느낌, 여러분 자신의 신

비 체험 혹은 심령 체험을 가장 우선적으로 고려하여 여러분만의
영적 좌표를 만들어 보라.

피라미드형 구성

하나의 정체성은 여러 핵심 가치들을 지니고 그 가치들은 보다
폭넓은 신념 체계를 끌어들인다. 이 신념들이 더 많은 노하우와
처세술을 계발하게 하고 다양한 행동 방식들로 구현되어 다양한
환경에 적응할 수 있게 한다. 신경-논리적 단계를 피라미드형으로
보는 이유가 바로 여기에 있다.

어려워질 땐 환경 단계로 내려가기

한 변호사가 이렇게 말했다.

"우리 집은 식물을 많이 키워요(환경). 일주일에 한 번씩 물을
주죠(행동). 난 식물을 키우는 재주가 있어요(능력). 식물을 좋아하
거든요(가치). 실내 공간에 생명력을 더해 주죠(신념). 난 정원사가
되었어도 좋았을 거라고 생각해요(정체성)."

이제 각 문장이 신경-논리적 단계 피라미드에서 어느 범주에
해당하는지 구분할 수 있을 것이다. 변호사가 이렇게 덧붙였다.

8장 닥치는 대로 쌓아 둔 생각 창고를 정리하자

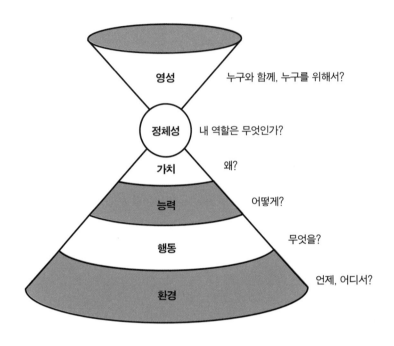

신경-논리적 단계 피라미드

"난 멸종 위기에 있는 식물 종 보호운동에도 참여하고 있어요."

우리는 이 말에서 식물보호운동가의 행동을 낳은 영성과 논리적 연쇄를 가늠할 수 있다.

그런데 많은 사람들이 정보를 신경-논리적 단계 피라미드로 파악하거나 정리하지 않고 그저 그 사람은 변호사니까 이러이러하겠거니 성급하게 결론을 내린다. 하지만 직업은 노하우와 행동 방식들의 합일 뿐 결코 정체성이 될 수 없다. 국적도 정체성은 될 수 없다.

새로운 신경-논리적 단계에서 가장 주요한 혼동은 정체성과 행동 사이의 혼동이다. 예를 들어 보겠다.

- "내가 잘못 알았어(행동). 그러니까 난 바보 멍청이야(정체성)."
- "그이는 내게 꽃을 주지 않았어(행동). 그이는 날 사랑하지 않아(가치)."
- "그녀는 전화하지 않았어(행동). 그러니까….'

나는 앞 장에서 여러분의 가치 체계는 절대적인 것들로 이루어져 있으며 매우 정교한 (행동) 수칙들과 이어져 있다고 했다. '~하다면(가치) ~해야만 한다(행동)'는 식이다. 예를 들어 친구 사이라면 필요로 하는 순간 도움을 줄 수 있어야 한다.

여러분은 생각 없는 행동은 터무니없다고 본다. 하나하나의 행동은 필연적으로 어떤 가치와 이어져 있다. 하지만 그건 어디까지나 여러분의 논리적 연쇄일 뿐 다른 사람들과는 상관없다.

전화를 걸지 않은 그 사람도 여러분의 관점에서는 이미 어떤 메시지를 전달했다. 여러분은 뭐든지 뒤섞고 어림짐작하는 데 선수다. 사소한 행동 하나로도 영화 한 편을 찍을 수 있는 사람들이다. 영화는 때려치우고 긍정적인 논리적 연쇄를 만드는 훈련을 해 보자.

8장 닥치는 대로 쌓아 둔 생각 창고를 정리하자

그녀는 내게 전화하지 않았어. 왜냐하면,

시간이 없었던 거야.

전화기 배터리가 다 됐던 거야.

전화기에 입력된 연락처를 실수로 다 날렸던 거야.

나에게 기쁜 소식을 전하고 싶어서 취업 면접 결과가 나올 때까지 기다
렸던 거야.

단순히 그녀는 전화를 꼭 걸어야 한다는 생각이 없었을 수도
있지 않은가?

행동과 가치의 인과관계라는 차원에서도 보통 사람들과 정신
적 과잉 활동인은 엄청난 오해를 빚곤 한다. 이건 원칙의 문제다.

보통 사람들은 행동과 가치 사이에 논리적 연쇄가 항상 이어져
있지는 않다. 어떤 행동은 아무것도 증명할 필요 없는 사소한 일
회성 행동이다. 그런데 여러분은 여기저기 결부시키기도 잘하고
결과적으로 더 많은 귀착점들을 발견하기 때문에 그 사소한 일회
성 행동을 가치 체계 전체를 대표하는 상징으로 바라볼 수 있다.
그래서 종종 원칙의 문제에서 출발했다가 거창한 대의들을 옹호
하게 된다.

정신적 과잉 활동인의 인생을 꼬이게 하는 마지막 측면은 모든

정보를 정체성 단계에 놓으려는 강박 관념이다. 인생 최고의 콘서트에 입고 갔던 스웨터는 나름의 생애, 정체성, 영혼까지 부여받는다. 내 삶에 들어온 것은 나 자신의 일부가 된다. 그런 물건이나 사람을 어떻게 버리겠는가? 정신 활동이 유별나게 활발한 사람이 우선순위를 정하고 정리 정돈을 하는 데 젬병인 이유가 바로 여기에 있다.

정보를 환경 단계에 놓아 보자. 인간관계, 우정, 연애에서도 우선순위를 정할 줄 알아야 한다. 상대의 가치관이 나의 가치관과 정반대인데 왜 계속 그를 만나려 하는가? 서로 마찰을 일으키며 시간만 낭비할 게 빤히 보이지 않는가?

보통 사람들은 대화의 내용을 환경과 행동 단계에 한정하는 경향이 있다. 그들에게는 논리적 연쇄를 좀 더 거슬러 올라가 보는 편이 일관성 있는 가치관을 정립하고 자기 자신을 파악하는 데 도움이 될 것이다. 반대로 정신적 과잉 활동인은 자꾸 상위 단계에만 머물려는 경향이 있어서 구체적이고 실생활적인 하위 단계를 망각하기 쉽다. 그들은 실패를 두려워하는 까닭에 행동 대신 꿈에 만족한다("실수를 한다면 난 바보 멍청이야!"). 신경-논리적 단계는 실패를 상대적으로 바라볼 수 있게 해 준다. 실수는 귀중한 배움의 기회다. 자, 과감하게 행동해 보라.

8장 닥치는 대로 쌓아 둔 생각 창고를 정리하자

9장

숨이 끊어진 자존감을 살려 내자

이 책을 읽으면서 차츰 이해했겠지만 여러분의 온전한 정신은 어린 시절부터 제대로 대우받지 못했다. 대부분의 정신적 과잉 활동인은 늘 부정당하고, 단속당하고, 조롱과 거부와 중상에 시달려 온 기분을 느낀다. 주변 환경과 항상 어긋나 있다 보니 자기가 어떤 사람이고 어떤 가치가 있으며 어떤 유익을 끼칠 수 있는지 거의 깨닫지 못한다.

우리는 앞에서 외부로부터 신뢰할 만한 긍정적 평가를 받지 못한 데서 비롯되는 정체성의 공백, 자존감의 실추 그리고 그에 따른 허다한 괴로움을 이야기했다. 이제는 해결책을 모색할 수 있겠다. 여기까지 이 책을 읽었다면 자신의 온전함을 회복하는 데 필요한 요소들을 모두 찾은 셈이니 말이다. 일단 정체성을 회복하는 작업부터 시작해야 한다. 그렇다. 여러분은 남다르다. 그렇다. 어떤 면에서 여러분은 다른 행성에서 온 사람들이다. 그렇다. 여러분은 특별하다. 자신을 알고 이해하면 할수록 자신을 더 잘 받아들일 수 있다. 여러분에게 낯선 세상일지라도 어떻게 돌아가는지만 알면 적응할 수 있다. 선순환은 이미 시작되었다.

정신적 온전함의 회복은 무엇보다 자존감을 강화함으로써 가능하다.

어떻게
살릴 것인가?

완벽주의를 포기하라

정신적 과잉 활동인은 건강하고 유쾌한 수준에서 실력을 갈고 닦는 데 그치지 않고 완전무결이라는 환상을 좇는 경우가 많다. 스스로에게 까다롭고 비판적이며 모든 기준에서 어긋남이 없기를 바란다. 또한 정확하고 상세한 것을 좋아해서 아무것도 대강 내버

9장 숨이 끊어진 자존감을 살려 내자

려 두지 않는다. 지극히 사소한 부분도 아주 중요하게 생각할 수 있다. 힘을 써 봤자 표가 안 나는 부분과 힘을 줘야 할 부분을 구분하지 못하기 때문에 끝까지 공을 들이느라 시간을 버리고 진을 뺀다.

정신적 과잉 활동인은 이제 마무리가 됐다고 판단하고 손을 떼야 할 시점을 모른다. 성과를 내고도 좀체 만족할 줄 모르는 이유도 다르지 않다. 그래서 하는 일마다 '무엇무엇을 더 했으면 좋았을걸' 정도면 다행이고, 심한 경우 지나치게 완벽한 기준에 비추어 실패했다는 씁쓸한 기분밖에 느끼지 못한다.

나는 완벽주의는 자기 파괴적인 전략이므로 결단코 버려야 한다고 말하고 싶다. 완벽주의의 패러독스는 마음을 비울수록 더 크게 발전할 수 있다는 데 있다. 너무 높이 걸린 장대는 낮춰야만 목표들이 실현가능해진다. 완벽주의를 포기하고 스스로를 존중하라. 자신을 있는 그대로의 모습으로 받아들여라. 여러분은 불완전한 그대로도 완벽하다. 그래야만 평범한 인간으로서의 소탈함을 되찾고 자신의 크고 작은 성공들을 제대로 평가할 수 있다.

'하지만'은 넣어 둬라

자신감을 강화하고 살찌우려면 자신의 성공을 인정할 줄 알아야 한다. 자신감은 한번 획득하면 그만인 감정이 아니라서 자기애가 남다른 사람들에게서조차 여차하면 바닥으로 떨어지곤 한다. 주기적으로 외부의 지원을 받지 않으면 금세 고갈되고 사라지는 것이 자신감이다. 우리는 크고 작은 성공, 자기 힘으로 이루어 낸 성과를 아낌없이 기뻐하면서 자존감을 북돋우고 유지할 수 있다.

그러니까 "네, 하지만…" 같은 소리는 집어치워라. 그놈의 '하지만'은 붙이지 말자! 이 '하지만'은 음흉하고 유해하게 작용하는 기제로서, 자기를 폄하하면서까지 겸손을 유지하겠다는 인상을 준다. 그래선 안 된다. 사실, '하지만'은 방금 전의 긍정 혹은 주장을 취소하는 효과밖에 없다. 예를 들어 "참 친절하고 좋은 분이시군요. 하지만…"이나 "네, 저도 좀 더 있다가 가고 싶어요. 하지만…" 같은 말을 보라. 이 말을 끝까지 듣지 않아도 이제 곧 정반대되는 내용의 말이 나올 거라는 것은 누구나 안다.

마찬가지로 "오늘 내가 초대한 저녁 식사 자리는 아주 성공적이었어. 하지만…"이라는 말은 그 성공적인 회합을 자축할 가능성을 완전히 제거해 버린다. 그러니까 그냥 이렇게만 말하자.

"오늘 내가 초대한 저녁 식사 자리는 아주 성공적이었지."

여기서 마침표를 찍어라! 물론 나도 잘 안다. 이렇게 되기까지는 훈련이 필요하다. 성공을 인정하는 훈련은 행동력, 도전적인 자세, 장애물을 극복함으로써 새로운 노하우를 획득하고 한층 더 성장할 수 있는 저력을 길러 준다.

자신의 성공을 인정할 줄 아는 사람은 스스로 기운을 낼 수 있는 토대를 만들고 앞으로도 그 토대에 의지할 수 있다. 자신이 이미 그렇게 할 수 있는 사람이라고 생각한다면 실패가 닥쳐도 정면으로 직시하고 조금 가볍게 넘길 수 있다. 무엇보다도 더 이상 소심하게 '브라보'를 외치지 말기를!

자기 이미지를 높여라

자기 이미지는 자기 자신을 바라보는 주관적인 방식이자 남들이 자기를 그렇게 바라볼 거라고 예상하는 방식이다. 그런데 자기 이미지는 현실과 별 상관이 없다. 객관적인 사실 여부와 무관하게, 사람은 자기가 예쁘고 똑똑하다고 생각할 수도 있고 못나고 멍청하다고 생각할 수도 있다. 자기 이미지는 우리가 어렸을 때부터 주위 사람들에게 전달받은 이미지에 달렸다. 그런데 여러분은 거의 항상 외부에서 거짓된 이미지를 주입받았다.

여러분은 알아듣지도 못할 사람들에게 자신이 어떤 사람인지 증명해 보이는 데 지쳤다. 자신의 가치를 증명해야 한다는 것은 끝없는 구렁텅이다. 자기 가치를 증명하려고 아등바등할수록 상대는 얕잡아 보기 때문이다. 어떤 의사가 "내가 수술을 잘할 수 있다는 것을 증명해 보이죠!"라고 외쳤다 치자. 환자 입장에서 그 의사에게 수술을 맡기고 싶을까?

　여러분은 성품 좋고 능력 있는 사람이다. 누구에게도 그 점을 입증할 필요는 없다. 여러분은 그냥 여러분이 할 일을 하면 된다. 역설적이게도 여러분이 자신의 가치를 확신할수록 다른 사람들이 여러분의 가치를 믿어 준다. 긍정적인 자기 이미지는 자신감을 주고 실제로 긍정적인 모습으로 살아가게 한다.

자기 사랑이 가장 먼저다

　자존감의 중심에는 무조건적인 자기 사랑이 있다. 자기애는 자존감의 가장 뿌리 깊은 토대다. 사람은 자기에 대한 사랑으로 인생의 모든 시련을 버텨 낸다. 자기를 사랑할 줄 모르는 사람은 종종 자기 자신을 무시하고, 자신의 욕구를 잘 모르고, 자기 앞가림도 잘 못하고, 말도 안 되는 근무 환경이나 생활 조건을 묵묵히 참고 견디면서 스스로를 위험에 몰아넣는다. 자기를 사랑하는 사람일수록 자기 앞가림을 잘하고, 자기 욕구를 충족시킬 줄 알며, 자기 관리도 잘한다. 편안하고 행복한 삶을 위해 의욕적으로 노력할 줄도 알고, 외부의 정신적, 신체적 공격으로부터 자기를 지킬 줄도 아는 것이다. 자기를 사랑하는 사람은 자기를 존중하고 남들에게도 존중받는다. 그는 이유 없는 공격, 모욕, 비방을 용납하지 않을 것이다.

이제 자기애를 고양하는 데 도움이 되는 프로그램을 몇 가지 소개하겠다.

내면 아이를 토닥토닥

몸과 마음의 긴장을 풀고 자신의 어린 시절 모습을 떠올려 본다. 이제 여러분은 그 아이를 이해할 수 있다. 그 아이에게 "넌 정말 머리가 좋은 아이야"라고 말해 주고, 그동안 왜 그렇게 힘들어야 했는지 차근차근 설명해 준다. 내면 아이에게 관심을 기울이고 그 아이가 필요로 하는 인정과 격려를 아낌없이 제공하라. 그 아이를 꼭 안아 줘라. 그 아이에게 정말로 사랑한다고, 이제 아무도 너를 나쁘게 말하도록 내버려 두지 않겠다고 말해 주기 바란다.

내 안의 잔소리꾼 쫓아내기

지금까지 여러분은 자기도 모르게 내면의 방해자에게 휘둘리며 살아왔다. 그 폭군은 여러분의 머릿속에서 아침부터 오밤중까지 쉬지도 않고 여러분을 비방한다. 그의 방해는 이런 식이다.

- "너는 ~를 해야 해. ~는 의무야"라는 명령으로 구속했고,

- "네가 ~하기만 했으면 됐잖아"라는 후회로 항상 불만 상태에 빠뜨렸고,

- "~하면 안 돼. ~를 느끼면 안 돼"라는 금지로 감정을 차단하고 죄의식을 자극했다.

가학적이랄 만큼 사람을 들볶는 개인 트레이너를 상상하면 될까…. 그가 기본적으로 하고 싶은 말은 이거다.

"너는 못됐어. 이기적이야. 미성숙해. 아무짝에도 쓸모가 없어. 무능해…. 사랑받을 자격이 없어. 너는 웃으면 안 돼. 감정을 느껴서도 안 돼…. 한마디로 넌 행복할 권리가 없어!"

이 같은 메커니즘은 무의식적으로 작동한다. 그래서 자기 머릿속에 꺼지지 않는 라디오 방송이 있는지 없는지, 무엇보다도 그 방송이 뭐라고 떠드는지 아는 것이 중요하다. 관찰이 웬만큼 이루어진 후에는 그 폭군에게 이름을 붙여라. 제프, 로버트, 아무 이름이나 괜찮다.

코린은 문득 그 방해자의 존재를 감지했다. "야, 이 얼간아!" 그녀는 냅다 소리를 질렀다. 방해자는 이렇게 정체성을 부여받음으로써 더 이상 숨어 지낼 수 없게 되었다. 여러분이 놈의 낌새를 느낄 때마다 "꺼져, 제프!"라고 외치면 놈은 본능적으로 움츠러든다. 코린은 깔깔 웃으며 좋아라 했다. "닥쳐, 얼간아!"

혹은 큰소리로 노래를 부르는 방법도 좋다. 방해자가 떠드는 소

리가 여러분의 노래에 묻혀 들리지 않을 것이다!

이완요법과 병행하여 아주 재미있는 이미지 떠올리기 연습을 해도 좋겠다. 성질 더러운 그 트레이너가 엄청난 과오를 범해서 여러분이 이 기회에 그놈을 해고하기로 했다고 상상해 보라. 환송회도 열어 주자. 그리고 이번에는 유쾌하고 활기 넘치며 좋은 자극을 주는 젊은 코치를 새로 고용하기로 했다. 야닉 노아나 마리아 샤라포바를 코치로 영입해 봐? 그래, 섹시하고 멋있는 코치와 함께 지금보다 더 의욕적으로 운동을 하는 거다! 이렇게 이미지 떠올리기 연습을 하다 보면 어느새 머릿속의 대화는 편안하고 고무적인 방향으로 바뀌어 있을 것이다.

"그렇지! 지금 잘하고 있어! 할 수 있어! 금방 지나갈 거야!"

자기 자신과 결혼할 것

내 인생의 남자(혹은 여자)는 바로 자기 자신이라는 것을 아는가? 여러분은 죽음이 갈라놓을 때까지 여러분 자신과 살아야 한다. 그러니 자기 자신을 더없이 자상하고 살가운 배우자처럼 대하라. 일단 여러분이 마음 깊이 사랑하는 사람에게 어떻게 대우받고 싶은지 생각해 보라. 사랑하는 연인이나 배우자에게 기대하는 바로 그 방식대로 자기 자신을 보살피고 챙겨라. 요컨대 자기 자신과 다정하게 속삭여 보라. 여러분은 가장 좋은 것을 누릴 자격이 있다. 자기를 스스로 챙겨야지, 누가 챙겨 준단 말인가?

자존감이 만병통치약은 아니지만

자존감의 복구는 크고 작은 성공을 인정하는 데서부터 시작한다. 그다음에는 자신을 폄하하지 않고 스스로에게 친구처럼 살갑게 말을 거는 법을 배워야 한다. 끝으로 타인을 존중할 때와 똑같이 자기 자신도 존중해야 한다. 여러분은 형평과 정의를 찬양하지 않는가.

자신감은 한 겹씩 새로이 쌓이면서 기존의 자신감을 지켜 준다. 자신을 사랑할수록 긍정적인 자기 이미지와 성공을 기뻐할 수 있는 여력이 생긴다. 하지만 이것은 역방향으로도 작용한다. 성공을 기뻐할 수 있게 되면 자기 이미지가 긍정적으로 변하고 자신을 좀 더 사랑하게 된다.

자존감이 실수와 부정적 심리 상태를 모두 막아 주는 만병통치약은 아니다. 자존감으로 실망, 의혹, 두려움이 밀려드는 순간을 전부 다 막을 수는 없다. 자존감은 기껏해야 그러한 어려움을 조금 더 수월하게 처리할 수 있게 도와줄 뿐이다. 자존감은 삶을 유유히 흐르는 강물처럼 탈바꿈시키는 마법의 지팡이가 아니다.

그런데 사실 자신감이란 게 뭔가? 자신감은 별 게 아니다.

　　　　9장 숨이 끊어진 자존감을 살려 내자

- 자기 장점과 단점을 있는 그대로 받아들이고 자신을 사랑할 수 있는 편안한 마음

- 살면서 겪는 문제들을 대부분 자기 힘으로 웬만큼 해결할 수 있다는 믿음

- 두렵기도 하고 스트레스도 받지만 그럼에도 행동을 취할 수 있는 능력

자신감이 높은 산을 확 밀어 없애 주진 않는다. 하지만 자신감이 있으면 그 산을 제 발로 걸어서 넘을 수 있다.

어느 정도 회복되었는지 체크하자

여러분이 자존감을 제대로 회복했는지 알고 싶다면 다음 사항들을 체크해 보라.

- 자기 이야기를 긍정적으로 할 수 있다. 칭찬을 들어도 어색하지 않다.

- 예전에 비해 사소한 사건들에 일일이 반응하지 않게 되었다.

- 특정 분야에만 자존심을 걸지 않게 되었다. 관심 분야가 많아졌다. 자존감의 분배가 사회생활과 사생활 중 어느 한쪽에만 치우쳐 있지는 않은지 이 기회에 확인해 보라.

- 자기 이미지와 남들이 하는 말에 예전처럼 일희일비하지 않는다. 외부의 평가에만 귀를 기울이지도 않는다. 사회적 압력에 굴하지 않고 특별히 힘든 과정들이 있어도 받아들일 수 있다.

- 이제 자존감을 보호하거나 진작시키기 위해 일부러 힘을 쓸 필요를 느끼지 못한다.

- 자존심에 상처를 입는다고 해서 생각, 행동, 감정 상태까지 크게 동요하지는 않는다. 창피하거나 모욕적이었던 일을 두고두고 오랜 시간 곱씹지 않는다.

무엇보다도 여러분이 이미 완벽주의를 버렸다면 이러한 체크 사항들이 반드시 도달해야만 하는 목표가 아니라 지향해야 할 목표라는 점까지 이해하고 있을 것이다.

10장

멋진 뇌를
가동하기 위해
해야 할 일

머릿속을 잘 정리하고 온전함을 회복했다면 여러분의 두뇌 활동을 최적화하는 일만 남았다. 과도하게 활동하는 뇌를 가지고도 얼마든지 행복하게 살 수 있다. 그 뇌의 리듬을 존중하고 다섯 가지 기본적인 욕구를 충족시키기만 한다면 말이다.

가벼운 과로는
오히려 좋다

먼저 뇌의 리듬에 대해 얘기해 보자. 여러분의 뇌는 다소 바쁘다 싶을 정도로 줄기차게 돌아가는 편이 이롭다.

여러분도 한두 번 느낀 게 아니겠지만 여러분에게는 남들과 비교할 수 없는 에너지가 있다. 여러분은 하루 동안 남들보다 훨씬 많은 일을 해 놓고 그것도 모자라서 한 일이 하나도 없는 것 같은 좌절감을 느낀다. 여러분에게 보통 사람들의 일상은 보기만 해도 답답하다. 느리기는 엄청 느리면서 알맹이는 하나도 없어 보이니까. 물론 여러분은 종종 하지 않아도 될 일까지 한다는 둥, 적정선을 지키지 않는다는 둥 비난을 듣는다. 그러한 비난에 더는 민감하게 굴지 마라. 그렇다. 여러분은 지나치게 역동적이라는 뜻에서 일종의 과잉행동장애가 있다고 볼 수도 있다. 자, 사람은 자기에게 맞는 리듬으로 살아야 하는 법이니 남들이 하는 소리에 너무 신경 쓰지 마라. 물론 남들에게 여러분의 리듬을 따라오라고 요구해서도 안 된다!

정신적 과잉 활동인은 이따금 번아웃 상태에 빠지곤 한다. 이 '가벼운 과로'는 말이 쉽지, 적정선을 알기가 어렵기 때문이다. 원래 복잡한 회로는 몇 군데만 비틀어도 '과열'로 이어진다. 정신적 과잉 활동인은 낙타와 비슷하다. 100킬로그램쯤 짐을 실어야 힘차게 걸음을 옮기며 최상의 효율성을 보여 주니까. 하지만 그 짐에 1킬로그램만 더 보태도 낙타는 어느 순간 주저앉아 버린다.

그러니 그 1킬로그램을 조심해야 한다. 예상치 못했던 변수들이 들어설 자리를 남겨 둬라. 변수가 나타나지 않으면 잠시 긴장을 풀고 명상에 잠기는 시간으로 활용하면 된다. 그렇게 잠깐 숨을 돌리면 여러분에게도 좋은 일이다.

여러분은 살아 있다는 기분을 느끼려면 일상을 다소 숨 가쁘게 살아야만 하는 사람들이다. 계속해서 도전하고 싶은 일을 구상하고, 동시에 여러 가지 프로젝트를 추진해 보자. 보통 사람들은 어떻게 그렇게 산만하게 사느냐고 하겠지만 여러분은 그래야 삶의 균형이 잡힌다.

두뇌가 원하는
다섯 가지

이제 여러분의 뇌가 바라는 것이 무엇인가를 얘기해 보자. 뇌의 욕구는 엉뚱한 짓거리, 변덕, 작은 사치가 아니라 실질적인 필요다. 그러한 욕구가 채워지지 않으면 뇌가 고통스러워한다는 얘기다. 내가 이러한 욕구를 열거하면 정신 활동이 남다른 사람들은 금세 인정을 한다. 그들은 그러한 욕구가 만족되지 않아서 괴로워했으면서도 누군가가 이렇게 말해 주기 전까지는 그것의 중요성을 깨닫지 못하고 있었던 것이다.

❶ 학습

당신의 뇌는 배움을 좋아한다. 배움이 없으면 뇌가 같은 생각을 반복하고 우울해한다. 당신의 뇌는 복잡하고 정교한 것을 좋아하기 때문에 학습으로 적당한 영양을 얻지 못하면 하잘것없는 거라도 닥치는 대로 집어삼켜야 직성이 풀린다. 여러분이 좋을 대로 하라. 무엇을 배우고 싶었는가? 학교 다닐 때 살짝 접해 보기만 하고 깊이 배우지 못해서 아쉬웠던 분야가 있는가? 학교라는 틀 안에서는 흥미롭게 제시되지 못했거나 선생님이 비호감이라서 가까이 하지 않았지만 지금은 좀 배워 보고 싶은 분야가 있는가? 어쩌면 여러분의 마음 한구석에는 이미 '영어를 좀 더 열심히 공부했으면 좋았을걸'과 같은 아쉬움이 자리 잡고 있는지도 모른다. 인테리어, 원예, 요리, 목공 등 여러분은 모든 영역에서 능력을 계발할 수 있다.

여러분은 무엇을 배우고 싶어 하든 배울 수 있다. 단, 두 가지 기본 원칙이 있다.

- 도무지 이해할 수 없는 부분이 있다면 생각보다 쉬운 일을 괜히 복잡하게 받아들이고 있는 것은 아닌지 살펴보라.

- 배움은 끈기를 필요로 한다. 다소 복잡하거나 지루한 단계일지라도 그 단계를 반드시 넘어야만 배울 수 있다.

무엇인가에 확 꽂혀 보라. 그리고 즐겨라.

❷ 운동

운동은 남달리 왕성한 에너지를 분출하는 데 도움이 된다. 상담을 하다 보면 그 사실을 늘 확인하게 된다. 내가 이런 얘기를 하면 두뇌 활동이 남다르면서 규칙적으로 운동을 하지 않던 사람이 불현듯 자신이 운동을 얼마나 신 나게 했었는지, 몸을 움직이고 싶은 욕구가 얼마나 억눌려 있었는지 깨닫곤 한다. 게다가 운동은 세로토닌 분비를 촉진하고 행복한 기분을 낳는 도파민 분비도 촉진한다. 운동과 이완요법만큼 수면의 질을 개선하기에 좋은 것도 없다. 일과 중에 어떻게든 틈을 내서 자신을 풀어놓을 수 있는 시간을 갖자.

❸ 창의성

과잉 활동을 하는 뇌는 창조를 위해 태어났다. 손을 써서 무언가를 만드는 작업, 지적인 창작, 예술에 관한 것이라면 여러분의 뇌는 아주 잘 상상하고 고안하고 구상하고 생산하고 제작한다. 정신 활동이 유별나게 활발한 뇌는 흥분되는 일에 동원되지 못하면 천 갈래 만 갈래 생각으로 방황하고, 따분해하고, 우울증에 빠진다. 결국은 일상에서 현실감각을 잃고, 자기가 아무짝에도 쓸모없는 줄 알 것이다.

창의성을 발휘할 수 있는 직업을 갖는다면 가장 이상적이다. 정신적 과잉 활동인의 창의성을 활용하지 못한다면 이만저만 손해가 아니다. 두뇌 활동이 비상한 사람이 자신의 지적 능력에 미치

10장 멋진 뇌를 가동하기 위해 해야 할 일

지 못하는 업무를 아무런 자율성 없이 판에 박힌 대로 해야 한다면 그보다 유감스러운 일이 있을까.

두뇌 활동이 비상한 아이들이 중학교 때부터 성적이 문제가 되는 경우는 드물지 않다. 그 아이들 중 상당수는 자기 역량에 맞는 공부를 할 수가 없다. 다행히 재학 중에 비록 성적이 좋지 않았어도 적성에 잘 맞는 분야로 진출하면 자율적이고 창의적인 활동을 펼치곤 한다. 이들에게는 공예 및 수공업, 자유직이 비교적 잘 맞는다. 자율성과 창의성을 결합할 수 있는 직업 계열이 적합한 것이다. 이러한 기준을 염두에 두고 진로를 택하라.

기업체에서 고용인들은 두뇌 활동이 비상한 직원들을 제대로 파악하고 그들이 능력을 발휘하는 데 필요한 조건을 제공해야 할 것이다. 인간적인 정, 격려, 자율성, 도전에 대한 자극이 주어지는 회사에서 정신적 과잉 활동인은 기적적인 업무 능력을 발휘할 것이다. 만약 직업에 창의성을 발휘할 여지가 없다면 개인적인 생활에서라도 그것을 추구해야 할 것이다. 요리, 목공, 그림, 조각, 음악, 춤 등 개인적으로 창의성을 발휘할 수 있는 일은 많이 있다.

두뇌 활동이 무척 활발한데도 더 이상 꿈을 꾸거나 뭔가를 창조하지 못할 것 같다고 고백하는 사람들이 있다. 그들은 일종의 지적 영양실조, 마비 상태, 정신적 무인 지대에 갇혀 있는 것이다. 여러분의 창조성을 반드시 회복해야 한다. 여러분은 꿈을 꾸어야만 정신적 균형이 잡히는 사람들이다. 현실이 언제나 견딜 만한 것은 아니기에 꿈으로 긍정적인 생각의 물꼬를 터야 한다. 무엇보다도 꿈이라는 회중전등이 있어야 인생의 가능성들을 탐색할 수 있다. 현실에서 도피하고 싶을 때 어떤 사람들은 복권을 산다. 복권을 산다는 것은 사실 꿈을 꿀 권리를 사는 것이다.

창조성을 회복하려면 일단 사기를 떨어뜨리는 내면의 소리를 입 다물게 하고 자신의 꿈을 차분히 탐색해서 구체적인 계획들로 변모시켜 나가야 한다. 이런 면에서 가장 유능한 본보기는 월트 디즈니다. 그의 창의성 전략은 이 분야에서 가장 효율적인 전략의 하나로 연구되고 모형화되었다. 월트 디즈니는 창의성이 진가를 발휘하려면 세 단계를 포함해야 한다고 했다.

첫째, 아무 검열 없는 순수한 꿈, 둘째, 좀 더 구체적이고 현실적인 프로젝트, 셋째, '건설적' 비판이 그것이다. 이 중에서 반대와 비난은 가급적 나중에, 그것도 프로젝트를 와해하기 위해서가 아니라 좀 더 견고하게 다듬기 위해서만 제기될 수 있다.

그래서 월트 디즈니는 우리 내면의 세 사람에게 도움을 청할 것을 제안한다.

몽상가

몽상가는 축 늘어진 자세로 천장만 쳐다보고 있다. 착한 요정

10장 멋진 뇌를 가동하기 위해 해야 할 일

(창의성)이 우리 옆에 착 달라붙어서 무슨 문제가 발생해도 해결해 줄 것 같다. 이때만큼은 학력, 돈, 실수할 가능성이 걱정되지 않는다. 기분 좋은 꿈을 꾸기만 한다면 그걸로 오케이다. 몽상가는 한참을 꿈꾸다가 그 꿈을 현실주의자에게 넘긴다.

현실주의자

현실주의자는 자세를 좀 더 잘 잡고 있다. 그는 두 발을 바닥에 딱 붙이고 등을 펴고 똑바로 앉아 눈을 내리깔고 있다. 현실주의자의 역할은 꿈을 일상의 경험에 겹쳐 보고 자기 몸으로 직접 느끼는 것이다. 문제를 해결할 착한 요정은 여전히 곁에 있다. 현실적인 체험은 비록 좀 피곤하고 판에 박힌 감은 있을지언정 꿈에 뒤지지 않을 만큼 기분 좋다.

만약 그렇지 못하다면 현실주의자의 체험을 고려하여 조정을 가하고 꿈을 다시 꾸어야 한다. 현실주의자가 프로젝트 구상을 어느 정도 끝내면 그때야 비로소 내면의 비판자가 소환된다. 이제 그 비판자를 처음부터 다시 교육해야 할 것이다.

건설적인 비판자

착한 요정이 자취를 감춘다. 드디어 반박이 제기될 수 있다. 우리의 비판자는 턱을 괴고 앉아 삐딱한 시선을 보내고 있다. 하지만 절대 불가침의 지침이 있다. 그의 비판은 반드시 프로젝트를 구체화하는 방향으로 이루어져야 하며 프로젝트가 무너져서는 안 된다. 건설적 비판은 창작에서 가장 까다롭고 섬세한 단계다.

기본 질문은 이거다.

"이 프로젝트를 실현 가능하게 하려면 어떻게 해야 하는가?"

건설적 비판은 몽상가에게 전달되고 몽상가는 다시 주어진 필요를 충족시키기 위한 창조적 대안들을 찾아본다. 꿈은 이런 식으로 현실화될 수 있다. 고맙다, 미키마우스!

이미 눈치챘겠지만 건설적 비판자는 여러분 내면의 방해자와 근본은 다르지 않다. 그 방해자가 제 차례가 올 때까지 얌전하게 기다렸다가 건설적 비판만 할 수 있게 여러분이 재교육을 잘 시킨다면 게임은 이미 끝난 거다. 여러분의 아이디어, 프로젝트, 문제 해결 능력은 훌쩍 향상될 것이다.

내가 좌우명으로 삼고 있는 마르셀 파뇰Marcel Pagnol의 말이 여러분에게도 도움이 될지 모르겠다.

"모두 그게 불가능하다고 알고 있었다. 어느 날 그것도 모르는 바보가 나타났고, 그 바보는 결국 해냈다."

나도 매일 이 바보와 같은 사람이 되려고 노력 중이다.

❹ 예술

여러분의 뇌는 창의성에 대한 욕구와는 별개로 예술, 즉 넓은 의미에서의 '아름다움'을 필요로 한다. 예술을 뭐에 쓰느냐고 할 사람이 있을지 모르겠다. 예술이 인류의 생존에 원래부터 필수 불가결한 것은 아니다. 하지만 조각상, 그림, 장신구, 화장, 음악, 춤, 기념비 등은 아주 오랜 옛날부터 지역과 문화권을 막론하고 존재해 왔다. 이러한 현상을 어떻게 설명할까? 예술은 우리의 감각을 자극하고 정서를 고양한다.

(행복과는 또 다른) 가장 순수하고 자연스러운 삶의 기쁨은 감각기관을 기분 좋은 자극들로 채우는 데서 온다. 아름다운 것을 보고, 좋은 소리를 듣고, 감미로움을 느끼고, 향긋한 냄새를 맡고, 맛있는 것을 먹으면 우리는 일시적으로나마 지복의 상태에 놓인다. 자연은 이러한 기쁨의 가장 큰 부분을 제공한다. 예술은 자연과는 다른 방식으로 강렬하게 우리의 감성을 자극하고 아찔한 도취를 느끼게 한다. 잠시 전시회나 미술관, 연주회를 갈 때의 느낌을 떠올려 보라. 여러분의 과민한 감각기관들이 아름답고 좋고 선한 것을 충만하게 누리기만 해도 한없는 기쁨, 감미로운 평화, 그득한 포만감이 여러분의 혈관을 타고 흐르는 것 같다.

미술, 주主미술과 종從미술, 원시미술, 미학, 디자인, 건축… 하나의 예술 관념이 보편적으로 공유되는 것은 아니다. 예술이 불러일으키는 감정이 보편적이면서도 개인적일 뿐이다. 그렇기 때문에 예술은 국경, 문화권, 사회문화적 계층을 넘나들고 모든 인간이 예술 앞에 감동할 수 있는 한에서 인류를 잠재적으로 평등하게 한다. 따라서 예술을 하는 사람은 결코 쓸데없이 시간을 흘려보내는 베짱이가 아니다. 정신적 과잉 활동인들은 감정으로 똘똘 뭉친 덩어리들이다. 예술은 그들에게 표현의 여지를 주고 긍정적이면서도 강렬한 감정을 느끼게 한다.

더욱이 예술에는 대가를 바라지 않는 행위의 아름다움이 있다. 예술작품은 대개 실용적인 쓰임새가 없으며 어떤 수익을 가져다주지도 않는다. 연주의 대가로 번 돈이 악기를 배우고 실력을 연마하고 곡을 소화하는 데 들인 시간을 충분히 보상하는 경우는 극히 드물다. 그렇지만 예술가들은 이 덧없는 것에 인생을 건다. 어떤 그림, 어떤 작품, 어떤 곡 때문에…. 관객들도 때로는 어떤 작품을 보기 위해, 어떤 노래를 듣기 위해, 비교할 수 없는 순간을 경험하기 위해 엄청난 돈과 시간을 투자한다. 우리는 유용한 것의 유용성은 잘 알지만 안타깝게도 무용한 것의 유용성에 대해서는 너무 쉽게 잊는다. 행위, 특히 대가를 바라지 않는 이타적인 노력은 다 같은 사람들끼리 기쁨을 맛보기 위한 것일 뿐 다른 목적 따위는 없다. 그래서 예술은 인류의 가장 고결하고 위대한 부분, 인류가 예외적으로 너그럽게 내어 주는 최상의 부분을 접하게 해 준다. 예술이 있기에 우리는 깊고 힘찬 인류애를 느낄 수 있다. 이 거칠고 투박한 세상에 다소나마 섬세함을 더해 주는 것, 그게 바로 예술이다.

❺ 정서적 교감

처음부터 계속 해 왔던 얘기다. 여러분은 덩치만 큰 아기, 사랑과 정을 듬뿍 받으며 살아야만 하는 사람이다. 여러분은 넘치도록 사랑을 줄 수 있는 사람이자 사랑을 받을 줄도 아는 사람이다. 여러분은 자신과 가치관이 비슷한 선의의 사람들과 어울려 서로를 존중하고 협력하며 살고 싶어 한다. 그러니 속을 털어놓고 지낼 사람들을 잘 보고 고르기 바란다. 세상에는 여러분처럼 덩치만 자랐지 여전히 아이처럼 순진한 사람들이 그래도 꽤 있다. 그들을 찾는 것은 여러분 몫이다.

여러분의 두뇌를 만족시키는 데 공을 들였다면 그 두뇌의 활동은 최적화될 것이다. 그때부터 남다른 두뇌 활동은 흠이 아니라 축복이 된다.

11장

나와 잘 살면 모두와
잘 살 수 있다

자신을 이해하고 인정할수록 여러분의 자존감은 향상된다. 자존감이 탄탄하면 사람이 꼿꼿해지고 자기 자신을 존중하게 된다.

지금까지 여러분은 남들에게 맞추고 적응하느라 기운을 빼거나 실망을 겪었다. 하지만 이제는 여러분과 그들 사이의 오해를 풀 수 있는 열쇠들을 전부 다 손에 넣었다. 보통 사람들은 여러분과 분명히 다르고 앞으로도 그러할 것이다. 여러분이 보통 사람들의 암묵적 규약을 파악하고 여러분의 이상주의에 조금만 융통성을 두기로 마음먹는다면 얼마든지 그러한 규약을 소화할 수 있다. 그 정도까지는 아니어도 어색한 순간, 불편한 마찰이 어디에서 비롯되는지 알게 되었으니 막연히 답답하지만은 않을 것이다.

고독은
선택 사항

"나쁜 동행과 가느니 홀로 가는 편이 낫다"라는 속담이 있다. 아스퍼거 증후군 환자는 이 속담을 문자 그대로 실천한다. 그들은 가까운 사람들조차 침입자로 여긴다. 아스퍼거 증후군 환자는 주변 사람들로부터 이해받지 못할뿐더러 그들과의 접촉을 굉장히 피곤해한다.

하지만 정신적 과잉 활동인 중에는 아스퍼거 증후군 환자와는 정반대로 고독을 못 견디는 사람들, 홀로 가느니 나쁜 동행이라도 좋다는 이들이 있다. 그래서 일방적으로 피해를 입는 인간관계까지 감수하지만 그러한 관계는 결국 악몽으로 변하게 마련이다.

그러나 진정한 고독과 외롭다는 느낌은 다르다. 다른 사람들과 다르며 이해받지 못하고 있다는 느낌은 소통의 문을 닫아 버린다. 이렇게 사는 사람은 무리 속에 끼어 있어도 결국은 혼자다. 극단적인 경우에는 혼자 지내느니 학대를 당하는 편이 낫다는 사람도 있다. 그의 마조히즘은 '어쩔 수 없는 차선', 잘못된 대안일 뿐이다. 여러분의 주위 사람들을 쫓아내고 여러분을 무력하게 만드는 심리 조종자와 함께 산다면 결국 가장 냉엄한 고독만이 기다리고 있을 테니까. 간단히 말해, 모든 것을 꽁꽁 얼려 버리는 인간과 사는 것보다는 차라리 혼자 사는 편이 따뜻하다!

사실, 앞에서 인용한 속담을 바르게 고쳐 쓰자면 다음과 같다.

"좋은 동행을 찾으려면 먼저 홀로 걸어갈 줄도 알아야 한다."

외롭다는 감정을 잘 길들여서 같은 편으로 삼아야 한다. 고독을 일방적으로 견딜 때는 불안하다. 하지만 일시적으로 선택한 고독은 새로운 힘을 불러일으킨다. 이것을 잊지 마라. 당신은 당신 자신과 결혼했다. 당신 자신은 언제나 함께 있어 줄 터이니 앞으로는 외롭지 않을 것이다.

예민하고 생각이 많은 사람들에게는 버림받았다는 감정, 거부당했다는 감정을 관리하는 것이 관건이다. 이들은 누군가와 멀어지는 것을 극도로 두려워하기 때문에 지나치게 밀착된 인간관계를 지향한다. 그러한 관계는 한 발짝 물러서거나 거리를 유지할 여지를 주지 않는다. 그렇다 보니 그들의 배우자나 친구는 말 그대로 숨이 막힌다.

정신적 과잉 활동인은 끝도 없이 인정받고 안심하고 싶어 한다. 그들은 상대가 절대적으로 자기만 바라보기 원하는데, 이제 여

11장 나와 잘 살면 모두와 잘 살 수 있다

러분도 정신적 과잉 활동인이 말하는 '절대'가 무슨 뜻인지 짐작할 것이다. 일반적으로 자신의 온전함을 회복하고 자존감을 고양하는 단계까지 오면 자연스럽게 자율성과 강인함이 더해진다. 이제는 고독이 두렵지 않을 것이다. 이젠 버림받을까 봐 벌벌 떨어서는 안 된다.

비판에 대처하는 자세

여러분도 알다시피, 세상에는 비판하기 좋아하는 사람들이 넘쳐난다. 보통 사람들은 더 나아지기 위해 비판을 한다고 생각한다. 하지만 정신적 과잉 활동인은 자신들의 이상이 존중받지 못하는 데서 좌절감을 느낀다. 심리 조종자들은 여러분을 소외시키기 위해 여러분의 자존감을 갉아먹으려 한다. 여러분은 원래 예민하기도 하지만 지금까지 예민해지지 않을 수 없었다. 비판은 여러분을 오랫동안 혼란에 몰아넣었다. 하지만 이제 바뀔 수 있다.

무엇보다도 이제부터는 비판을 여러분 개인의 것으로 받아들이지 마라. 비판하는 사람은 여러분 못지않게 자기 자신에 대해서도 말하고 있다. 그 논리는 '나는 나 자신에게 금지하는 행동을 다른 사람들에게서 찾아내어 비판한다'(뻔뻔하게 그런 행동을 스스로에게 허하는 자들을 비판하는 것이다!)는 데 있다. 예를 들면 선정적인 옷을 입고 온 여자를 흉보는 사람은 '섹시하게 보여서는 안 된다'는 개인적 금지를 드러내는 셈이다. 비난이 신랄할수록 그 사람의 자기 검열은 강력하다.

이제 열쇠를 쥐었으니 여러분을 비판하는 사람들의 터부를 해독해 보라. 이러한 해독은 자기 자신에게도 적용될 수 있다. 누군가를 비판하게 되거든 자신의 비판에서 개인적인 금지들이 어떻게 드러나는지를 살펴보라.

보통 사람은 여러분을 온전히 이해하지 못한다는 사실을 명심하라. 여러분의 존재를 파악할 수 없는 사람, 여러분의 종합적인 시각을 따라잡을 수 없는 사람에게 어떻게 믿을 만한 피드백을 기대하겠는가? 그가 여러분에 대해 하는 말은 파편적이거나 왜곡되어 있을 것이다. 그러니 그의 비판은 그의 가치관과 사고방식을 보여 주는 지표라고 생각하면 된다. 예를 들어 그가 당신에게 안정감이 없다고 비판하거든 '그는 변화를 싫어하는 사람이구나'라고 이해하라. 그가 당신에게 너무 감정적이라고 하거든 '저 운 좋은 녀석은 유유자적한 편도체를 타고나서 감정의 격랑에 좀체 휘말리지 않는구나' 하고 생각하라.

　　　　　11장 나와 잘 살면 모두와 잘 살 수 있다

보통 사람들의 말마따나 어떤 비판들은 여러분의 발전에 귀중한 지표가 된다. 여러분이 그 비판들을 정체성 단계가 아니라 행동 단계에서 받아들이기만 한다면(혹은 환경 단계에서 받아들인다면) 고무적인 효과를 누릴 수 있을 것이다. 비판을 피드백으로 받아들이자. 타당한 비판이라고 생각하거든 그러한 비판을 제공한 사람에게 감사하라. 비판에 수긍할 수 없겠거든 그냥 소박하게 "당신 생각은 그렇군요" 하고 넘어가면 된다. 상대의 지적이 정신적 과잉 활동의 주요한 특성 중 하나라면 오히려 반가워하라. 그 사람도 당신이 어떤 사람이지를 알아본 것이다. 그러니 멋지게 미소 지으며 맞장구를 쳐 주기 바란다. "네, 맞아요. 제가 좀 과한 데가 있죠."

상처와 정면으로
화해하기

고독에 대한 두려움, 비판에 의한 상처 뒤에는 객관적 폭력, 즉 거부당했던 과거가 있다. 앞에서 누누이 살펴보았듯이 우리 모두는 거부를 두려워하고 심지어 거부를 생존에 대한 위협으로 여긴다. 특히 집단에서의 배척은 조롱당한 당시뿐만 아니라 그 후로도 오랫동안 혼자 있게 될 때마다 무서운 고립감을 불러일으킨다.

이제 여러분은 이러한 감정을 차츰 덜 느껴야 한다. 자신의 비범함과 주변 환경의 규범 사이에서 솜씨 좋게 항해를 할 줄 알아야 한다. 하지만 어떤 삐뚤어진 인간이 여러분의 특별함을 알아차릴 가능성을 배제할 수는 없다. 그는 여러분 본연의 모습을 눈엣가시처럼 여기고 여러분을 따돌리기 위해 무리를 조직할지도 모른다. 이런 경우 여러분은 살아남기 위한 반응 양식을 잘 개발해야 한다.

낙마 사고 후 승마 공포증에 걸리지 않으려면 곧바로 슬슬 말을 타기 시작해야 한다. 인간관계에서 문제가 생겼다고 해서 사람들을 멀리해서는 안 된다. 믿을 수 있는 친구를 만나고, 이웃과 담소를 나누고, 장을 보러 나가서 우연히 마주친 다른 손님과 말을 섞어 보라. 사람을 만나기가 여의치 않다면 몸이라도 많이 움직여라. 이 기회에 대청소를 하든가 오래전부터 뭐가 들었는지도 잊어버린 냉장고를 정리해 보라. 거부의 경험이 "아, 개운하다! 그 망할 계집애 때문에 오랜만에 주방을 싹 정리했네!"라는 식으로 되레 만족감의 기회를 줄지도 모른다.

일반적으로 고립을 피하기 위해서는 어느 한 집단에 감정적으로 몰입하기보다는 되도록 다양한 사회적 조직에 몸담고 다층적인 인간관계를 맺는 것이 좋다. 나의 인맥을 아주 가까운 친구, 단순한 동료나 동창, 그냥 알고 지내는 사람 등으로 분류하고 각 범주의 인간관계가 나에게 줄 수 있는 것과 줄 수 없는 것을 분명히 하자. 물론 여러분은 각별한 관계에 목말라 있지만 다소 피상적인 관계도 받아들일 수 있어야 한다. 모든 인간관계에 애정을 쏟고 속 깊은 대화를 나누기를 기대하지 마라. 속 깊은 얘기는 정말로 가깝고 친밀한 사람들하고만 하라.

거부에 대한 두려움을 회피하지 말고 당당하게 맞서라. 사람들에게 다가가라. 유머감각과 자조가 도움이 될 것이다. 이렇게 생각하라.

'됐어. 저 사람들이 날 별 볼일 없는 인간으로 볼까 봐 두렵긴 하지만 어차피 그렇게 보일 거라면 꽁하고 움츠러든 모습보다 웃으면서 호감 가는 모습을 보여 주는 게 낫잖아!'

사회생활을 한다는 것은 도움을 받기로 한다는 것이다. 그러자면 상대에게 도움을 적절하게 청할 줄도 알아야 한다. 어떤 친구들은 여러분이 하는 말에 성심성의껏 귀를 기울인다. 또 어떤 이들은 여러분을 밖으로 불러내거나 기분 전환을 시켜 준다. 전문가에게 도움을 청할 때에는 그가 당신을 이해할 수 있을지부터 확인해야 한다. 심리학 전문가 중에도 정신적 과잉 활동인에 대한 이해가 부족한 사람은 많다. 그런 사람은 여러분을 무슨 병자처럼 취급하고 도움을 주기는커녕 더 괴롭게 만들 공산이 크다.

바보와 현자의 차이가 뭔지 아는가? 현자는 상대를 가려 말한다. 모든 사회적 관계에서 상대가 나를 이해하지 못하거든 굳이 이해받으려고 애쓰지 마라. 얼른 한 발짝 물러나 화제를 바꾸는 게 상책이다.

필요한 것은
사랑보다 존중

사랑받고 싶은 욕구가 존중받고 싶은 욕구보다 너무 커져 버리면 그때부터 골치 아픈 일이 발생한다. 존중하지 않는 사람을 사랑한다는 것은 불가능하기 때문에 사랑받고 싶은 욕구를 우선시하는 것은 쓸모없는 짓이다. 그러니 먼저 여러분을 존중하게 하라. 사랑받고 말고는 그다음 문제이지만 최소한 여러분의 온전함에 손상을 입는 것은 막을 수 있다. 어린아이라면 모를까, 어른은 생존하기 위해 모두에게 인정받아야 할 필요가 없다. 그러니 이제 당신의 VIP 접대 살롱 앞에 경비를 세우고 손님을 가려 받아라. 돼

먹지 못한 사람들은 발을 들여놓지 못하게 하라.

이제 그 살롱에는 거짓 자아가 없다. 익살맞고 다정다감한 여러분의 진정한 자아의 대접을 받을 자격이 있는 손님들만 대접하라.[●]

제짝을 만나야
꽃피는 인생

나는 임상 경험에서 나르시시즘에 빠진 변태와 정신 활동이 유별나게 활발한 사람이 짝을 이루는 커플을 압도적으로 많이 만나봤다. 물론 상담을 받으러 오는 쪽은 항상 후자다. 그들은 자기가 정말 미친 것 같다면서 절망한다. 나는 가끔 정신적 과잉 활동인 이 변태들의 증오심을 탈지면처럼 싹 흡수해 주기 때문에 그나마 사회가 돌아갈 수 있는 것은 아닌가 생각하기도 한다. 아무튼 나는 정신적 과잉 활동인들이 거머리에게 피를 빨리듯 수탈당하고 있다고 확신한다.

그들은 박해자에게서 풀려나면 얼마든지 잘 살 수 있다. 또 심

● 필요하면 내가 쓴, *S'affirmer et oser dire non*을 참고하라.

리 조종의 기제를 이해하고 나면 다시는 그 같은 지배 관계에 빠지지 않을 수 있다. 한때 깊은 절망감에 나를 찾아왔던 사람들이 활기차고 에너지가 톡톡 튀는 모습으로 완전히 바뀐 경우를 한두 번 본 게 아니다. 그 이유는 대개 자기와 비슷하게 생각이 많고 두뇌 활동이 비상한 사람을 드디어 만났기 때문이다. 새로운 배우자가 정신적 과잉 활동 개념을 잘 이해하고 있어서 행복한 부부 생활을 영위하기가 수월해진 것이다. 그들은 원기 왕성하고, 호기심 많고, 유머감각이 풍부하면서도 다정다감한 커플이 된다. 정 많고 순진해 빠진 사람 둘이 만나 신 나게 토론하고, 티격태격하고, 의견을 나누고, 함께 힘닿는 대로 세상을 바꾸어 간다.

정신 활동이 남다른 사람과 보통 사람이 재혼 가정을 이루어 잘사는 경우도 적지 않다. 사실, 이쪽 커플이 좀 더 안정감은 있다. 보통 사람이 배우자의 두뇌 활동을 완전히 이해하지는 못하면서도 상대의 격한 감정을 '원래 그런 사람이니까'라며 잘 받아 주는 경우다. 두뇌 활동이 남다른 배우자 쪽에서 다소 따분함이나 좌절감을 느끼지만 그래도 배우자가 제공하는 안정감이나 위안을 고마워하기 때문에 부부 사이가 원만하다. "당신은 질문이 너무 많아"나 "당신은 매사에 너무 마음을 쓴다니까" 같은 말도 이해심 많은 배우자의 입에서 나오면 정신적 과잉 활동인이 자기를 다잡고 한계를 두는 데 도움이 된다. 하지만 지적으로는 퇴보가 있을 수 있다. 그렇다고 보통 사람에게 정신적 과잉 활동인의 걷잡을 수 없는 리듬을 따라오게 하면 상대는 지쳐 떨어질 것이다. 이들이 균형 잡힌 커플로 살아가기 위해서는 정신 활동이 유별나게 활발한 배우자가 가정보다는 직업이나 취미 생활에서 지적 도전 과제들을 발견하고 에너지를 분출하며 살아야 한다.

정신적 과잉 활동인은 자신이 남과 다르다는 사실을 알게 되면 배우자와 그런 이야기를 하면서 이해를 받고 싶어 한다. 그런데 보통 사람인 배우자는 대개 정신적 과잉 활동 개념에 대해 그리 수용적이지 않다. 굉장히 실망스럽긴 하겠지만 당연한 일이다. 앞에서도 말했듯이 깔때기를 파이프에 집어넣을 수는 없다. 이 시점에서 정신적 과잉 활동인은 '나의 모든 것을 배우자와 공유할 수는 없겠구나'라고 깨닫는다. 보통 사람인 배우자와 행복하게 살아가려면 많은 부분을 포기해야 할 것이다.

지독하게 성차별적이기는 하지만 객관적인 사실을 하나 지적하겠다. 남성은 대부분 자기보다 똑똑한 여성과 결혼하고 싶어 하지 않는다. 통계학적으로 봐도 남성은 자기 IQ의 높고 낮음에 상관없이 자기보다는 다소 낮은 IQ의 여성과 결혼하는 경향이 있다. 물론 IQ가 실제로 머리가 좋다는 증거라고 보기는 어렵다. 그러니까 "너무 똑 부러져도 시집 못 간다"라고 하는 할머니들의 충고는 일리 있는 말이다. 예쁘고 똑똑한 여성은 혼자 살 확률이 높다. 그 점에 있어서도 절망적인 통계가 나와 있다. 여성은 학력이 높을수록 짝을 만나기가 힘들다.

여성들이여, 절망하지 마라. 나는 자기 자신을 인정하고 뛰어난 두뇌를 잘 활용하면서부터 심리 조종자 같은 놈팡이에게 끌리지 않고 정말 괜찮은 남성을 만나는 여성의 사례를 많이 봤다. 이런 여성은 자기와 비슷하게 두뇌 활동이 비상한 남성을 만나면 행복하게 살 확률이 높다. 그러자면 선택의 기준을 바꾸고 마초들은 얼씬도 못하게 해야 한다. 두뇌 활동이 비상한 남성의 경우도 마찬가지다. 과도하게 여자 냄새를 풍기고 다정하게 구는 여성들을 피하라. 그게 다 미끼다.

정신 활동이 남다른 사람들끼리 만나기 위해서는 이성에 대한 판에 박힌 생각(남자다운 남자, 여자다운 여자)을 버려야 한다. 정신적 과잉 활동인은 자신의 남성적 에너지와 여성적 에너지를 모두 계발하며 성장한다. 그래서 두뇌 활동이 남다른 여성은 (외모가 아니라 사고방식에 있어서) 굉장히 남성적인 데가 있고 두뇌 활동이 남다른 남성은 반대로 꽤나 여성적인 데가 있다. 음양의 조화가 중요하다고들 하는데, 정신적 과잉 활동인끼리의 만남은 각자의 내면에서나 커플 생활에서나 남성적인 면과 여성적인 면의 균형을 이루는 데 이롭게 작용할 것이다.

나는 동성애자와 양성애자에게서 정신적 과잉 활동인의 비율이 특히 높다고 본다. 최소한 내가 임상적으로 경험한 바에 따르면 그랬다.

정신적 과잉 활동인 커플은 두 사람 모두 평온하게 자신의 두뇌 활동에 맞게 살아갈 수 있을 때 가장 행복하다. 그러자면 두 사람 모두 자기 정체성의 공백을 메우고, 자존감을 회복하고, 자신이 생각하고 행동하는 방식을 모든 면에서 받아들여야 할 것이다.

만약 여러분의 배우자가 두뇌 활동이 남다른 사람인데 아직 이러한 단계에 이르지 못했다면 이 책을 다 읽자마자 빌려 주기 바란다!

당신은 충분히
멋지다!

"왜?"라고 묻고 싶었을 거다. 나도 알고 있었다! 여러분은 이 책을 읽으면서 몇 번이나 이 질문을 던지고 싶어 입이 근질근질했 겠지만 내가 얘기를 꺼낼 때까지 잘 참아 주었다. "그렇게 태어난 걸 어쩌라고요!"라든가 "나도 몰라요. 하라는 대로 하세요"라고 대 답하면 여러분이 얼마나 열 받을지도 잘 안다. 그렇지만 어쩔 수 없는 부분이 있다. 몇 가지 가설들이 나와 있기는 하다. 여러분이 여러 가지 설명 가능성을 동시에 생각할 수 있는 사람들이라는 것 을 잘 알기에, 몇 가지 가설들을 제시하는 방향으로 답변해 보려 한다.

예술가, 창작자, 정서가 독특한 사람, 남다르게 태어나 그러한 기질 때문에 고통받았던 사람은 늘 있었다. 역사에는 위대한 정신의 소유자와 천재가 넘쳐 난다. 레오나르도 다빈치는 정신적 과잉 활동인이 분명하다. 다빈치는 그 전형적인 초상이라고 해도 좋을 것이다. 미켈란젤로, 아이작 뉴턴, 알베르트 아인슈타인, 아마데우스 모차르트는 오늘날 아스퍼거 증후군으로 의심되고 있다. 열쇠 만들기에 집착했다는 루이 16세도 '특정한 관심사'에 편중된 지적 활동인이라는 면에서 한스 아스페르거의 주목 대상이 될 수도 있었을 것이다.

그런 게 영재성일까? 맞다. 하지만 지금까지 살펴보았듯이 IQ 검사는 다각적 사고방식에 잘 맞지 않는다. 새로운 검사, 이를테면 우뇌를 위한, 우뇌에 의한 검사 방식이 개발될 필요도 있을 것이다. 하지만 그런 검사로 무엇을 증명해야 하나?

유전적인 문제를 지적하는 이들도 있다. 여기에도 일리가 있다. 유전성이라는 주제는 이미 꽤 깊게 연구되었고 맹목적으로 해명을 구하던 자들이 유전자와 순전히 역학적인 이유들에 만족하기도 했다. 그렇다. 혈통과 가계를 연구하면 비슷한 인간형들이 눈에 띈다. 한 가족의 형제자매 전원이 정신적 과잉 활동인인 경우도 꽤 많지만 늘 그런 건 아니다. 가족 중에서 자기 혼자만 두뇌 활동이 비상하다면 미운 오리 새끼가 된 기분은 더욱더 어쩔 수 없다!

그렇지만 우뇌형 인간을 만드는 유전자란 과연 뭘까? 나는 유전적 설명에는 늘 개운치 않은 부분이 있다고 본다. 닭이 먼저냐, 달걀이 먼저냐? 우뇌형 사고방식은 선천적인가, 후천적인가?

그렇다면 심리적 회복탄력성psychological resilience은? 실제로 위험, 불안정, 학대는 사람을 극도로 예민하면서도 창의적으로 사고하게끔 몰아간다. 학대를 당한 아이들 중에서 두뇌 활동이 비상하게 좋아지는 경우가 있다. 그렇다면 심리적 회복탄력을 말할 수 있을 것이다. 부모가 선량한 보통 사람이라면 일부러 아이를 학대하는 게 아니다. 하지만 두뇌 활동이 남다른 아이를 감당할 역량이 안 되니까 아이를 심하게 꾸짖거나 소원하게 대할 수는 있다. 그렇잖아도 감수성이 예민한 아이에게 부모의 몰이해, 꾸중, 비판은 정신적 폭력과 다르지 않다. 하지만 이 경우에 영재성은 학대의 원인이지 결과가 아니다. 게다가 학대당한 아이들이 모두 다 비상한 두뇌 활동을 보이지도 않는다. 나는 아무 문제없는 화목한 가정에서 성장한 정신적 과잉 활동인을 많이 봤다. 이렇게 본다면 심리적 회복탄력성 이론은 성립되지 않는다.

나는 다소 타협적인 설명을 제안하고자 한다. 영재성이 있는 아이는 자신의 부모보다 통찰력 있고 이성적이며 어른스럽기 때문에 부모에게서 안정감을 찾을 수 없다. 아이는 본능적으로 자기가 부모보다 똑똑하다는 것을, 부모의 이해에 의지할 수 없다는 것을 안다. 따라서 스스로 심리적 회복탄력성을 키우지 않으면 안 된다.

부모의 잘못은 없을까? 글쎄, 부모를 비난하더라도 어머니 쪽을 살펴봤으면 아버지 쪽도 살펴보라. 어쨌든 레오나르도 다빈치 같은 천재들은 아버지와의 사이에서 문제가 있는 경우가 많았다.

아버지의 소임은 삼각관계를 완성하는 것이다. 다시 말해 어머니의 품에서 아이를 추방하고 분리하여 외부 세계를 정복하러 나아가게 하는 것이다. 아버지가 부재하거나 이 소임을 제대로 수행하지 못할 때 아이가 드러내는 징후들은 정신적 과잉 활동의 징후들과 비슷하다.

이러한 삼각관계의 주요한 측면은 다음과 같다.

▮ **보호**: 가족을 물리적으로 보호하는 것은 가장의 역할로 오래전부터 인정되었다. 반면에 가족의 내면의 불안을 안정시키는 역할은 그렇게 널리 인정되지는 않지만 중요도에서는 뒤지지 않는다. 만약 가족이 이루는 삼각관계가 이 역할을 다하지 못한다면 아이는 몹시 불안해한다.

▮ **교육**: 아버지는 지표들을 제시한다. 아버지는 법, 규칙, 제한, 규약, 금기를 전달한다. 그런데 정신 활동이 남다른 아이들은 (자기가 보기에!) 자의적인 권위, 법, 규칙에 고분고분하지 않을뿐더러 암묵적인 사회적 규약을 이해하지 못한다.

▌**입문:** 아버지는 박탈과 부재를 가르친다. 이로써 아이는 즉각적인 만족을 포기하고 좌절을 견딜 수 있다. 정신적 과잉 활동인의 감정적이고 미숙한 면모를 이렇게 설명할 수 있을까?

▌**분리:** 아버지는 아이를 어머니로부터 분리해야 한다. 아이는 다시는 어머니의 치마폭으로 돌아갈 수 없기에 어쩔 수 없이 바깥세상으로 눈을 돌린다. 아버지가 제 역할을 다하지 못해서 아이가 타아他我 구분 없는 정서적 집착 상태를 벗어나지 못한 것은 아닐까?

▌**가계:** 아버지는 성姓을 물려줌으로써 혈통의 후계자를 정하고 아이는 적법성을 부여받고 선조들과 이어진다. 아버지를 모르고 태어난 아이들은 많은 고통을 겪는다. 누가 그 아이들의 정체성의 공백을 메워 줄 수 있을까? 아버지의 부재나 미미한 존재감 때문에 정신적 과잉 활동인이 정체성의 공백을 느끼는 것은 아닐까?

아버지가 물리적으로 있고 없고는 문제가 아니다. 아버지가 제 역할을 과하거나 모자라게 수행한다면 아버지의 기능이 제대로 이루어진다고 볼 수 없다. 아이를 이 삼각관계에 잘 위치시키려면 무엇보다도 다음과 같은 것들이 가능해야 한다.

• 아버지가 전능하기를 포기한 어른다운 어른이라야 한다.

• 부모 세대에서 아이 세대로의 전환을 인정해야 한다. 다시 말해 자신은 늙어 가고 장차 자녀에게 추월당할 것을 받아들여야 한다.

- 서로 바꿀 수 없는 아버지 역할과 어머니 역할이 있음을 이해하고 자신이 엄마 노릇을 대신하려고 하지 않아야 한다.

완벽주의는 무엇이든 할 수 있다는 모성적이면서도 유아적인 환상에 기인한다. 아버지가 불완전할수록(그렇다고 너무 불완전해서는 안 된다!) 어머니와 아이는 세상의 현실과 단단히 연결되는 경향이 있다. 그런데 정신적 과잉 활동인은 여전히 현실과 괴리된 완벽주의의 환상, 전지전능함에 머물러 있다.

어린아이들은 우뇌가 지배적인 두뇌 활동을 하지만 성장하면서 이러한 특성을 차츰 잃어버린다는 사실을 이 이론과 연결해 생각해 볼 수도 있겠다. 가족을 안전하게 보호하고 가정의 기강을 잡는 아버지는 어떤 역할을 하는 걸까? 서양의 교육은 개인이 사회의 필요에 부응하게 하는 교육이다. 객관적으로 볼 때 반항적인 우뇌형 몽상가들보다 말 잘 듣는 좌뇌형 인간들이 생산적이기 때문이다.

좌뇌와 우뇌의 기능을 인간의 친척뻘인 원숭이들의 사회 조직과 비교해 보는 것도 재미있다. 침팬지들은 가혹할 정도로 확실하게 코드화된 위계질서를 준수한다. 침팬지들을 관찰하다 보면 마치 좌뇌만 있는 인간들의 삶을 구경하는 기분이 든다. 반면에 보노보들은 사랑과 협력을 극단적으로 추구한다. '피스 앤드 러브

peace and love' 식의 태도가 우뇌만 있는 인간들의 삶을 희화적으로 보여 주는 듯하다.

요컨대 "왜?"라는 물음에 "왜냐하면"은 여러 가지로 나올 수 있 겠다! 하지만 여러분이 왜 이렇게 되었는가는 별로 중요하지 않다.

여러분은 세상에 둘도 없고, 불완전한 모습 그대로 완벽하다. 여러분은 아이디어가 들끓고, 생명력이 넘치고, 기쁨으로 번득이 고, 사랑으로 톡톡 튀는 근사한 뇌를 가졌다.

자, 인생은 참 아름답지 않은가?

닫는 글

참고 문헌

Adda Arielle, *Le livre de l'enfant doué*, Éditions Solar, 1999.

Adda Arielle & Catroux Hélène, *L'enfant'doué, l'intelligence réconciliée*, Éditions Odile Jacob, 2003.

Andre Christophe, *Imparfaits, libres et heureux*, Éditions Odile Jacob, 2006. 《나라서 참 다행이다》. 이세진(옮김). 북폴리오(2010)

Attwood Tony, *Le syndrome d'Asperger*, Éditions de Boeck, 2009. 《아스퍼거 증후군》, 이효신 외(옮김), 시그마프레스(2010)

Bolte Taylor Jill, *Voyage au-delà de mon cerveau*, Éditions JC Lattes, 2008. 《나는 내가 죽었다고 생각했습니다》, 장호연(옮김), 윌북(2019)

Buzan Tony & Barry, *Mind map, dessine moi l'intelligence*, Eyrolles Éditions d'organisation, 1993. 《토니 부잔의 마인드맵 북》, 권봉중(옮김), 비즈니스맵(2010)

Caroll Lee & Tober Jan, *Les enfants indigos 10 ans après*, Éditions Exergue, 2009.

Cyrulnik Boris, *Les vilains petits canards*, Éditions Odile Jacob, 2001.

_____, *Un merveilleux malheur*, Éditions Odile Jacob, 1999. 《불행의 놀라운 치유력》, 임희근(옮김), 북하우스(2006)

Foussier Valérie, *Enfants précoc프es, enfants hors norme?*, Éditions J. Lyon, 2008.

Giordan André & Saltet Jérôme, *Apprendre à apprendre*, Éditions Librio 831, 2009.

Hehenkamp Carolina, *Le mystère des enfants indigo*, Éditions Exergue, 2003.

_____, *Vivre avec un enfant indigo*, Éditions Exergue, 2004.

Israel Lucien, *Cerveau droit cerveau gauche*, Éditions Plon, 1995.

Mac Mahon Susanna, *Le psy de poche*, Éditions Marabout, 1995.

Miller Alice, *Le drame de l'enfant doué*, Éditions PUF, 2008.

Millêtre Béatrice, *Petit guide à l'usage des gens intelligents qui ne se trouvent pas très doués*, Payot, 2007.

Neveu Marie Françoise, *Les enfants actuels*, Éditions Exergue, 2006.

_____, *Enfants autistes, hyperactifs, dyslexiques, dys … Et s'il s'agissait d'autre chose?*, Éditions Exergues, 2010.

Page Martin, *Comment je suis devenu stupide*, Éditions le dilettante, 2000.

Siaud Facchin Jeanne, *L'enfant surdoue*, Éditions Odile Jacob, 2002. 《영재의 심리학》, 정미애(옮김), 와이겔리(2018)

_____, *Trop intelligent pour être heureux*, Éditions Odile Jacob, 2002.

Tammet Daniel, *Je suis né un jour bleu*, Edition des Aènes, 2007. 《브레인맨, 천국을 만나다》, 배도희(옮김), 북하우스(2007)

_____, *Embrasser le ciel immense*, Edition des Arènes, 2009. 《뇌의 선물》, 윤숙진 외(옮김), 홍익출판사(2009)

Tort Michel, *QI Le quotient intellectuel*, Cahiers libres 266-267, Éditions François Maspero, 1974.

생각이 많고 공상이 많고 예지몽을 자주 꾸고 다른 사람 심리가 복사되어 찍히듯 읽히는 나. 내가 미친 게 아니었구나. 내가 과민한 게 아니었구나. 내가 뭘 잘못한 게 아니었구나. 그렇게 말해 주는 책이어서 너무나 고마웠다. - t***k

평범하지 않은 나 때문에 스트레스도 받고 자책도 하고 남을 흉내 내면서 이제는 어느 정도 숨기게 되었지만 그렇게 자존감이 낮아지고 꺼지지 않는 분노를 속에 품고 힘들게 버틸 때 이 책을 보게 되었어요. 10년 전 20년 전에 먼저 접했더라면 하는 아쉬움이 있습니다. - 익명

너무 힘들 때마다 한 번씩 다시 읽고 있다. 이 땅의 모든 예민한 사람들에게 이 책이 작은 위로가 되었으면 좋겠다. - go****8

너무 공감 가는 내용이 많아서 밑줄까지 그어 가며 봤어요. 가끔 내가 이상한 사람이 아닐까라는 생각들도 자주 했었는데 한번에 정리해 준 책이에요. 저처럼 생각이 많아서 심적으로 힘드신 분들에게 강추합니다! - 김**

상담도 많이 받아 보고⋯ 항상 남들과 다른 나 때문에 짓눌려 살았는데 제 인생 전부를 설명해 주는 책을 만나서 너무 위로되고 모든 게 해소되었어요. 내가 이런 생각과 행동을 한다고 갖게 된 죄책감들을 모두 내려놓게 되네요. 저절로 자존감도 높아지고요. 제 자서전 같은 책이에요. - f********e

정말 잘 읽었습니다. 저 스스로를 이해하는 데 엄청난 도움이 되었어요. 단숨에 제 사고방식을 변화시키는 데 큰 영향을 주었습니다. 자신감이 생겼고 스스로 영리하다고 받아들이게 되었습니다. - D**2

나와 항상 다른 생각을 하고 어떻게 저렇게 생각할 수 있지? 라고 궁금증을 던지던 사람들에 대한 새로운 인식을 제공해 준 책. 내 주변에 있던 생각이 많은 사람들에게 한 걸음 다가갈 수 있게 도와주었다. - a******2

이 책을 읽으면서 엄청나게 공감했고 내 머릿속에 무엇인가 엉켜 있는 것들을 속 시원하게 풀어 주는 느낌이었다. 평소에 많은 생각들 때문에 스트레스를 받는 분들에게 적극 추천하고 싶다. - b******0

나와 비슷한 사람은 없는 걸까 하는 고민에 빠진 사람들에게 수많은 동족이 존재함을 알려 줌으로써 작은 위안을 던져 주는 책. - 타*

한결 머릿속이 편안해지고 정리가 된다. 내 생각들이 결코 잘못된 것이 아니라는 것도 알게 되었다. - s****e

그 어떤 심리학 책들보다도 이 책을 읽으며 더 많이 공감했고 실질적인 도움도 받았습니다. 이 책을 통해 제 사고가 터닝 포인트를 맞이한 기분이랄까요.

- p*****1

이런 책이 있을 줄은 정말 몰랐습니다. 게다가 상당히 도움이 되었고요. 가족에게도 추천할 수 있는 책이라고 할까요? 다른 책과는 뭔가 다르다는 느낌이 들었습니다. - 라*****팬

독자의 말

너무 많은 생각이 장점이 될 수 있도록 머릿속을 환하게 밝혀 주는 느낌이었습니다. 앞으로 여러 번 더 읽으면서 심리 상태에 대해 알아 나가면 좋을 것 같습니다. - 느**

나와 비슷한 여러 사례를 보니 공감도 되고 저자가 제시한 방향도 습득하면서 많은 걸 배웠습니다. 제 머릿속도 전보다 더 편안해진 것 같아서 좋네요.
- o**a

나를 가장 잘 나타낸 책이다. 아마 이 책을 읽은 독자들은 은연중에 얼굴 한 번 본 적 없는 이들과 공감대를 형성했을 것이다. '나만 그런게 아니었어?' 이런 느낌 말이다. - 석****1

정말 많은 부분에서 나와 닮은 모습을 발견했기에 읽으며 '이 부분은 나를 아는 누군가가 날 보며 쓴게 아닐까?' 싶을 정도로 놀라운 내용도 있었다. 소중한 친구에게 이 책을 선물하기도 했고, 이러한 성격을 가진 사람들 모두에게 추천하고 싶은 책이다. - m********0

곁에 두고 두세 번 읽고 싶을 만큼 나의 가려운 부분을 잘 긁어 주는 책. 내면적 자아를 다독이고 다른 사람들에게 상처받지 않고 살아가는 법을 알려 준다.
- m***t

생각이 많은 사람과 보통 사람이 서로의 차이를 인정하고 이해해야 함께 살아갈 수 있다면 이 책은 생각이 많은 사람뿐 아니라 보통 사람들도 함께 읽어야 하는 책인 것 같다. - f****3